EMMANUEL LEVINAS

LA TEORÍA FENOMENOLÓGICA DE LA INTUICIÓN

EDICIONES SÍGUEME
SALAMANCA
2017

EPIDERMIS EDITORIAL
CIUDAD DE MÉXICO
2017

La publicación de este libro ha sido posible gracias a la ayuda de la Universidad Iberoamericana, Ciudad de México.

Tradujo Tania Checchi del original francés
Théorie de l'intuition dans la phénoménologie de Husserl

© Librairie Philosophique J. Vrin, Paris 1930
© Epidermis Editorial S.A. de C.V., 2004
  Cda. Rio de Janeiro 6, Col. Roma - 06700 - Ciudad de México / México
  Tlf.: (52) (55) 55 25 31 92 - Fax: (52) (55) 52 07 84 55
  epidermis@junioocho.com
© Ediciones Sígueme S.A.U., 2004
  C/ García Tejado, 23-27 - E-37007 Salamanca / España
  Tlf.: (34) 923 218 203 - Fax: (34) 923 270 563
  ediciones@sigueme.es
  www.sigueme.es

ISBN: 978-84-301-1546-4
Depósito Legal: S. 208-2017
Impreso en España / Unión Europea
Imprenta Kadmos, Salamanca

CONTENIDO

Presentación, de Tania Checchi 9

LA TEORÍA FENOMENOLÓGICA DE LA INTUICIÓN

Prólogo 17
Introducción 21
1. La teoría naturalista del ser y el método de la filosofía 29
2. La teoría fenomenológica del ser:
la existencia absoluta de la conciencia 45
3. Teoría fenomenológica del ser:
la intencionalidad de la conciencia 65
4. La conciencia teórica 81
5. La intuición 93
6. La intuición de esencias 127
7. La intuición filosófica 153
Conclusión 187

Estudio conclusivo, de Tania Checchi
De la intencionalidad a la herida: la radicalización de la fenomenología en Emmanuel Levinas 193

Dedicado a mi padre,
Alessandro Checchi Farina.

Con el fin de distinguir las notas a pie de página que pertenecen a la obra original de Levinas y las incorporadas en esta edición, se ha seguido el siguiente criterio metodológico: las notas del autor se señalan con números; las notas de la traductora o bien se indican con letras, o bien aparecen entre corchetes (cuando amplían una nota del propio Levinas).

PRESENTACIÓN

TANIA CHECCHI

Levinas, en su prólogo a *La teoría fenomenológica de la intuición*, nos ofrece una panorámica de la recepción –incipiente aún– de la fenomenología husserliana en el ambiente filosófico francés de la década precedente: textos que, sin ocuparse de las grandes líneas del pensamiento de Edmund Husserl, sí constituyen, en opinión de Levinas, un primer y sugerente acercamiento, a partir de problemas bien acotados, a la innovadora propuesta de quien, no hacía mucho, había sido su profesor en Friburgo. Hablamos de 1930, y aunque en aquel momento los trabajos sobre fenomenología no abundan (destaca el trabajo del teólogo protestante de origen alsaciano y profesor de Levinas, Jean Hering), la mecha de lo que será una de las más fuertes tendencias del pensamiento francés del siglo XX, está a punto de encenderse[1]. Todo se está preparando: la emigración de importantes pensadores eslavos formados en Alemania (Kojève, Koyré, Gurvitch, etc.), portadores del ímpetu de la prolífica producción germana de aquel momento, se encuentra en el territorio galo con el caldo de cultivo de un bergsonismo (tendencia preponderante en las primeras décadas del XX en Francia) que muy bien podía entrar en sintonía con la ajustada descripción de la experiencia que pretende ser la fenomenología en su vuelta a lo inmediato. Como bien señala Herbert Spiegelberg, la calurosa acogida del pensamiento fenomenológico en Francia constituye uno de los más importantes testimonios de una solidaridad continental que no se dejó vencer ni por los embates del pensamiento nacionalista más recalcitrante[2]. Pero en este más que propicio contexto, en el que habían llegado a ser mejor conocidos que el propio fundador del movimiento sus discípulos más adelantados –Scheler y Heidegger–, se necesitaba un trabajo consagrado al pensador que había puesto todo en marcha. Y

---

1. Para una vista general más completa, puede consultarse H. Spiegelberg, *The french phase*, en *The phenomenological movement* II, Part Three, Martinus Nijhoff, The Hague 1971.
2. *Ibid.*, 398.

esa es la responsabilidad que asume Levinas al emprender la escritura de *La teoría fenomenológica de la intuición*.

Frecuentemente se ha atribuido el rescate de Husserl en el medio francés a Jean Paul Sartre, pero la primera noticia que este tiene del pensamiento fenomenológico procede de su lectura de Levinas, tanto de *La teoría fenomenológica de la intuición* como de la traducción de las *Meditaciones cartesianas* que este último y G. Pfeiffer ofrecen al público francés en 1931, décadas antes de su aparición en alemán. La labor pionera de nuestro autor se muestra así como irrecusable: la encontramos en la base de una buena parte de las distintas tendencias que adoptará el movimiento en su vertiente francesa[3]. En un momento en el que en Francia Husserl corría el riesgo de ser visto como un punto de arranque que podía ser ya abandonado, el joven Levinas, formado en Estrasburgo, en un medio de fecundo intercambio franco-alemán, y marcado de por vida por su estancia en la sede del movimiento fenomenológico, se entrega a la labor de exponer, con el mayor cuidado y desde dentro (aunque con la limitación de contar tan sólo con las pocas obras de su maestro que habían sido publicadas), las más importantes líneas del pensamiento husserliano. De ahí la importancia de un texto que se pone como meta presentar la labor fenomenológica de Husserl no como un *corpus* llevado a término y definitivo, sino como un pensamiento en marcha, siempre abierto y audaz, sometido sin miedos a una revolución permanente[4] –preeminencia, tan subrayada por Levinas años más tarde, del «decir» sobre lo «dicho»–.

Con *La teoría fenomenológica de la intuición* nos situamos, pues, no sólo en los albores del movimiento fenomenológico francés, sino en el arranque de la carrera filosófica de Levinas. De ahí la relevancia de este texto, que en su fiel lectura de Husserl empieza ya a perfilar algunas de las más importantes preocupaciones de un filósofo que, como admite Jacques Derrida en su entrañable último adiós al que fuera su maestro, «habrá cambiado el curso de la reflexión filosófica de nuestro tiempo»[5]. Sin embargo, este viraje de la filosofía hacia un

---

[3]. Y no sólo francesa. En su brevísimo texto *Séjour de jeunesse auprès de Husserl*, en *Positivité et trascendence: Levinas et la phénoménologie*, Epiméthée, PUF, Paris 2000, Levinas nos cuenta cómo Husserl le encomienda la difícil tarea de introducir al pensamiento fenomenológico, a base de paseos por las cercanías de Friburgo, al que unos años más tarde será el traductor al inglés de *Ideas* I, W. R. B. Gibson.

[4]. E. Levinas, *La ruine de la représentation*, en *En découvrant l'existence avec Husserl et Heidegger*, Vrin, Paris 1967, 126 (en adelante citado como *EDEHH*).

[5]. J. Derrida, *Adiós a Emmanuel Levinas*, trad. J. Santos, Trotta, Madrid 1998.

pensamiento «otro», hacia lo «otro» del pensamiento, que en su anterioridad lo sostiene y endereza –el rostro del prójimo– en toda su austera exigencia, se expone al peligro de no ser calibrado en su justa medida, de que no se tome en cuenta el largo y paciente itinerario fenomenológico que pauta la carrera de Levinas. Su incansable insistencia en la irreductibilidad de la relación ética, en una subjetividad que sólo es tal, sólo es «yo», como respuesta y responsabilidad –intriga anterior a cualquier toma de conciencia o decisión libre–, en una alteridad que rompe toda familiaridad mundana y experiencial, todos estos énfasis y novedosos giros de su filosofía sólo se libran de ser percibidos como una bella exhortación edificante si prestamos oídos al minucioso trabajo de descripción, de atención al surgimiento de lo inédito, al que se entrega Levinas desde su primer contacto con la fenomenología. Esa disciplina que, según sus propias palabras, recupera para nosotros, frente a las abstracciones de la ciencia, «el privilegio imprescriptible del mundo percibido por el hombre concreto que vive su vida»[6].

La teoría fenomenológica de la intuición puede, entonces, ser leída no sólo desde su objetivo explícito de dar a conocer el núcleo del pensamiento husserliano –desde su labor de roturación y preparación del campo que será explotado por las siguientes generaciones de pensadores que se adhieren al movimiento fenomenológico–, sino desde su estar conformada también como una caja de resonancia en la que podemos encontrar ecos procedentes de diversos lugares. En el recorrido de Levinas por los complicados vericuetos de la teoría husserliana que deposita en la intuición las posibilidades últimas del conocimiento y que nos aporta, entre otras muchas cosas, una concepción de la verdad que ya no será tributaria de las teorías clásicas (y problemáticas) de la adecuación –una concepción que hace de la vida la residencia de la verdad–, en este primer y aventurado recorrido por los puntos principales de las husserlianas *Ideas relativas a una fenomenología pura y una filosofía fenomenológica*, se dejan sentir otras presencias, otros destinatarios. A pesar de que algunos críticos han señalado ya cierto sesgo heideggeriano en la presentación que hace Levinas de Husserl (reconocemos que lo hay no en su exposición, sino en ciertos puntos de su problematización), el auténtico frente a cuyos embates se anticipa constantemente Levinas es el del bergsonis-

---

6. «On peut dire que la phénoménologie révendique le privilège imprescriptible du monde perçu par l'homme qui vit sa vie», E. Levinas, *Reflexions sur la «technique phénoménologique»*, en *EDEHH*, 122.

mo. Si en una entrevista concedida a François Poiré en 1986[7], nuestro autor se lamentaba del «escandaloso» olvido al que había sido condenado en los últimos años Bergson, tal queja se debía precisamente a la profunda admiración que éste siempre despertó en Levinas. Pero ante una obra ya consagrada que, como llegó a admitir después, rayaba en la perfección, Levinas, que tenía la opción de dedicarse a la enseñanza y profundización de la misma, prefiere emprender el novedoso camino a cuyo recorrido, siempre imprevisible, le invita la fenomenología husserliana. Recorrido que le permite, además, encontrar puntos de contacto que confirmarán sus primeros atisbos sobre el rumbo que deberá seguir la filosofía en adelante. Saldadas las posibles objeciones contra el intelecto características de Bergson —uno de los objetivos más visibles de *La teoría fenomenológica de la intuición*—, Levinas acomete una exposición de Husserl que no deja de tener presentes importantes motivos bergsonianos; entre otros, la puesta en cuestión de la solidez de la sustancia, la apuesta por la duración, por la absoluta novedad que se gesta en la diacronía y la libertad como sostén de la intuición.

La otra madeja que llega a entretejerse en este temprano texto de Levinas —de hecho, el primero suyo que ve la luz— es la que procede de Heidegger. Toda la problematización de la pretendida prioridad de la visión teórica en Husserl, discusión que ocupa un capítulo entero del libro, tiene claros visos heideggerianos. Pero, como intentaremos mostrarlo en nuestro breve estudio que sirve de epílogo a esta edición, las salidas a una interpretación tal (llena por lo demás de oscuridades) no son sólo señaladas por el mismo Levinas en *La teoría fenomenológica de la intuición*, sino que son asumidas radicalmente por su filosofía posterior. Es más, en la abierta polémica con la ontología heideggeriana que la filosofía madura de Levinas abre, nuestro autor no dudará ni por un sólo instante en echar mano del pensamiento inagotable de su primer maestro de Friburgo, aquel hombre adusto, aunque amable, y riguroso[8], de la mano del cual Levinas aprendió a deletrear las sílabas primeras del sentido, de lo concreto, de lo originario que se revelará más tarde como la Otredad del Otro, su preeminencia absoluta.

7. F. Poiré, *Emmanuel Levinas*, Babel, Paris 1996, 74.
8. Levinas cuenta cómo, sabiendo que aquel «prometedor» joven lituano que le había mandado Hering estaba en apuros económicos, Husserl generosamente contrata sus servicios como profesor de francés con el pretexto de un inminente viaje a París de la señora Husserl (el epíteto de «prometedor» obviamente no es usado por Levinas: es una opinión que Husserl expresa a un amigo y que recoge Marie-Anne Lescouret en su biografía de Levinas: *Emmanuel Levinas*, Flammarion, Paris 1994).

Y si con demasiada frecuencia se ha atribuido una orientación tal a las raíces judías de nuestro autor, debemos tener siempre presente, como requisito indispensable para entrar adecuadamente en su filosofía, que Levinas, con toda la seriedad que su adopción de la empresa filosófica inaugurada por Husserl requiere, exige siempre que «el versículo –que jamás llega a citar en sus trabajos de filosofía– esté justificado fenomenológicamente»[9]. Y si la tradición talmúdica, en tanto «combate intelectual y osada apertura a las preguntas»[10], es una de las líneas de fuerza que impacta directamente en su obra, este mismo impulso, infatigable y radical, es el que lo lleva, al comienzo de su carrera filosófica, a apostar por un acceso directo a la verdad –la intuición– que lo distancia de la gran figura del judaísmo lituano del que proviene: el Gaón de Vilna, campeón de la deducción y de las ciencias modernas[11]. Inmediatez del sentido antes que adscripción a un contexto de origen.

La fenomenología, así, será siempre la punta de lanza de una filosofía que, bebiendo de las más profundas fuentes de una tradición que sigue siendo nuestro suelo nutricio –Platón y la Biblia, Descartes y Racine, Shakespeare y los empiristas, Kant y Dostoievski–, nos enfrenta a un reto cuya urgencia jamás prescribe: el reconocimiento del otro realizado como justicia. Dada la gravedad de nuestra circunstancia histórica, estamos obligados, allí donde la teoría se revela como «la forma edulcorada de lo que es la cuestión, de lo que es la búsqueda o el Deseo»[12], a prestar oídos al nacimiento de una filosofía como la de Emmanuel Levinas.

9. F. Poiré, *Emmanuel Levinas*, 160; E. Levinas, *Ética e infinito*, trad. J. M. Ayuso, Visor, Madrid 1991. Ahí dice, a propósito de la relación entre la filosofía y la experiencia fundadora revelada en la Biblia: «En ningún momento la tradición filosófica occidental perdía, a mis ojos, su derecho a la última palabra; todo, en efecto, debe ser expresado en su lengua; pero quizás no es ella el lugar del primer sentido de los seres, el lugar donde lo cargado de sentido comienza», p. 26-27.

10. E. Levinas, *Cuatro lecturas talmúdicas*, trad. M. García-Baró, Riopiedras, Barcelona 1996, 14.

11. El nombre del Gaón de Vilna era Eliyah Ben Selomoh Zalman (1720-1799). El Gaón preconiza un judaísmo que, frente a los excesos de la mística hasídica de Baal Shem Tov, valora, por encima de cualquier otro acceso a Dios, un estudio estricto de la Torá que no prescinda de la guía de las ciencias exactas. Para una panorámica detallada sobre la última etapa del hasidismo europeo y el judaísmo racionalista lituano que lo confronta, cf. la magnífica obra de G. Scholem, *Las grandes tendencias de la mística judía*, trad. B. Obërlander, Siruela, Barcelona 1996.

12. E. Levinas, *De Dios que viene a la idea*, trad. G. González-Arnáiz - J. M. Ayuso, Caparrós, Madrid 1995, 146.

Nota sobre esta traducción

Para la presente edición, con el propósito de mantener el estilo y sentido de la interpretación que Levinas hace de Husserl, hemos traducido las citas que nuestro autor hace de la obra husserliana directamente de la versión que él mismo ofrece del original alemán. En el caso de *Ideas* (citado como *Ideen*), hemos mantenido la referencia a las páginas y parágrafos correspondientes a la edición alemana referida por Levinas, ya que estos últimos constan en promedio de dos páginas y su localización en la versión en español resulta por ello sumamente sencilla. Levinas cita de la segunda edición de las *Investigaciones lógicas* (*LU*) y se refiere a los tomos de la misma. El tomo I contiene los *Prolegómenos a la lógica pura*; el tomo II abarca de la primera a la quinta Investigación; el tomo III contiene la sexta y los apéndices. He señalado en primer término los parágrafos correspondientes, después las páginas de la edición citada y finalmente el número de tomo y las páginas de Husserliana (Hua., tomos XVIII, XIX/1, XIX/2). Las páginas referidas por Levinas del artículo *Philosophie als strenge Wissenschaft* corresponden a la edición argentina de la obra de 1962, *La filosofía como ciencia estricta* (en adelante, *FCCE*). En lo que respecta a *Vorlesungen zur Phänomenalogie des innern Zeitbewusstseins*, incluimos los parágrafos respectivos y la paginación correspondiente a todo el parágrafo en la edición española: *Lecciones de fenomenología de la conciencia interna del tiempo*, Trotta, Madrid 2002.

LA TEORÍA FENOMENOLÓGICA
DE LA INTUICIÓN

PRÓLOGO

El presente trabajo, que expone un tema en particular de la filosofía fenomenológica, no da por sentado que dicha filosofía sea conocida. Con excepción del notable trabajo de Jean Hering[1], la fenomenología prácticamente no se ha estudiado en Francia y el hacer un recuento de la literatura dedicada al tema nos resultará extremadamente fácil.

En 1911, Victor Delbos publicó en la *Revue de métaphysique et de morale* un artículo sobre Husserl[2] en el que resume, con una claridad sólo propia de este autor, el primer volumen de las *Investigaciones lógicas*. Algunas alusiones al segundo volumen, hechas hacia el final de dicho artículo, no son sin embargo suficientes para dar de él una idea exacta ni para hacer sentir su importancia filosófica. Ciertamente, Delbos no pretendía presentar el segundo volumen de las *Investigaciones*, pero el hecho de limitarse al primero puede hacernos pensar que el «logicismo» se encuentra en el centro de la filosofía husserliana. En este trabajo hemos intentado[3] remediar este posible malentendido, reubicando el primer volumen de las *Investigaciones* en el conjunto de la obra husserliana.

En 1925 apareció *Fenomenología y filosofía religiosa*, de J. Hering, antiguo alumno de Husserl. Esta obra ofrece por vez primera una idea precisa del conjunto del pensamiento fenomenológico. Hering no se limita tan sólo al pensamiento de Husserl, sino que consagra su obra al movimiento fenomenológico en su conjunto, y ante todo, a la relación entre este y el problema de la filosofía religiosa. Queda entonces la vacante de un estudio consagrado a Husserl mismo y los puntos particulares de su pensamiento. Hering nos ha invi-

---

1. J. Hering, *Phénoménologie et Philosophie religieuse*, Alcan, Paris 1925.
2. V. Delbos, *Husserl, sa critique du psychologisme et sa conception d'une Logique Pure*: Revue de métaphysique et de morale (1911).
3. Cf., *infra*, el capítulo 6.

tado vivamente a emprender dicha tarea. Que nos sea, pues, permitido expresar aquí nuestro reconocimiento y nuestra gratitud por las invaluables indicaciones que nos brindó en el curso de este trabajo. Para traducir la terminología husserliana al francés, hemos recurrido frecuentemente a su libro y a sus consejos personales.

Después del trabajo de Hering, debemos destacar los dos artículos de Schestov en la *Revue philosophique*: *Memento mori* (enero-febrero 1926) y *¿Qué es la verdad?* (enero-febrero 1927). Estos más que una exposición de su doctrina, constituyen una crítica a Husserl, en particular, al aspecto racionalista de la fenomenología. A este respecto resulta importante recordar la réplica de Hering en la *Revue d'histoire et de philosophie religieuse*, en 1927: *Sub specie aeterni*.

En seguida aparecen el artículo de Gurwitsch en la *Revue de métaphysique et de morale* 4 (1928) y nuestro propio artículo en la *Revue philosophique* (marzo-abril 1929)[4].

Finalmente, recordamos a autores como Burloud y Spaïer que, estudiando la psicología alemana contemporánea, también se han ocupado de Husserl[5]. Aunque dedican unas cuantas alusiones al pensamiento de Husserl, no mencionamos aquí sus obras, más interesantes en sí mismas que por completar este recuento[6].

En el curso de nuestro trabajo volveremos con detalle a las observaciones que Maurice Pradines ha consagrado a la filosofía de Husserl en su obra sobre la sensación. Por ahora, aprovecharemos la ocasión para expresar a Pradines, nuestro maestro de muchos años, nuestra profunda gratitud por el cálido recibimiento que siempre nos ha brindado.

4. A. Gurwitsch, *La philosophie phénoménologique en Allemagne*: Revue de métaphysique et de morale 4 (1928); E. Levinas, *Sur les «Ideen» de Husserl*: Revue philosophique (marzo-abril 1929).

5. A. Burloud, *La pensée d'après les recherches expérimentales de H. J. Watt, de Messer et de Bühler*, Alcan, Paris 1927; A. Spaïer, *La pensée concréte*, Alcan, Paris 1927.

6. Mencionamos también el capítulo sobre Husserl en el pequeño libro de Groethuysen sobre *La philosophie allemande depuis Nietzsche* en la «Collection de la Culture Moderne», Librairie Stock, 1927. Se trata de una obra clara e inteligente, pero destinada al gran público, por lo que la exposición resulta insuficiente. Por último, destacamos la comunicación de Serrus para la Société des Etudes Philosophiques de Marseille sobre *El conflicto del logicismo y del psicologismo*, aparecida bajo una forma un tanto elíptica en el Organe officiel de la Société 1 (mayo 1928).

El hecho de que en Francia la fenomenología no sea aún una doctrina ampliamente conocida nos ha puesto en aprietos al elaborar este libro. Interesados en el problema particular de la intuición en la fenomenología, preocupados por hablar del mismo desde la filosofía, no creemos que nuestra iniciativa personal debiera o pudiera verse borrada. Sin embargo, nos sentimos obligados a exponer la doctrina fenomenológica general de un modo tan imparcial como fuese posible, y a separar claramente la doctrina y la interpretación. Esta última preocupación se traduce en fórmulas como «Husserl dice» y «según Husserl», que desgraciadamente pesan sobre la fluidez de la exposición. Aunque nos han parecido inevitables, quisiéramos pedir disculpas al lector.

Para terminar, queremos agradecer cálidamente a la «Société des Amis de La Université de Strasbourg» la ayuda material que generosamente nos ha brindado para la publicación de este libro.

Las obras de Edmund Husserl

1. *Philosophie der Arithmetik* I (Filosofía de la aritmética), Halle 1891.
2. *Psychologische Studien zur elementaren Logik* (Estudios psicológicos, contribución a la lógica elemental), artículo aparecido en 1894 en los *Philosophische Montshefte*, vol. XXX.

Estas dos publicaciones datan de la época en la que Husserl, discípulo de Brentano, formaba parte del ambiente psicologista. El segundo volumen de la *Philosophie der Arithmetik* no apareció nunca y son las *Investigaciones lógicas* las que inauguran la nueva filosofía de Husserl.

3. *Logische Untersuchungen* I (1900), vol. II (1901), editados en Halle por Niemeyer.
4. *Bericht über deutsche Schriften zur Logik in den Jahren 1895-99* (Recuento de las obras alemanas sobre la lógica de 1885-1899), aparecida en 1903 en el *Archiv für systematische Philosophie* X, 397-400.
5. *Philosophie als strenge Wissenschaft*, artículo aparecido en 1910 en *Logos* I (versión francesa: *La philosophie comme science rigoureuse*, trad. M. B. de Launay, PUF, Paris 1989; versión cast.: *La filosofía como ciencia rigurosa*, Buenos Aires 1973).
6. *Ideen zur einer reinen Phänomenologie und phänomenologischen Philosophie*, Halle 1913 (versión francesa: *Idees directrices pour une*

phénoménologie I, trad. P. Ricoeur, Gallimard, Paris 1950; versión cast.: *Ideas para una fenomenología pura y una filosofía fenomenológica* I, trad. J. Gaos, FCE, Madrid 1985; vol. II: *Investigaciones fenomenológicas sobre la constitución*, trad. A. Zirión, UNAM, México 1997; vol. III: *La fenomenología y los fundamentos de las ciencias*, trad. L. E. González, UNAM, México 2000).

Designamos este libro en nuestras citas como *Ideen*. Este apareció en el *Jarbuch für Philosophie und phänomenologische Forschung* fundado por Husserl en 1913 y dirigido por él. Hasta el momento han aparecido diez volúmenes de dicho *Jarbuch*.

7. Segunda edición de las *Logische Untersuchungen* (Investigaciones lógicas), modificadas en parte por el autor. El vol. II, considerablemente aumentado, fue dividido en dos partes, de las cuales la primera apareció con el vol. I en 1913, y la segunda, bajo la forma de segunda parte del vol. II en 1920. En nuestras citas las designamos respectivamente como *LU* I, II y III. Citamos las *Investigaciones* a partir de la segunda edición (versión francesa: *Recherches logiques* 1. *Prolégomènes á la logique pure*, trad. H. Elie-A. L. Kelkel-R. Scherer, Épiméthée, PUF, Paris 1959; *Recherches logiques* 2. *Recherches pour la phénoménologie et la théorie de la connaissance, Premier partie: Recherches I et II*, trad. H. Elie-A. L. Kelkel-R. Scherer, Épiméthée-PUF, Paris 1961; *Recherches logiques* 2. *Recherches pour la phénoménologie et la théorie de la connaissance, Deuxième partie: Recherches III, IV et V*, Épiméthée, PUF, Paris 1961; versión cast.: *Investigaciones lógicas* I-II, trad. M. García Morente-J. Gaos, Alianza, Madrid 1999).

8. *Husserls Vorlesungen zur Phänomenologie des inneren Zeitbewusstseins*, en el *Jahrbuch* IX (1928). Nos referimos a esta obra como *Zeitbewusstsein* (versión francesa: *Leçons pour une phénoménologie de la conscience intime du temps*, trad. H. Dussort, Épiméthée-PUF, Paris 1964; versión cast.: *Lecciones de fenomenología de la conciencia interna del tiempo*, trad. A. Serrano de Haro, Trotta, Madrid 2002).

9. *Formale und transzendentale Logik - Versuch einer Kritik der Logischen Venunft* (versión cast.: *Lógica formal y lógica trascendental*, trad. L. Villoro, UNAM, México 1962), aparecida recientemente en el *Jahrbuch* X (1929). Por ello no la hemos utilizado para este trabajo.

Para una bibliografía fenomenológica general recomendamos el trabajo de Jean Hering y la última edición (1923) de la *Historia de la filosofía* de Ueberweg.

INTRODUCCIÓN

El movimiento fenomenológico que, en este momento más que en ningún otro, domina la vida filosófica en Alemania, fue inaugurado al principio de nuestro siglo por las obras de Edmund Husserl. En 1900-1901 aparecen las *Logische Untersuchungen* (*Investigaciones lógicas*), las cuales, al parecer, no se ocupan más que del problema particular del fundamento de la lógica, pero que aportan para plantearlo y resolverlo un método cuyo valor e interés para la filosofía en general no pasó desapercibido para un grupo restringido, aunque entusiasta, que se formó de inmediato en torno al maestro.

Este método, o mejor dicho, esta manera de filosofar, es el alma del movimiento fenomenológico[1]. Practicado por el creador de la fenomenología en sus libros y sobre todo en sus cursos, la fenomenología reúne espíritus tan disímiles como los de Husserl, Scheler y Heidegger.

Ahora bien, un método no es nunca un simple instrumento fabricado para explorar un dominio cualquiera de lo real. No basta con hacerse una idea puramente formal[2] y universalmente válida de la esencia de la verdad para determinar los medios que nos permitirán descubrirla en las distintas esferas del ser[3]. Para acceder a los dominios del ser –tal es al menos el punto de vista de nuestro autor– es necesario tener una visión anticipada del «sentido» del ser que se aborda[4]. El método de las ciencias de la naturaleza resultará ineficaz en el ámbito de la psicología. El carácter *sui generis* del ser psíquico exigirá un método conforme a su «sentido». Henri Bergson, expresando una preocupación análoga, insiste en su

---

1. Cf. J. Hering, *Phénoménologie et philosophie religieuse*, Alcan, Paris 1925, 32. Se trata de la primera obra que habla de fenomenología en Francia. Cf. también el «manifiesto» fenomenológico que encabeza el *Jahrbuch* I (1913).
2. *Ideen*, § 153, p. 322, e *infra*, el capítulo 6.
3. *Ideen*, § 76, p. 144, 200.
4. *FCCE*, 31.

carta a Harald Höffding en el hecho de que es la duración y no la intuición el punto de partida de su filosofía[5]. Husserl, como Bergson, tuvo la intuición de su filosofía antes de convertirla en una filosofía de la intuición.

Ciertamente, esto no quiere decir que para buscar el método de una ciencia sea necesario poseer de antemano dicha ciencia. Se sigue solamente que la ciencia del «sentido» del ser no es idéntica al conocimiento de sus propiedades, que ella es en cierto modo *a priori*, precisamente en tanto que presupuesta por dicho conocimiento y en tanto que poseedora de una dignidad especial[6]. En efecto, más tarde y bajo el rótulo de *ontologías* se desprenderán un grupo de ciencias *a priori*[7]. Tendremos ocasión de volver más de una vez sobre esta distinción entre el estudio del ser y el estudio del sentido del ser u ontología[8]. Lo que debemos mantener siempre presente es que toda consideración sobre el método supera los límites de una lógica puramente formal y se hunde profundamente en una *ontología*.

Al proponernos estudiar aquí el intuitivismo en la fenomenología de Husserl, no podremos, consecuentemente, separar en nuestra exposición la teoría de la intuición como método filosófico, de aquello que podríamos llamar la *ontología* de Husserl. Buscamos, por el contrario, mostrar cómo la intuición que nuestro autor propone como modo de filosofar se desprende de su concepción misma del ser.

Nuestro objetivo y nuestro método no son en modo alguno históricos. No tenemos la intención de investigar los orígenes de los conceptos husserlianos en la historia de la filosofía. De ser así, la tarea no sería sencilla, quizás ni siquiera posible. No resulta fácil estudiar la historia de una doctrina que no está lo suficientemente alejada en el tiempo como para abrirnos una perspectiva histórica lo bastante amplia. La otra dificultad con la que un estudio de inspiración y método histórico se encontraría, está determinada por el singular desarrollo que tuvo el pensamiento de nuestro autor. Hus-

---

5. Cf. H. Höffding, *La philosophie de Bergson*, trad. J. de Coussange, seguida de una carta de Bergson al autor, Paris 1916, 160.
6. Cf. *infra*, 29-30 (cap. 1).
7. Cf. *infra*, 144 (cap. 6).
8. Cf. *infra*, 163s (cap. 7).

serl llega a la filosofía por las matemáticas[9], y su pensamiento evoluciona de un modo bastante independiente de las influencias de la historia. Aquello que alguno pudiese considerar como resultado de una influencia no es, frecuentemente, sino un encuentro coincidente de Husserl con los grandes filósofos clásicos. Las alusiones explícitas a los filósofos históricos no abundan en sus obras. Recordemos en fin que la doctrina de Husserl ha evolucionado constantemente y que, sin duda, sus numerosas obras inéditas, producto de quince años de meditación[10], aún guardan innumerables sorpresas a cualquiera que se proponga estudiar la fenomenología con la ayuda del mismo método histórico que se ha aplicado a Descartes o a santo Tomás. Una tentativa tal resultaría de entrada prematura, ya que la última palabra de la filosofía de Husserl no está dicha; en todo caso, no se ha publicado aún.

Teniendo en cuenta todas estas circunstancias, nos hemos propuesto una meta más. *Querríamos estudiar y exponer la filosofía de Husserl tal como se estudia y expone una filosofía viva*. No se trata, pues, de un código de proposiciones estáticas de las que sólo restaría exponer sus rígidas formas, sino de un pensamiento que vive y se transforma, y a cuyo seno será necesario arrojarse y filosofar. Nuestra tarea, pues, no consiste únicamente en rehacer los razonamientos de nuestro autor, en seguir su sabio tejido; se trata de encontrarnos en presencia de las «cosas mismas» como lo expresa el lenguaje fenomenológico. Se trata de comprender los razonamientos a partir de las cosas y no de buscar, para hacerlos inteligibles, un texto o una premisa que pudiesen no haber sido escritos o formulados.

En estas condiciones, los obstáculos a los que un estudio rigurosamente histórico tendría que enfrentarse, desaparecen. La evolución constante de la filosofía de Husserl no nos impide aprehender su inspiración primera y simple, la cual hizo posible esta evolución misma.

Nuestro objetivo nos llevará también a tomar en cuenta los problemas planteados por los discípulos de nuestro autor, en particular

---

9. Cf. E. Husserl, *Philosophie der Arithmetik*, Halle 1891. Cf. también el prólogo de *LU* I, p. V (Hua-XVIII, p. 6).

10. Cf. J. Hering, *Phénoménologie et philosophie religeuse*, 35.

Martin Heidegger[11], cuya influencia se hará presente en el curso de este trabajo. Al acentuar ciertas aporías, destacando y aclarando ciertos problemas y puntos de vista, y oponiéndose a otros, la intensa vida filosófica de Martin Heidegger nos permite precisar los contornos de la filosofía de Husserl. Al parecer, el seguimiento de la influencia de un pensamiento sobre sus discípulos distinguidos hace posible una aprehensión más exacta del mismo, más allá del concienzudo estudio de un comentarista.

No abusaremos empero de este último método. Sin embargo, la original y poderosa filosofía de Heidegger, que se distingue de la fenomenología husserliana en varios aspectos, hasta cierto punto no es sino una continuación. Dado el espíritu de nuestro trabajo, que consiste en seguir la inspiración del sistema de Husserl más que su historia, nos parece legítimo servirnos del trabajo llevado a cabo por los husserlianos. Para poner un ejemplo concreto: Husserl sostiene que el problema central de la *fenomenología trascendental*, el de la constitución del mundo por la consciencia pura, introduce una «dimensión» propiamente filosófica en el estudio del ser[12]; sólo allí la significación última de lo real nos será revelada. Pero ¿en qué consiste dicha significación? Y ¿por qué nos encontraríamos aquí con el problema filosófico por excelencia? A nuestro parecer, el problema que plantea aquí la fenomenología trascendental se orienta hacia un problema ontológico, en el sentido singular que Heidegger atribuye a este término[13]. Y el conocimiento del punto de partida de este nos permitirá quizás una mejor comprensión del punto de llegada de Husserl[14].

Ahora bien, el objetivo que nos hemos propuesto en este libro nos obliga a abstenernos de una crítica en forma de la filosofía que expondremos. Su tiempo no ha llegado aún[a]. Preferimos proceder

---

11. Cf. M. Heidegger, *Sein und Zeit*: Jahrbuch für Philosophie und phänomenologische Foschung VIII (1927) (versión cast.: *Ser y Tiempo*, trad. J. Gaos, FCE, México ²1971).

12. *Ideen*, § 62, p. 118; § 63, p. 121. Sobre la búsqueda de una «dimensión filosófica», cf. *FCCE*, 7.

13. M. Heidegger, *Sein und Zeit*.

14. Cf. *infra*, 163 (cap. 7) y 187-188 (Conclusión).

a. En el estudio introductorio de la presente obra hemos destacado algunas de las críticas a Edmund Husserl que Levinas llevará a cabo en *TI* y en algunos de sus textos posteriores, en especial a partir de la gran influencia que *Ser y tiempo*

de otra manera, que exprese mejor nuestra actitud con respecto a la fenomenología. Si nos limitamos a formular, en el curso de la exposición misma, las reservas que podemos sentir con respecto a ciertos puntos de su filosofía, traduciremos mejor nuestro respeto por las intenciones generales de Husserl.

Aunque no nos ocuparemos en este trabajo de los orígenes de la doctrina husserliana, no podemos, al menos en esta introducción, guardar silencio sobre la situación filosófica en Alemania en el momento en que las *Investigaciones lógicas* fueron elaboradas.

En la segunda mitad del siglo XIX, la influencia del sistema hegeliano llega a un punto muerto, debido en gran medida al progreso de las ciencias de la naturaleza y de la historia[15]. Se extiende la creencia de que las ciencias agotan la totalidad de lo cognoscible, de modo que la filosofía, a primera vista, se encuentra sin objeto. Pero si la ciencia conoce todo cuanto hay por conocer en el ser, nos quedan las ciencias mismas, que pueden devenir entonces objetos de estudio. A un lado del conocimiento del ser, queda lugar para un conocimiento del conocimiento, para una teoría del conocimiento, tal como se la denomina habitualmente. Y este es el lugar de la filosofía.

Una concepción tal del papel y objeto de la filosofía nos permite comprender la unidad de campos opuestos en la filosofía alemana de la segunda mitad del siglo XIX[16]. Por una parte, los filósofos naturalistas y psicologistas identifican la filosofía con la psicología experimental (Wundt, Erdman, Sigwart), y por otra, los filósofos neo-kantianos, la escuela de Marburgo (Hermann Cohen, Natorp), Alois Riehl, la escuela de Windelband, etc., buscan renovar el criticismo kantiano interpretándolo como una teoría del conocimiento. En efecto, el factor común a todos estos filósofos es la

ejerce en su primera recepción de Husserl. Sin embargo, no podemos olvidar, como también hemos señalado en dicha introducción, el rescate que Levinas, en su periodo de madurez, lleva a cabo de nociones husserlianas fundamentales para criticar a su vez al último Heidegger [N. de la T.].

15. Sin lugar a dudas, Husserl se refiere al sistema hegeliano cuando habla de estas «spekulativen Konstructionene, durch welche der Naturvissenschaftsfremde Idealismus in der ersten Hälfte des 19. Jahrhunderts die echte Wissenschaft so sehr gehemmt habe», en *Ideen*, § 19, p. 35.

16. Debemos este abordaje a un curso de M. Heidegger en el semestre de invierno de 1928-1929.

identificación de la filosofía y de la teoría del conocimiento, comprendida como una reflexión sobre la ciencia. Sin embargo, mientras que los antipsicologistas atribuían a la teoría del conocimiento, a la *filosofía trascendental*, una dignidad especial en relación a las ciencias de la naturaleza, los psicologistas pretendían que esta reflexión sobre las ciencias fuera ella misma una ciencia de la naturaleza que se sirviera de los mismos métodos de la física o de la química; en breve, que la psicología experimental fundase tanto a la teoría del conocimiento como a la lógica, únicas disciplinas de la filosofía. Así pues, esta tendencia general de la época nos permite entender que un Dilthey o un Windelband se planteen el problema del método de las ciencias morales (*Geisteswissenschaften*). Según su espíritu, no había más que completar la teoría del conocimiento de Kant, que no era más que una teoría del conocimiento de la naturaleza, con una teoría semejante de las ciencias del espíritu: de este modo el único problema de la filosofía se convierte en el problema de la teoría del conocimiento. El mismo Husserl no escapa, en ciertos momentos, a esta concepción de la filosofía. Sin embargo, tal como intentaremos mostrar –y esta será una de las conclusiones de nuestro trabajo–, su filosofía va más allá del punto de vista epistemológico[17].

En efecto, trataremos de mostrar en este trabajo que, desde el primer volumen[18] de las *Investigaciones lógicas*, en el que Husserl se ocupa ante todo de combatir el psicologismo, sus intenciones van más lejos. La razón profunda por la que Husserl se opone al psicologismo –razón que da cuenta del resto– es que este presupone una teoría del ser. Al menos implícitamente, el psicologismo está a su vez fundado sobre una filosofía más general, una filosofía que interpreta de una manera determinada la estructura del ser; en breve, el psicologismo hunde sus raíces en una ontología y esta ontología es el naturalismo. De ahí que, tras superar el psicologismo en lógica, Husserl haya ido más lejos: haciendo extensiva su crítica al conjunto de la psicología, nuestro autor buscó no sólo una nueva lógica, sino una nueva filosofía[19].

17. Cf. *infra*, 163 (cap. 7).
18. Los lectores franceses deben conocer el contenido por un resumen de V. Delbos en la Revue de métaphysique et de morale (1911).
19. Cf. el prólogo de la segunda edición de *LU* I, p. VIIIs (Hua-XVIII, p. 8).

Como nuestro propósito consiste en dilucidar cómo la intuición se desprende de la teoría husserliana del ser, y el papel que juega en la misma, nos será fácil destacar esta última contrastándola con el psicologismo.

Comenzaremos nuestro trabajo exponiendo el psicologismo y el naturalismo tal como Husserl los entendía (capítulo 1). No nos ocupamos de modo especial de la lógica husserliana. La crítica al psicologismo del primer volumen de las *Investigaciones lógicas* y del artículo *La filosofía como ciencia rigurosa* nos interesa no en cuanto contribución a la discusión entre logicismo y psicologismo, sino en la medida en la que la exposición del psicologismo ilustra la filosofía sobre la que se encuentra fundado.

Veremos en seguida cómo la filosofía naturalista es superada por Husserl, llevándonos a una nueva concepción del ser (capítulos 2 y 3). Esto nos hará entender, por una parte, que la intuición, entendida como acto teórico (capítulo 4) es, no sólo un modo de conocimiento entre otros, sino el fenómeno primitivo que hace posible la verdad misma (capítulos 5 y 6). Finalmente, nos ocuparemos de la dimensión filosófica que se abre con una nueva teoría del ser, y con ello, del valor y del sentido de este tipo privilegiado de intuición que es la intuición inmanente, la intuición filosófica (capítulo 7).

1
LA TEORÍA NATURALISTA DEL SER Y EL MÉTODO DE LA FILOSOFÍA

Antes de pasar a la exposición del naturalismo tal como Husserl lo concibe, critica y supera, será necesario asegurar, limitándonos aquí a ciertas observaciones que ganarán en evidencia a continuación, el terreno desde el cual Husserl aprehende y combate el principio profundo del naturalismo. El naturalismo, como ya hemos señalado, es una filosofía general, una teoría del ser. Así que nos será indispensable, anticipando de algún modo nuestras conclusiones, explicar desde qué puntos de vista puede el ser llegar a ser objeto de una teoría.

El ser es, de entrada, objeto de las ciencias –sea la física, la biología, la psicología, etc.–. Sin embargo, estas ciencias operan con la ayuda de cierto número de nociones cuya significación permanece implícita. Por ejemplo, el recuerdo, la percepción, el espacio, el tiempo, etc. Estas nociones determinan la estructura necesaria de los distintos dominios del ser y constituyen su esencia[1]. Por ende, la teoría del ser se situará en un punto de vista desde el cual pueda, de cierta forma, estudiar *el ser en cuanto ser*, considerando las categorías que constituyen la condición de su existencia misma. La teoría del ser se convertiría en *ontología*.

Sin embargo, la concepción husserliana de la ontología posee un rasgo peculiar, a saber, que la estructura del ser, de la cual trata la ontología, no es siempre la misma: distintas *regiones* del ser (*Seinsregionen*) tienen una constitución diferente y no pueden ser pensadas con la ayuda de las mismas categorías[2]. Ciertamente, nociones como *objeto*, *relación*, *propiedad*, pueden ser aplicadas de modo

---

1. Cf. *infra*, 144 (cap. 6).
2. Cf. *infra*, 146-147 (cap. 6).

universal. Pero la estructura que se expresa en estos conceptos comunes a todas las regiones del ser es puramente *formal*. Ahora bien, según Husserl, lo formal, en el sentido de *objeto en general*, no es el género superior que agruparía al resto en calidad de especies. Habremos de distinguir entre el género y la forma[3], ya que la universalidad de la forma trasciende toda generalidad. Las categorías que expresan la estructura material (*sachhaltige*) del ser, que definen la naturaleza como naturaleza y la conciencia como conciencia, no son simples especificaciones de categorías formales (resultados de la adición de la *differentia specifica* al *genus proximum*)[4]. La ontología que describe la esencia del espacio, de la causalidad, de la materialidad y, en el dominio de la conciencia, la esencia de la voluntad, de la sensibilidad, etc., no es un caso particular de la ciencia de las *formas* que Husserl llama *ontología formal*. Estas categorías materiales –ontológicas en el sentido propio del término– son diferentes según los dominios del ser. Ellas delimitan, según la expresión de Husserl, las *regiones* de la existencia. Cada región es objeto de una *ontología regional*.

Sin embargo, según Husserl, el estudio del ser no queda agotado por las ciencias de la naturaleza y las *ontologías regionales*.

Una de las conclusiones de nuestro trabajo consistirá en establecer el hecho siguiente: las regiones del ser difieren entre sí, no solamente por sus esencias y las categorías que las determinan, sino también por su existencia. El hecho mismo de *ser*, de *encontrarse ahí*, no es una característica vacía y uniforme que se superpondría a unas esencias que gozarían del privilegio exclusivo de diferir entre sí. *Existir no significa siempre la misma cosa*.

Esta última tesis, una de las más interesantes de la fenomenología, ocupa un lugar muy importante dentro de la filosofía de Husserl y volveremos a ella más adelante con mayor detalle. Por ahora no podemos más que mencionar aquí este nuevo problema de la ontología[5], que consiste en tomar como objeto de investigación no solamente la esencia del ser, sino también su existencia, preguntar-

---

3. Cf. *Ideen*, § 13, p. 26-27.
4. Cf. *Ideen*, § 13, p. 27.
5. Debemos recordar que el término de *ontología* no debe ser tomado aquí ni en el resto de nuestro trabajo en el sentido que tenía en el siglo XVIII. No debe identificarse con el término *metafísica*. [Resulta importante destacar que para Levinas la

se *qué significa que el objeto sea*[6]. ¿Cuál es el modo de existir de las diferentes *regiones* del ser?

Esta breve exposición del concepto y los problemas de la ontología nos será de gran utilidad para hablar, a la luz de las distinciones que acabamos de establecer, de la filosofía naturalista.

Ahora debemos preguntarnos qué tipo de existencia atribuye el naturalismo al ser y de qué categorías se sirve para pensarlo.

A continuación mostraremos cómo la *existencia* puede devenir objeto de una investigación fenomenológica. Concedamos por el momento que si la existencia de un objeto nos es accesible, este acceso no se debe sino al conocimiento de lo que dicha existencia significa para nosotros. «El verdadero concepto de la *trascendencia de la cosa*[7], que aporta la medida de toda afirmación razonable sobre la trascendencia, no ha de encontrarse en parte alguna, si no es en el contenido propio y esencial de la percepción o en las conexiones con la estructura determinada que llamamos experiencia probante (*ausweisende Erfahrung*)»[8]. Veremos más adelante que estas verdades se desprenden de toda la filosofía de Husserl[9]. Sin embargo, debemos por ahora concluir que para aprehender el modo específico de existir de la naturaleza física, resulta necesario analizar el sentido intrínseco e irreductible de la experiencia del mundo físico. ¿Cuál es su modo de revelarse y de presentarse a la conciencia, de afirmarse como existente?

La naturaleza se revela en una serie de apariciones o de *fenómenos subjetivos* (*subjektive Erscheinungen*) cambiantes y múltiples. Una cosa material se nos ofrece en una multiplicidad de aspectos, de perspectivas, de juegos de luz, etc. «La cosa es un objeto dado a la conciencia como uno e idéntico en la corriente continua y reglada de las multiplicidades de percepciones que fluyen transformándose las unas en las otras»[10]. «(La cosa) no puede *aparecer* sino en

---

distinción entre ontología y metafísica es fundamental. Mientras aquella concibe el ser como totalidad a partir de un principio único de trabazón y clausura, la metafísica nos remite a la relación que en tanto vínculo con el infinito implica la pluralidad de lo real y el carácter eminentemente ético de la subjetividad (N. de la T.)].

6. *FCCE*, 22.
7. Las cursivas son mías (N. del A.).
8. *Ideen*, § 47, p. 89; cf. también § 44, p. 80.
9. Cf. el capítulo 2.
10. *Ideen*, § 41, p. 75.

una cierta *orientación*, en la que pueden ser rastreadas de antemano posibilidades sistemáticas de orientaciones siempre nuevas»[11].

Sin embargo, si hablamos de la subjetividad de dichos aspectos, perspectivas, juegos de luz, etc., esto no significa que estemos lidiando con meros *contenidos* subjetivos de la conciencia y, de algún modo, con sus componentes mismos[12]. Los designamos como subjetivos para oponerlos a un ideal de objetividad estable e inmutable, a una objetividad que sería indiferente a la existencia misma de una subjetividad. Y, ciertamente, al hacerlo, los ponemos en relación con la subjetividad, relación que no es en modo alguno la del continente y el contenido, y sobre la cual volveremos más adelante. En efecto, dentro de cada uno de dichos *fenómenos subjetivos*, distinguimos el acto subjetivo, el contenido psicológico inmanente y la esfera objetiva de la que este acto de la conciencia es consciente[13]. Si el lado de la mesa que cae bajo nuestra mirada no es más que una vista subjetiva de la mesa objetiva, inmutable en tiempo y espacio, no se trata en modo alguno de un contenido de conciencia, sino de su objeto.

Por cambiante y móvil que la serie de fenómenos subjetivos resulte –y tal es la segunda característica de la experiencia de la cosa material–, esta nos anuncia una *cosa* estable y objetiva que pretende tener una existencia independiente, rebasar, trascender la corriente móvil de la percepción. En la visión de un aspecto del objeto, el todo queda anunciado como un algo que, a través del relativismo, la multiplicidad y el cambio de las apariciones subjetivas, se da como «una unidad temporal de propiedades que permanecen o cambian»[14].

La dualidad que acabamos de destacar en la experiencia de la cosa material posee una estructura *sui generis*. Los *fenómenos subjetivos* no se dan en tanto que separados del objeto que anuncian. Esta relación no es en modo alguno comparable a la existente entre el signo o imagen y la cosa que representan o significan. En efecto, los *fenómenos subjetivos* de la cosa no son sus imágenes o signos, de los que una inteligencia más poderosa que la nuestra, una

---

11. *Ideen*, § 42, p. 78; cf. también p. 77. «Das Ding nehmen wir dadurch wahr, dass es sich abschattet».
12. *Ideen*, § 41, p. 73.
13. *Ideen*, § 41, p. 73-74; § 42, p. 76; § 52, p. 97.
14. *FCCE*, 34.

inteligencia divina, podría prescindir para acceder a la *cosa en sí* directamente[15]. Siguiendo paso a paso el sentido interno de la experiencia de la cosa material, es necesario reconocer que la cosa que se anuncia en la percepción es ya todo lo que es, únicamente en tanto que anunciada en la percepción. La cosa se brinda como el ideal que la sucesión de la experiencia tiende a realizar, pero cuya existencia consiste precisamente en ser el ideal de dichas percepciones cambiantes[16]. «La cosa espacial no es otra cosa que una unidad intencional que, en principio, *no puede darse más que como unidad de los fenómenos de este género*»[17]. Es decir, aun cuando se admita que la cosa que aparece no es independiente de la apariencia, hace falta además admitir una cierta identidad entre una y otra: cada apariencia de la cosa posee, de cierta forma, *toda* la cosa. Percibimos la cosa «en una *corriente continua de percepciones*, como si la aprehendiésemos con nuestros sentidos. Cada percepción singular de esta corriente, es ya la percepción de la cosa»[18].

Debemos destacar el hecho de que la aparición de la cosa material a través de una multiplicidad de *Abschattungen*[a] es inherente a la esencia misma de la cosa. «Si nuestra percepción no puede llegar a las cosas mismas más que con la ayuda de simples *Abschattungen*, no se trata de un capricho contingente de la cosa, ni de una contingencia de *nuestra constitución humana*. Resulta evidente y se sigue de la esencia de la cosa espacial, que un ser con esta estructura no puede, en principio, darse más que a través de *Abschattungen*»[19].

Pero el sentido de la experiencia del mundo material no se agota ni en esta relación de *fenómenos subjetivos* ni en la unidad que constituyen. La cosa en tanto ideal anunciado por las vistas unilaterales de la percepción, lleva a su vez la marca de una cierta relatividad y nos remite al mismo tiempo a un ideal superior de ser absoluto. Las unidades cuyas visiones unilaterales son dichos *fenómenos subjetivos*, las cosas objetivas anunciadas, se presentan ellas mis-

15. Cf. *Ideen*, § 43, p. 78-79; § 52, p. 97, 102.
16. Cf. *Ideen*, § 143, p. 297; *FCCE*, 35.
17. *Ideen*, § 42, p. 78; cf. también *FCCE*, 35.
18. *LU* III, Sexta Inv., § 47, p. 148-149 (Hua-XIX/2, p. 676).
   a. Este término, uno de los más frecuentes en la obra de Husserl, se traduce habitualmente por escorzo, matiz, perspectiva, aspecto (N. de la T.).
19. *Ideen*, § 42, p. 77.

mas como «incorporadas en la conexión de un mundo material único con un solo tiempo, un solo espacio y que las reúne a todas»[20]. Es el físico quien, empujado por el relativismo inherente a la experiencia inmediata, busca sobrepasarlo y construir a partir de estas *puras apariencias* de nuestra vida concreta, el mundo trascendente de la ciencia física.

La manera en la que dicho mundo es construido por el pensamiento científico está determinada por el contenido efectivo del mundo concreto. «Las cosas se dan –dice Husserl– en tanto que unidades de la experiencia inmediata, en tanto que unidades de apariciones (*Erscheinungen*) sensibles múltiples. Los datos de estabilidad, de cambio y de relaciones de cambio, aprehensibles por los sentidos, brindan al conocimiento su hilo conductor y ejercen con relación al mismo la función de un medio 'vago' en el que se encuentra representada la naturaleza verdadera y objetiva, la naturaleza exacta de la física, medio a través del cual el pensamiento científico, en tanto que pensamiento científico experimental, determina y constituye (*herausbestimmt, herauskonstituiert*) lo verdadero»[21]. En otro lugar apunta: «Aquello que se da en la percepción sirve, en el método riguroso del sabio, para determinar este ser trascendente»[22].

El mundo de la física «es una unidad del ser tiempo-espacial conforme a las leyes exactas de la naturaleza»[23]. En lugar de cualidades sensibles y concretas, se establecen nociones como la de átomo, ión, etc.[24] El todo de lo real constituido de este modo está regido por la ley de causalidad. En el mundo concreto, aunque *sub-*

20. FCCE, 34.
21. *Ibid.*
22. *Ideen*, § 40, p. 73. Cf. también *Ideen*, § 52, p. 100-101. Esta interpretación de los procesos de la ciencia, que los lleva a la construcción de un *real* físico a partir de apariencias subjetivas, recuerda en cierta medida la idea que de esta misma cuestión tiene Goblot (cf. su artículo *Qu'est-ce que le réel?*: Revue de l'Université de Bruxeles [octubre-noviembre 1927]). Sin embargo, el parecido se limita, digámoslo, a esta *construcción* en las ciencias. Los problemas de constitución fenomenológica que discutiremos más adelante tienen otra naturaleza y responden a otros intereses filosóficos. Aun cuando Husserl coincide con Goblot en la descripción de los procesos de la ciencia, acaba por interpretarlos de un modo distinto. Para Husserl lo real será el *mundo subjetivo*, mientras que el mundo de la física tendrá una realidad de otro grado. La idea de intencionalidad permite a Husserl atribuir una «objetividad» a este mundo «subjetivo».
23. FCCE, 13; cf. también *Ideen*, § 52, p. 100.
24. *Ideen*, § 40, p. 72.

jetivo, de la experiencia, lidiamos con cosas. En el mundo ideal aunque *objetivo* de la ciencia, las series de causalidad y su entrecruzamiento constituyen la cosa, la sustancia de sus propiedades. Las propiedades de la cosa, lejos de constituir una naturaleza, una esencia, no son sino líneas de causalidad posible. Las cosas «son lo que son únicamente en esta unidad, no mantienen su identidad individual (sustancia) más que vinculadas entre sí en una relación recíproca de causalidad... Todo ser corporal está sometido a leyes de transformación posible, y dichas leyes conciernen no a la cosa en sí misma, sino al objeto idéntico, a la cosa en el vínculo real y posible de la naturaleza única. Cada cosa tiene su naturaleza por el hecho de ser el punto de unión de series causales dentro de una naturaleza total y única. La propiedades reales (las propiedades de las cosas reales, corpóreas) tan sólo dan nombre a las posibilidades de transformación de una identidad, posibilidades anticipadas por las leyes de causalidad. Esta identidad no puede ser determinada en relación a lo que ella misma es más que recurriendo a dichas leyes»[25].

Las ciencias de la naturaleza no hacen sino buscar el ideal de objetividad y de existencia que se anuncia en la percepción concreta. Intentan rebasar el carácter vago y aproximativo de la experiencia ingenua de la percepción, para llegar a un mundo que se anuncia a través del que experimentamos en nuestra vida concreta y que nos ayuda a orientarnos en ella[26]. Husserl reconoce formalmente que «la ciencia de la naturaleza no hace más que seguir de un modo consecuente el sentido al cual aspira la cosa misma en tanto experimentada, llamando a este modo de proceder, de un modo bastante oscuro 'eliminación de cualidades secundarias, exclusión de elementos puramente subjetivos del fenómeno', para quedarse con lo que permanece, las cualidades primarias»[27].

---

25. *FCCE*, 34.
26. *Ideen*, § 40, p. 73.
27. *FCCE*, 34-35 [La versión castellana dice: «La ciencia de la naturaleza sólo busca consecuentemente el sentido de lo que pretende ser, por así decirlo, la cosa misma como experimentada, llamando a sus procedimientos de un modo bastante ambiguo 'eliminación de cualidades secundarias', 'exclusión de elementos puramente subjetivos del fenómeno', para 'retener las cualidades primarias que quedan'». De un modo significativo, el texto de Husserl nos dice inmediatamente después: «De hecho, esto es más que una expresión confusa; es una mala teoría de su buen modo de proceder» (N. de la T.)]; *Ideen*, § 47, p. 87-88.

Se puede ya vislumbrar en esta última cita el comienzo de una crítica, o por lo menos el reconocimiento de una cierta falta de claridad. El científico no cuenta con los medios para interpretar correctamente su propio quehacer[28]. Al parecer, el naturalismo no es más que una mala interpretación del sentido auténtico de la ciencia de la naturaleza.

En efecto, como ya hemos señalado, en el mundo que la ciencia construye la sustancia de la cosa se reduce a un entrecruzamiento de series causales. Por ello se llega a afirmar que, en este mundo construido, la existencia consiste en la pertenencia a la naturaleza y en la correspondencia con las categorías de esta última, tiempo, espacio, causalidad. Tiempo, espacio y causalidad que, entendidos en el sentido que las fórmulas del físico le otorgan, trascienden el tiempo, el espacio y la causalidad concretos, ese *medio vago* en el que transcurre nuestra vida.

Pero al afirmar esta objetividad del mundo físico, el naturalismo identifica su existencia y sus condiciones con la existencia y las condiciones de existencia en general. Y olvida que el mundo del físico, debido a su sentido intrínseco[29], nos remite necesariamente a este mundo «subjetivo»[30] que ha debido ser excluido de lo real en tanto pura apariencia condicionada por la naturaleza empírica del hombre, naturaleza que sería incapaz de alcanzar directamente el mundo de las *cosas en sí*[31]. *Pero a pesar de que el mundo del físico pretende trascender la experiencia ingenua, su mundo sólo existe en relación a esta última.* Y esto sería verdad aun para una física divina[32].

Esto quedó sugerido con anterioridad cuando hablamos de una suerte de identidad entre la *apariencia* y la *cosa*. Lo que la física estudia se encuentra ya de algún modo apuntado en la percepción. «El objeto físico no es algo extraño al objeto que aparece *en persona* en la experiencia sensible, sino que se anuncia a priori y de manera exclusiva en este (por razones esenciales e inmutables). Debemos agregar que el contenido determinante sensible de esta X que funciona como soporte de las determinaciones del científico,

---

28. *Ideen*, § 25, p. 44; § 52, p. 97s.
29. *Ideen*, § 49, p. 92; § 40, p. 71-72.
30. *Ideen*, § 52, p. 98-101.
31. *Ibid.*, 97-98.
32. *Ibid.*, 102.

no es un disfraz ajeno a estas últimas; al contrario, sólo en la medida en que dicha X sea el sujeto de determinaciones sensibles, será también sujeto de las determinaciones del físico que, a su vez, se *anuncian* ya en las sensibles. Por principio, una cosa –y concretamente la cosa de la que habla el físico– no puede darse más que de una manera sensible y de acuerdo a *modos de aparecer* sensibles... y el objeto idéntico que aparece en la continuidad cambiante de estos modos es el mismo objeto que el físico somete a un análisis causal, a una búsqueda de las conexiones reales de necesidad»[33].

Consecuentemente, ahí donde la ciencia de la naturaleza llega a acertar, el naturalismo se equivoca del todo. Al concebir el mundo ideal que la ciencia descubre sobre la base del mundo huidizo y cambiante de la percepción como ser absoluto, con respecto al cual este último sólo sería una apariencia subjetiva[34], el naturalismo traiciona el sentido interno de la experiencia perceptiva. La naturaleza de la física no tiene sentido más que en relación con una existencia que se revela en la relatividad de las *Abschattungen*, y es este el modo de existencia *sui generis* de la realidad material.

Pero el naturalismo, al interpretar erróneamente el sentido mismo de la naturaleza, creyendo alcanzar en la naturaleza revelada por la ciencia física el ser absoluto[35], lleva a cabo una reducción que involucra a la totalidad del ser[36]. «El sabio naturalista tiende a interpretar todo como naturaleza y, por ende, a falsear el sentido de aquello que no puede ser comprendido bajo esta óptica»[37]. Una existencia espiritual o ideal debe formar parte de la naturaleza si aspira verdaderamente al ser. «Toda determinación psicológica es *eo ipso* psico-física, *posee siempre un sentido físico que no deja de acompañarla*[38]. Aun cuando la psicología, esta ciencia experimental, se aboque únicamente a la determinación de acontecimientos puros de la conciencia, y no a las relaciones psico-físicas en el sentido habitual y más limitado del término, dichos acontecimientos son, no obstante, pensados como pertenecientes a la naturaleza, es

---

33. *Ibid.*, 99-100. Cf. también todo el § 52, p. 97s.
34. *Ideen*, § 52, p. 97-98.
35. *Ibid.*, 101.
36. *Ideen*, § 19, p. 35.
37. *FCCE*, 13.
38. Las cursivas son mías (N. del A.).

decir, a las conciencias de hombres y animales que, a su vez, están ligados a cuerpos humanos o animales... La exclusión de esta pertenencia a la naturaleza privaría a lo psíquico de su carácter de hecho natural, determinable objetiva y temporalmente...»[39]. «El naturalismo no ve más que naturaleza por doquier, y sobre todo naturaleza física. Todo aquello que es, o bien es físico y pertenece como tal a la unidad total de la naturaleza física o bien no es más que una simple variable dependiente de lo físico, a lo más un hecho secundario que lo acompaña de modo paralelo»[40].

El sentido profundo de estos pasajes no consiste solamente en atribuir al naturalismo las tesis del materialismo. El error que Husserl imputa al naturalismo no es puramente metafísico: el naturalismo no es una doctrina metafísica que postularía al espíritu y a la materia como dos seres existentes y que, sin preguntarse por el modo propio de existencia de cada uno de ellos, se plantearía la cuestión de su dependencia e independencia recíproca. Ciertamente, el naturalismo se plantea dichas cuestiones, resultando con demasiada frecuencia materialista. Pero la manera en la que hemos planteado el problema muestra que nos proponemos criticar el tipo de existencia que para el naturalismo, al menos de modo implícito, significa *ser*. Desde este punto de vista, los pasajes que acabamos de reproducir arrojan una nueva luz sobre el problema. Según Husserl, para el naturalismo *la objetividad misma* de un fenómeno físico implica la existencia del mundo físico. Ser, para el naturalismo, no significa necesariamente tener una existencia material, pero sí *encontrarse ahí* del mismo modo en que el mundo material lo está, ser en el mismo plano que él. Pensar algo como existente es pensar en algo *en* la naturaleza física, y por ende, como teniendo el mismo modo de existir que ella. La objetividad, la realidad, la existencia del fenómeno psíquico desaparecerían si lo despojáramos de su pertenencia a la naturaleza.

Éste es el verdadero origen del naturalismo: el naturalismo concibe la existencia de la totalidad del ser a partir de la imagen de la cosa material. Su comprensión de la manera de aparecer y revelarse del ser en su totalidad, deriva de su concepción de la cosa mate-

---

39. *FCCE*, 19.
40. *FCCE*, 13.

rial, la cual se anuncia a través de los *fenómenos subjetivos* de la experiencia[41], dándose en ellos como realidad absoluta. De este modo se entiende la declaración husserliana según la cual el naturalismo seguiría siendo el mismo tanto en una filosofía idealista, como en una filosofía realista: «La totalidad del ser posee una naturaleza psico-física. Nada esencial cambiaría en esta concepción si la naturaleza física se disolviera de un modo sensualista en complejos de sensaciones, colores, sonidos, presiones, etc., y lo 'supuestamente' psíquico se disolviera igualmente en complejos complementarios de aquellos o de otras sensaciones»[42]. Ya sea en una u otra filosofía, ser equivale a ser como la materia inerte.

Esta identificación *ontológica* —retomamos este término cuyo sentido ya hemos aclarado— de la conciencia y de la materia constituye la raíz profunda y verdadera de la materialización, de la *naturalización*, de la *reificación* de la conciencia. Y a pesar de todo intento de concebir la esencia de la conciencia como distinta de la esencia de la cosa material, mientras no se amplíe el concepto de existencia, dicha reificación será inevitable. Ya sea que pongamos la conciencia del lado del mundo físico, o que disolvamos el mundo físico en contenidos de la conciencia, en uno y otro caso, la conciencia y el mundo físico coexisten en la naturaleza y comparten el mismo modo de revelarse y existir.

Dicha concepción, pues, nos obliga a *naturalizar* los *fenómenos psíquicos* y las esencias del mundo físico, lo cual, en este contexto, ya es posible gracias a la naturalización de la conciencia. Mientras que la existencia de la conciencia no pueda ser concebida de un modo distinto, la *naturalización* de las ideas, esto es, el psicologismo, será inevitable. Es por esto por lo que la crítica del psicologismo en el primer volumen de las *Investigaciones lógicas*, que comienza por distinguir la esencia y el acto psicológico que concibe la esencia, se ve obligada a plantearse la cuestión de la esencia de la conciencia y, como mostraremos más adelante, de su modo de existir. Ciertos críticos han acusado a Husserl de recaer en el psicologismo[43]. La realidad es bien distinta: lo que dichos críticos han toma-

---

41. *Ideen*, § 19, p. 35.
42. *FCCE*, 13-14.
43. *LU* III, Prólogo, p. V (Hua-XIX/2, p. 534).

do por psicologismo no es sino una nueva ontología de la conciencia elaborada por Husserl en el segundo volumen de las *Investigaciones* para reemplazar la ontología naturalista.

Sigamos ahora las etapas de esta *naturalización* de la conciencia a partir de la idea naturalista de la existencia que la alienta. Si ser es ser en la naturaleza, la conciencia, gracias a la cual la naturaleza es conocida, debe formar parte de esta última si es que aspira a la existencia. De otro modo, no sería nada. Por ende, será necesario aplicar a la conciencia las mismas categorías que a la naturaleza física, esto es, el tiempo, el espacio (en la medida en que la conciencia es concebida siempre como ligada al cuerpo y sus órganos) y la causalidad. El mundo psíquico no se encuentra aislado en la naturaleza, su contacto con el mundo material se da a través del cuerpo de los animales y de los hombres. Existe una interacción causal entre ambos mundos.

La conciencia existe entonces como la naturaleza, como una realidad en un espacio y un tiempo ideal, cuya vida concreta no es sino una manifestación subjetiva, detrás de la cual tendríamos que buscar los elementos que la constituyen[44].

Previamente habíamos distinguido la multiplicidad de *fenómenos subjetivos* que pertenecen necesariamente a la experiencia de la naturaleza, de la multiplicidad de actos de la conciencia que se dirigen a ella. Pero esta distinción, que habíamos llevado a cabo reflexionando sobre el sentido interno de la experiencia de la naturaleza, no tiene cabida en la noción naturalista del ser, porque esta última comprende dicha experiencia a partir del ser que ella misma anuncia. Si esta experiencia es algo, debe encontrarse en la naturaleza, formar parte de ella. Y ya que de modo evidente no forma parte de la *naturaleza material*, debe formar parte de la *naturaleza psíquica*. Los *fenómenos subjetivos* del objeto no son sino elementos constitutivos de la conciencia, sus contenidos[45]. De igual modo, la relación entre dichos *fenómenos subjetivos* y lo real que ellos mismos anuncian, es interpretada como una relación causal, la única que el naturalismo admite. Las sensaciones, las percepciones, las representaciones son el resultado de la acción causal de lo

---

44. *FCCE*, 33.
45. Cf. *Ideen*, § 52, p. 101.

real sobre la conciencia[46]. El conocimiento no podrá ser más que un proceso causal que se da entre el ser material y el ser psíquico, formando ambos parte de la misma naturaleza. Junto con la conciencia, el naturalismo está obligado a naturalizar todo aquello que es ideal o general[47] –los números, las esencias geométricas– si quiere atribuirles una cierta realidad. La realidad de la naturaleza es, efectivamente, individual, individualizada en el tiempo y accesible gracias a una experiencia sensible (interna o externa). Si lo general existe, debe ser de algún modo individual, debe pertenecer a la naturaleza. Pero la naturaleza es el mundo fuera de la conciencia y una vez que la conciencia se ha naturalizado, ella misma forma parte de aquélla. Si el objeto ideal no existe de modo aparente en la naturaleza exterior, debe entonces encontrarse en la conciencia[48]. Así pues, lo general será tan sólo un contenido de la vida consciente, y por ende un objeto individual, con propiedades individuales[49]. Su idealidad no puede ser un modo de existir perteneciente a su naturaleza misma, sino una propiedad del estado psicológico al cual se reduce el objeto ideal. Se explica[50] así la existencia de las teorías de la abstracción que abundan en el naturalismo, teorías de Locke, Berkeley, Hume, etc.[51]. Todas ellas se enfrentan a algo que les parece inconcebible[52], una existencia ideal, cuya idealidad precisamente debe ser reducida a un contenido de la vida psicológica. Subrayemos una vez más que es la naturalización de la conciencia la que se encuentra a la base de la naturalización de las esencias[53]. Veremos más adelante, en efecto, cómo después de haber superado aquella, podremos rehabilitar las esencias[54].

Sin embargo, no pensamos únicamente objetos ideales, sino también las leyes fundadas sobre dichos objetos, por ejemplo, las

---

46. *Ibid.*
47. *Ideen*, § 18, p. 34.
48. *LU* II, Segunda Inv., § 8, p. 129 (Hua-XIX/1, p. 123).
49. *Ideen*, § 22, p. 41; § 61, p. 116.
50. *Ideen*, § 22, p. 41.
51. Cf. la crítica que Husserl hace de las mismas en *LU* II, Segunda Inv., Introducción, p. 106 (Hua-XIX/1, p. 111); Segunda Inv., §42, p. 224.
52. *LU* II, Segunda Inv., Introducción, p. 107 (Hua-XIX/1, p. 112).
53. *LU* II, Segunda Inv., § 21, p. 160 (Hua-XIX/1, p. 163); § 22, p. 161-162 (Hua-XIX/1, p. 165-165).
54. Cf., *infra*, el capítulo 6.

leyes matemáticas. Deducimos el teorema de Pitágoras a partir de razones que tienen su fundamento en la esencia del triángulo rectángulo, en la esencia del cuadrado, etc. Gracias a la naturaleza de tales y tales premisas, podemos extraer, en el silogismo, tales y tales conclusiones. Para dar cuenta de este hecho, el naturalismo, que niega las esencias, no hace sino llevar su pensamiento al extremo. Ya que las esencias son hechos psicológicos y naturales, el vínculo que existe entre ellas no es sino el vínculo común a todos los hechos naturales: la relación de causalidad. Las conclusiones matemáticas y lógicas son el resultado de un proceso causal análogo al de la producción del agua a partir de la unión del hidrógeno y el oxígeno[55].

Estas son las consecuencias psicologistas del naturalismo. Si la filosofía –como reza el credo naturalista– no tiene más objeto que el conocimiento, deberá entonces identificarse con la psicología comprendida como una ciencia de la naturaleza. La lógica no será más que un arte cuyo fundamento se encuentra en la psicología que estudia las leyes del pensamiento[56]. En lo que respecta al problema epistemológico, el psicologismo sitúa al sujeto y al objeto del conocimiento en el mismo mundo, al que llama naturaleza, y estudia su relación como relación de causalidad. La cuestión de cómo el sujeto alcanza al objeto que lo trasciende se reduce a la búsqueda de las causas que producen el conocimiento, la excitación de los órganos de los sentidos por parte del objeto exterior, los reflejos, las reacciones del organismo, etc. Cuando el naturalismo es idealista –lo cual no altera en absoluto su esencia–, su tarea consiste en saber cómo se produce la corriente de la conciencia, cuáles causas, dentro de dicha corriente deben entrar en juego para que en un cierto momento penetre en esta corriente la evidencia, que en el psicologismo no es sino un sentimiento despojado de todo valor objetivo[57]. Ya que toda la vida consciente no es más que una mera corriente de hechos inertes, de átomos psíquicos, la evidencia será un átomo más entre otros. La verdad se reduce tan sólo a un sentimiento de evidencia.

Partiendo de una concepción tal de la filosofía, el único método viable será el de las ciencias de la naturaleza. Método que se di-

---

55. *LU* I, § 30-31, p. 102-109 (Hua-XVIII, p. 110-117).
56. *LU* I, § 27, p. 51s (Hua-XVIII, p. 98-99s).
57. *LU* I, § 48-49, p.180s (Hua-XVIII, p. 182-185s); *Ideen*, § 145, p. 300.

rige a la experiencia, pero en el sentido preciso que esta tiene en el contexto de la ciencia. Hemos señalado ya que su proceder esencial no consiste en aprehender simplemente aquello que se da en la percepción. Como vimos, el ser específico de la naturaleza impone la búsqueda, en el seno de una realidad múltiple y cambiante, de la causalidad *detrás* de la misma. Se trata de partir de los datos inmediatos para remontarse hasta «lo real» que da cuenta de dichos datos. La ciencia no consiste tanto en el paso de lo particular a lo general sino en el paso de lo sensible concreto a la superestructura hipotética que pretende realizar aquello que se anuncia en los *fenómenos subjetivos*. Dicho de otro modo: *el camino esencial del pensamiento que va hacia la verdad consiste en la construcción de un mundo autónomo y real a partir del mundo concreto en el que vivimos*. Así pues, este método se constituye como el rechazo de todo aquello que hay de inmediato, de concreto e irreductible en la percepción directa. Porque el mundo de la percepción se ofrece como relativo, porque remite a una realidad que estaría detrás del mismo, la percepción carece para el naturalismo de valor científico y no sirve más que de punto de partida para un razonamiento que tendrá que construir el mundo real dando cuenta de las *apariencias* que se ofrecen como carentes de estabilidad y fundamento.

La intuición entendida, de una forma vaga, como conocimiento inmediato y directo, no puede en modo alguno, para el naturalismo, ser el método científico, ya que lo inmediato no es sino aparente.

Exploremos ahora la vía que debemos seguir. Hemos mostrado cómo el naturalismo implica una cierta concepción del método científico y filosófico. Hemos mostrado también que el corazón mismo del naturalismo, del que se desprende el resto, es su concepción de la existencia. Debemos preguntarnos ahora cómo la fenomenología de Husserl, al superar la ontología naturalista, nos conduce a una concepción muy distinta del método filosófico y de la verdad en general.

2
LA TEORÍA FENOMENOLÓGICA DEL SER:
LA EXISTENCIA ABSOLUTA DE LA CONCIENCIA

Si *ser* significa existir al modo de la naturaleza, todo aquello que se ofrezca como refractario a las categorías y al modo de existencia de la naturaleza, no contará por sí mismo con objetividad alguna y será *a priori* e inevitablemente reducido a lo natural. Sus características se resolverán como *fenómenos puramente subjetivos* que, en la riqueza de su estructura, no serán más que productos de la causalidad natural. Aclaremos esto con la ayuda de un ejemplo. Lo bello que se revela en una experiencia estética se ofrece como perteneciente a la esfera objetiva. La belleza de una obra de arte no es un simple *sentimiento subjetivo* experimentado con ocasión de tal o tal propiedad de la obra, mientras esta se mantiene más allá de lo bello y de lo feo. *El objeto estético en sí mismo es bello*; he ahí el sentido intrínseco de la experiencia estética. Pero este objeto, el valor, la belleza, en su modo de existencia *sui generis*, es incompatible con las categorías que le aplica el naturalismo[1]. Y si se concede que estas últimas son las normas mismas de lo real, el naturalismo, al tratar de reducir a sí lo que hay de real en una experiencia estética, podrá, con todo rigor, conservar su sentido, pero ubicándola en la naturaleza, con su sentido intrínseco y a título de fenómeno psicológico. Mientras la ontología naturalista sea aceptada, no es la existencia, comprendida también la existencia de la naturaleza, la que será determinada por el sentido de la vida, sino que la vida misma, para existir, deberá ser concebida a partir del modelo de la naturaleza. Es decir, deberá formar parte de las series de causalidad y ser dotada de realidad sólo en la medida en que pertenezca a las mismas. El sentido intrínseco de esta experiencia

---

1. *Ideen*, § 152, p. 318.

no será más que una propiedad, un fenómeno entre otros. Fiel a su principio, el naturalismo reduce el sentido, sin importar cuán original e irreductible, de los actos de la conciencia[2] a la naturaleza, la única realidad existente. Este abordaje por parte del naturalismo presenta tan sólo un interés descriptivo. Resulta imposible extraer de él una afirmación sobre el ser de los valores. La belleza, en nuestro ejemplo, no será real más que como fenómeno psicológico, causa y efecto, en el seno de la naturaleza. Por sí misma, una psicología descriptiva no puede ir más allá del naturalismo.

Para superar definitivamente el naturalismo con todas sus consecuencias[3], no es suficiente hacer uso de descripciones que destaquen el carácter propio de ciertos objetos, carácter irreductible a las categorías naturalistas. Hace falta cavar más profundamente hasta la significación misma de la noción de ser, y mostrar que el origen de todo ser, comprendido también el de la naturaleza, está determinado por el sentido intrínseco de la vida consciente y no a la inversa. Sólo entonces las descripciones que se adhieren al sentido intrínseco de la conciencia –descripciones aportadas por la intuición– tendrán más que un valor puramente psicológico. La dignidad filosófica de la intuición depende de ello. De ahí que no sea de extrañar que, para Husserl, la más grande insuficiencia de la primera edición de las *Investigaciones lógicas* sea el hecho de haber caracterizado, en el curso de la introducción al segundo volumen, la fenomenología como psicología descriptiva[4].

Debemos entonces determinar qué teoría del ser puede, negativamente, hacer abstracción de la realidad naturalista de la existencia y, positivamente, no tener en cuenta más que el sentido interno de la vida.

El capítulo anterior nos ha llevado ya en dicha dirección. En efecto, hemos tratado de mostrar cómo el mundo de la ciencia física, cuyos derechos absolutos reivindica el físico, está esencialmente ligado a una serie de *fenómenos subjetivos*. Hemos señalado tam-

---

2. *Ideen*, § 19, p. 36.
3. Sobre los motivos que llevan a Husserl a criticar y a superar el naturalismo, cf. *Ideen*, § 18, p. 33-34.
4. E. Husserl, *Bericht über deutsche Schriften zur Logik in den Jahren 1895-1899*: Archiv für syst. Philosophie (1903) 397-400; *LU* I, Prólogo de la segunda ed., p. XIII (Hua-XVIII, p. 12); *Ideen*, § 49, p. 92.

bién que este vínculo con la subjetividad no debe ser interpretado como una relación entre contenido y continente, de modo que sería prematuro ver aquí una nueva forma de idealismo berkeliano. Sin embargo, una cierta relación con la subjetividad es inherente al sentido mismo de dichos *fenómenos subjetivos*. Los diferentes lados de una mesa, que se descubren sucesivamente desde distintos puntos de vista, suponen de algún modo una conciencia capaz de orientarse. Dejaremos para más tarde el estudio de esta relación[5]. Por ahora todos nuestros análisis nos llevan a decir con Husserl que «el mundo de la *res* trascendente depende necesariamente (*ist angewiesen an*) de la conciencia...»[6].

Se nos podrá objetar que la cosa material rebasa el dominio de la percepción presente, que le es esencial ser más que lo que se revela en un *continuum* de aspectos subjetivos, que ella está ahí aunque no la percibamos, que es, pues, en sí. ¿Será entonces posible encontrar un vínculo necesario entre el modo de existir de los objetos materiales y una serie continua de «fenómenos subjetivos»?

Husserl reconoce que la independencia de la cosa material con respecto a la percepción instantánea no es una mera ilusión. Pero cree poder dar cuenta de este hecho en una teoría que pondrá a la cosa exterior en relación necesaria con la conciencia.

El concepto husserliano de conciencia incluye más que la esfera central de la conciencia activa y despierta. Nuestro autor está lejos de ignorar que, como ya lo habían señalado Bergson y James, cada momento de la conciencia está rodeado de un halo, de franjas, de *horizontes* que, según Husserl, se encuentran al margen del fenómeno central[7]: «Cada percepción es una *ex-cepción* (*jedes Erfassen ist ein Herausfassen*)»[8]. La cogitación se apropia del *cogitatum* al arrancarlo de un trasfondo que lo acompaña constantemente y que puede convertirse, a su vez, en el objeto de una

---

5. Cf. nuestro capítulo 3.
6. *Ideen*, § 49, p. 92.
7. Veremos más tarde cómo, a pesar de la «continuidad» de los diferentes momentos de la conciencia, a pesar de estas franjas refractarias a toda delimitación exacta de la vida psíquica, Husserl no ha condenado al intelecto. Cf. el capítulo 6. [A lo que se refiere aquí Levinas es al hecho de que la potencialidad que permea todas las esferas de la vida psíquica no representa un obstáculo para el trabajo discriminador del intelecto (N. de la T.)].
8. *Ideen*, § 35, p. 62.

*Herausfassung*⁹. En este último caso, aquello que estaba fijado originalmente por la vista, cae en el trasfondo sin desaparecer totalmente del campo de la conciencia. En un *cogito* nuevo, «el *cogito* precedente cesa de brillar, cae en la sombra, pero se mantiene vivo, aunque de un modo diferente»¹⁰. Puede permanecer, en algunos casos, como mera posibilidad a la cual volver, posibilidad implícitamente contenida en la vida actual.

La oposición entre la conciencia central y la marginal no es propia tan sólo de la percepción, y su manifestación bajo la forma de *Herausfassung* de la atención no es sino un caso particular de la misma. Esta oposición se encuentra en todos los actos de la conciencia: recuerdo, imaginación, actos de placer, de voluntad, etc.¹¹. En el trasfondo de la vida consciente existe una multitud de cogitaciones. Y dicho trasfondo no constituye una vaguedad impenetrable al análisis, una suerte de niebla de la conciencia. Se trata de un campo ya diferenciado en el que podemos distinguir actos de distintas cualidades: actos de creer (una creencia real se insinúa, creemos antes de saber, etc.), actos de placer, de displacer, de deseo, etc.¹². Una suerte de esbozo de los actos está presente antes de los actos mismos: esbozos de juicios, de placer, de deseo, etc.¹³. Existen asimismo decisiones de este tipo que están ahí «antes de que llevemos a cabo el *cogito* genuino, antes de que el yo devenga activo al juzgar, al complacerse, al desear, al querer»¹⁴.

Así, sin entrar en los detalles de esta estructura, podemos hablar, por una parte, de la conciencia actual y oponerla, por otra, a la esfera de posibilidades implícitamente contenidas en la vida actual de la conciencia y que constituyen la conciencia inactual, *potencial*¹⁵.

Con la noción de conciencia actual y potencial, podemos comprender la independencia que el mundo material muestra con respecto a la subjetividad. *No se trata más que de una independencia de cara a la conciencia actual*. El objeto que perdemos de vista *ac-*

---

9. *Ideen*, § 113, p. 230-231.
10. *Ideen*, § 115, p. 236.
11. *Ideen*, § 35, p. 62-63.
12. *Ideen*, § 115, p. 236.
13. *Ideen*, § 84, p. 169.
14. *Ideen*, § 115, p. 236.
15. *Ideen*, § 35, p. 63.

tualmente no desaparece de la conciencia, sino que se ofrece bajo su forma potencial, como objeto de una conciencia actual posible. Los «horizontes», como los llama Husserl, bajo la forma de fenómenos marginales o bajo la forma aún más indeterminada de posibilidades implícitas de la conciencia, acompañan a aquello que se da de una forma clara y explícita. Podemos pasear nuestra mirada por dichos horizontes, aclarando ciertos momentos y dejando caer otros en la oscuridad. *El carácter «en sí» del mundo de las cosas no significa más que la posibilidad de volver sobre el mismo objeto e identificarlo*[16]. Esta concepción presenta un interés filosófico tanto más grande cuanto que la esfera de la potencialidad pertenece a la conciencia no de un modo contingente, sino como su estructura necesaria. Y lo mismo sucede con la posibilidad, propia de los diferentes momentos de la esfera potencial, de actualizarse y de encontrarse, a su vez, rodeados de potencialidad. «La corriente de la conciencia no puede estar hecha de pura actualidad»[17]. Es necesario «que una cadena continua y progresiva de cogitaciones esté siempre rodeada de un medio de inactualidad, siempre listo para convertirse en actual»[18].

En suma, la existencia de la cosa material no percibida no reside más que en su perceptibilidad. Esta perceptibilidad no es una posibilidad vacía, en el sentido de que es posible todo aquello exento de contradicciones, sino que es una posibilidad[19] inherente a la esencia misma de la conciencia. La existencia de la totalidad de la realidad física, que constituye el trasfondo de lo que percibimos de modo actual, significa la posibilidad *positiva* de ver aparecer *fenómenos subjetivos* de un cierto tipo, una aparición que se deja anticipar en cierta medida por el sentido de lo que se percibe actualmente. «Decir que 'está ahí' (el objeto material) significa que a partir de las percepciones actuales, con su trasfondo realmente aprehendido, una serie de percepciones posibles conducen a los grupos de percepciones en los que el objeto en cuestión puede aparecer y ser percibido...»[20].

---

16. *Ideen*, § 45, p. 84; § 47, p. 89.
17. *Ideen*, § 35, p. 63.
18. *Ibid.*, 64.
19. Sobre la distinción de los tipos de posibilidad, cf. *Ideen*, § 140, p. 292.
20. *Ideen*, § 45, p. 84. El artículo de A. Gurwitsch *La philosophie phénoménologique en Allemagne*: Revue de métaphysique et de morale 4 (1928), ha puesto bien en claro el papel de la *potencialidad* en el idealismo husserliano.

Hasta aquí hemos hablado de la existencia del objeto físico relativa a la conciencia. Ahora intentaremos aclarar otro carácter de su existencia. Esta no está sólo referida a la multiplicidad de aspectos en los que se anuncia, sino que dichos *aspectos* no agotan nunca a la cosa: por derecho, su número es infinito. Los *aspectos* que vemos en un momento dado, apuntan siempre a otros aspectos por venir, y así sucesivamente. La cosa nunca es totalmente conocida: su percepción se caracteriza esencialmente por el hecho de ser *inadecuada*[21].

La cosa material denota, pues, una doble relatividad. Por un lado, la cosa es relativa a la conciencia –decir que existe es decir que se encuentra con la conciencia[22]–; por otro lado, ya que la serie de fenómenos subjetivos no termina nunca, la existencia de la cosa sigue siendo relativa al grado de compleción de la serie de *fenómenos*, y una experiencia posterior puede, en principio, falsificar y reducir a alucinación aquello que parecía haber sido adquirido por la percepción anterior[23].

Para Husserl, esta caracterización de la cosa material es provisional, y su elaboración definitiva sigue siendo uno de los problemas centrales de la fenomenología[24]. Sin embargo, nos permite comprender por qué «la existencia de lo *trascendente*[25] es puramente fenoménica»[26], por qué «la existencia de la cosa no es jamás exigida por su modo de darse, sino que siempre es, en cierto modo, contingente»[27], y también por qué «todo lo que se da de la cosa *en persona* podría no existir»[28]. Nos permite comprender, en fin, qué significa la afirmación husserliana del «carácter dudoso de la percepción trascendente»[29].

Esta tesis no pretende poner en entredicho la percepción del mundo para oponerse entonces a la actitud ingenua y natural del hombre

21. Cf. *Ideen*, § 3, p. 10; § 44, p. 80-81; § 138, p. 286-287s.
22. *Ideen*, § 50, p. 93s.
23. *Ideen*, § 46, p. 86; § 138, p. 287.
24. *Ideen*, § 55, p. 107-108; § 96, p. 201.
25. El término *trascendente* significa en Husserl todo aquello que no forma parte constitutivamente de la corriente de la conciencia (cf. *Ideen*, § 38, p. 68). Por ende, se trata sobre todo del objeto material.
26. *Ideen*, § 44, p. 80.
27. *Ideen*, § 46, p. 86.
28. *Ibid.*
29. *Ibid.*, 85.

que vive en un mundo existente. *No se trata de una tesis escéptica.* Esta no pretende negar el valor de la percepción externa[30] afirmando su carácter ilusorio, su inadecuación al ser verdadero. Una tesis escéptica de este género no expresaría una actitud específicamente filosófica, sino que al adoptar la contraparte de la actitud ingenua, nos dejaría, a pesar de todo, en el mismo plano de la vida ingenua. Simplemente negaría todo aquello que, en la actitud natural, afirmamos. La discusión se centraría entonces en la existencia o no existencia del mundo, pero se seguiría presuponiendo un concepto no aclarado de la existencia. Dicho concepto no sería sometido a crítica alguna y la discusión se apoyaría implícitamente en un concepto pre-teórico y acrítico de la existencia.

La novedad de los análisis precedentes se revela precisamente en el hecho de que, en lugar de presentar afirmaciones sobre el conocimiento cierto o incierto de la existencia de la cosa, nos ofrecen afirmaciones sobre *el modo mismo de existir de la cosa exterior* y plantean, de este modo, el problema en un nuevo terreno. Podemos formular del siguiente modo los resultados de nuestros análisis. La existencia de la cosa material contiene en sí misma una cierta *nada*, una posibilidad de no ser. Esto no quiere decir que la cosa no exista, sino que su modo de existir comporta precisamente una negación posible de sí misma[31]. Dicha negación no es una mera característica del conocimiento, como si tan sólo quisiéramos decir que el conocimiento del mundo físico no puede jamás plantear con certeza la existencia de este último. Debemos asumir esta negación posible como un elemento constitutivo de la existencia misma de las cosas[32].

Para evitar malentendidos, hace falta agregar que la contingencia de la cosa material afirmada aquí no significa que la existencia no está contenida en la esencia de la cosa material del modo en el que sí lo está en la esencia de Dios, según el célebre argumento ontológico. Esta *negación*, esta *contingencia* inherente a la existencia no expresa sino la dualidad en la que las cosas materiales se revelan y existen. Esta dualidad expresa el hecho de que, por una parte, un ser se anuncia, pero que por otra, se anuncia en una serie infi-

---

30. Cf. *Ideen*, § 32, p. 56-57, y sobre todo *Ideen*, § 55, p. 107.
31. *Ideen*, § 46, p. 87; § 49, p. 91; §138, p. 286-287.
32. *Ideen*, § 44, p. 80. El modo de percepción de la cosa depende de su «sentido específico».

nita de fenómenos subjetivos y que, por ende, la existencia de las cosas se asimila a la concordancia de dichos fenómenos, aunque dicha concordancia no sea necesaria. De ahí que la aspiración de la cosa a la existencia dependa de estos *fenómenos* que, a cada momento, pueden caer en discordancias. *La contingencia no es aquí una relación entre la esencia y la existencia del objeto, sino una determinación interna de la existencia misma.* El carácter puramente fenoménico de la existencia de la cosa exterior, determinado en Kant por oposición a la «cosa en sí», aparece aquí como una determinación interna de dicha existencia.

Es más, si nos viésemos obligados a tomar aquí la *contingencia* como opuesta a la necesidad del argumento ontológico, la necesidad de la existencia de la conciencia (que analizaremos a continuación y que en Husserl se opone a la contingencia del mundo físico), tendría que ser entendida en el sentido del argumento ontológico. Sin embargo, Husserl lo niega formalmente[33].

Nada es concedido a los escépticos. Por el contrario, la fuente misma y las auténticas razones de los errores del escepticismo encuentran aquí su explicación. El fundamento del escepticismo reside precisamente en este carácter relativo de la existencia de la cosa material. El escepticismo opera una escisión al hipostasiar la aspiración a la existencia de los *fenómenos subjetivos* como *ser en sí*, al tiempo que llama *conocimiento* a estos mismos fenómenos, en el flujo de su devenir. Al constatar la inadecuación *de principio* de la cosa anunciada en los fenómenos que la constituyen, el escepticismo parece tener razón al afirmar que no conocemos el ser y que somos continuamente engañados por nuestros sentidos. Pero el escepticismo lleva ese nombre precisamente por no conceder el valor de ser a lo que conocemos y por guiarse por una idea de ser que expresa la existencia de la cosa bajo un sólo aspecto: a partir de su pretendida independencia con respecto a los fenómenos que la constituyen. El gran interés de la concepción de Husserl, estaría localizado en su punto de partida, (el punto de partida fenomenológico por excelencia): buscar la existencia de la cosa exterior no en la oposición a lo que es para la conciencia, sino en el aspecto bajo el cual se presenta en la vida consciente concreta. Lo que exis-

---

33. *Ideen*, § 46, p. 86-87.

te para nosotros, *lo que pensamos como existente*, no es una realidad escondida detrás de fenómenos que aparecerían ante nosotros como imágenes o signos de dicha realidad[34]. Este mundo de los fenómenos constituye el ser de nuestra vida concreta, un mundo de fenómenos sin límites netamente trazados, desprovistos de toda exactitud matemática, plenos de un «*aproximadamente*», de un «*por así decir*», y que obedecen a las vagas leyes designadas con la palabra «*normalidad*»[35].

A partir de ahora podemos comprender cómo desde una actitud tal resulta posible dejar atrás una filosofía que tiene como punto de partida la teoría del conocimiento, en tanto estudio de nuestras facultades de conocer, a fin de ver si y cómo puede el sujeto alcanzar el ser. Una teoría del conocimiento presupone, en efecto, la existencia de un objeto y un sujeto que entrarían en contacto entre sí. Este contacto definiría el conocimiento, quedando pendiente la cuestión de saber si el conocimiento no falsea el ser que presenta al sujeto. Sin embargo, este problema se revela como ficticio si se comprende que el origen de la idea misma de objeto se encuentra en la vida concreta del sujeto, que el sujeto no es una sustancia obligada a recurrir a un puente –el conocimiento– para alcanzar el objeto y que en su presencia misma frente al objeto reside el secreto de su subjetividad. Los modos de aparecer de la cosa, por tanto, no son caracteres añadidos por parte del conocimiento a la cosa existente, son su existencia misma.

Sin embargo, hasta este momento hemos procedido negativamente al mostrar que «existir» no significa necesariamente existir a la manera de la cosa, que la existencia de esta remite en cierto modo a la existencia de la conciencia. ¿Qué significa el ser de la conciencia? ¿Cómo determinarlo positivamente? He aquí lo que hace falta dilucidar para penetrar en el corazón mismo de la ontología de Husserl.

La intuición fundamental de la filosofía husserliana consiste, por una parte, en atribuir una existencia absoluta a la vida consciente concreta, y por otra, en transformar la noción misma de la vida consciente. Esta vida que existe de modo absoluto no podrá

---

34. *Ideen*, § 43, p. 78-79.
35. Esta noción de normalidad es introducida en *Ideen*, § 44, p. 81-82.

ser la conciencia en el sentido en el que la entiende el idealismo de Berkeley: una suerte de mundo cerrado sobre sí mismo, poseedor, en el fondo, de un tipo de existencia idéntica a la de la cosa. Será necesario describir la vida consciente *como una vida en presencia del ser trascendente*. De ahí se entenderá que hablar de la existencia absoluta de la conciencia, pensar el mundo exterior como constituido por la conciencia no significa recaer en el berkelianismo, significa remontarse a un *fenómeno primero* de la existencia que por sí solo hace posibles al *sujeto* y al *objeto* de la filosofía tradicional. Estos dos términos, sujeto y objeto, no son sino abstracciones hechas a partir de este fenómeno concreto que expresa el concepto husserliano de la conciencia.

Describiremos en primer lugar este carácter absoluto de la existencia de la conciencia. Mostraremos en seguida cómo dicha existencia no es sino la *intencionalidad*[36]. De ahí se seguirá que la conciencia es el origen de todo ser, el cual se encuentra determinado por el sentido intrínseco de la misma. Comprenderemos entonces cómo el estudio de la vida consciente, entendido de cierta manera, puede tener un valor filosófico[37].

Para determinar la esencia de la conciencia, Husserl parte, en su conjunto, de los fenómenos que abarca el *cogito* cartesiano. «Tomamos como punto de partida la conciencia en el sentido corriente del término, en el sentido que nos viene desde un primer momento a la cabeza y que sería el más simple de expresar con el *cogito* cartesiano, con el 'yo pienso'. Como sabemos, Descartes comprendía el *cogito* de una manera amplia, de suerte que abarcaba todo estado del tipo: *yo percibo, yo recuerdo, yo imagino, yo juzgo, yo deseo, yo quiero,* y asimismo todos los estados del yo (*Icherlebnisse*) análogos, en sus innumerables formaciones sucesivas»[38]. Estos estados de la vida, estas vivencias (*Erlebnisse*), no representan tan sólo una *región* de la realidad situada simplemente a un lado del mundo de la naturaleza[39]. Sólo a título de categoría va-

36. Capítulo 3.
37. Capítulo 7.
38. *Ideen*, § 34, p. 60, 61. Cf. también *Ideen*, § 28, p. 50. El concepto de conciencia no abarca aquí la esfera potencial. Por ello Husserl habla aquí de conciencia «en el sentido corriente del término».
39. *Ideen*, § 39, p. 70; § 49, p. 93.

cía empleamos la palabra «ser» para hablar de ambos mundos, el de las cosas y el de la conciencia[40]. Las vivencias tienen un *modo de existencia* diferente. Hemos insistido en ello desde el principio. «La conciencia posee en sí misma su propio ser constituye una *región del ser original en principio*»[41]. En otro lugar Husserl lo señala de una manera aún más decisiva: «Aparece entonces una diferencia esencial y fundamental entre *ser como conciencia* y *ser como cosa*»[42]. «Con ello se anuncia la diferencia entre los *modos de existencia* de la conciencia y la realidad –la diferencia más importante que existe–»[43].

Si centramos nuestra atención en la manera en la que la conciencia se revela a la reflexión, constataremos que la percepción de la conciencia, la reflexión –la percepción *inmanente*, según la terminología husserliana– no se caracteriza por una dualidad entre lo que se revela y lo que tan sólo se anuncia, como en la percepción *trascendente* externa[44]. «Ein Erlebniss schattet sich nicht ab»[45]. «Para el ser de esta región, hablar de aparición (*erscheinen*) o de representación por *Abschattungen* no tiene sentido alguno»[46]. «El ser psíquico, el ser en tanto fenómeno, no es por principio una unidad experimentada en una multiplicidad de percepciones distintas, aun cuando pertenezcan al mismo sujeto. Dicho de otro modo, en la esfera psíquica no existe diferencia alguna entre aparecer y ser, y si comprendemos la naturaleza como un ser que aparece en *fenómenos*, estos fenómenos o apariencias (que el psicólogo considera como psíquicos) no constituyen un ser que aparecería a su vez a través de fenómenos escondidos detrás»[47].

El flujo de la conciencia se da siempre, en la *percepción inmanente*, como algo absoluto, algo que es lo que es, pero no en tanto objeto anticipado a partir de una serie de fenómenos que pueden contradecirse, destruirse recíprocamente, engañando así a la anticipación. Por oposición a la percepción de la cosa exterior, la percep-

40. *Ideen*, § 49, p. 93; § 76, p. 141.
41. *Ideen*, § 33, p. 59. Las cursivas son del autor.
42. *Ideen*, § 42, p. 76.
43. *Ibid.*, 77. Las cursivas son del autor.
44. Sobre esta terminología, cf. *Ideen*, § 38, p. 68.
45. *Ideen*, § 42, p. 77; § 44, p. 81.
46. *Ideen*, § 42, p. 77, 81; § 49, p. 93.
47. *FCCE*, 36.

ción inmanente es *adecuada*. «La percepción de la *vivencia* es una visión directa (*schlichtes Erschauen*) de algo que se da (o que podría darse) en la percepción como absoluto, y no como algo que se mantiene idéntico a través de varias perspectivas (*Abschattungen*). Un sentimiento no aparece a través de *Abschattungen*. Cuando lo considero, tengo algo absoluto, desprovisto de *lados* o *aspectos* que podrían presentarse ahora de un modo, luego de otro»[48].

La posibilidad *siempre presente de no ser nada*, carácter de la cosa material, resulta ajena a un ser que se revela directamente y no en una serie de *Abschattungen*. «En la esfera absoluta no hay lugar alguno para la *discordancia*[49], para la *apariencia*, para la *posibilidad de ser otra cosa*[50]. Se trata de una esfera de posición absoluta»[51]. El análisis de la percepción inmanente nos conduce a la posición absoluta de la conciencia, a la imposibilidad de negar su existencia. «Si la percepción reflexiva se dirige a mi *vivencia*, lo percibido es un *sí-mismo* absoluto (*absolutes Selbst*), cuya existencia no puede ser, en principio, negada; esto quiere decir que resulta imposible, en principio, suponer que no existe. Afirmar que una vivencia dada de este modo no existe, sería un sinsentido»[52]. Al parecer, nos encontramos frente al *cogito* cartesiano. El parentesco es evidente y Husserl lo reconoce.

Volveremos sobre las posibles relaciones entre la actitud de Husserl y el *cogito* cartesiano, pero digamos por ahora que, si se lleva dicha filiación demasiado lejos, se corre el riesgo de falsear el pensamiento más original del filósofo alemán. En efecto, el carácter absoluto de la conciencia en Husserl, significa algo distinto de la indubitabilidad de la percepción interna. Este carácter absoluto no es tan sólo una propiedad de la *verdad* que concierne a la conciencia, su certeza, sino una propiedad de su *existencia* misma.

---

48. *Ideen*, § 44, p. 81-82.
49. *Discordancia* que puede tener lugar entre los fenómenos sucesivos en la aparición de la cosa material: la serie de fenómenos que anuncian a un «hombre» pueden ser contradichos por la experiencia posterior que muestra que se trataba de un árbol tomado erróneamente por un hombre. Esta posibilidad de que el *objeto* percibido sea en realidad otra cosa (que el hombre sea finalmente un árbol, según nuestro ejemplo), es esencialmente inherente a la aparición de la cosa exterior.
50. Cf. nota anterior.
51. *Ideen*, § 46, p. 86.
52. *Ibid.*, 85.

Afirmar el carácter absoluto de la conciencia significa mucho más que el mero hecho de que sea imposible dudar de la misma. Resulta importante mostrar que Husserl no sólo nos ha hecho comprensible la evidencia absoluta del *cogito* al apelar a la adecuación de la percepción interna, sino que, en su pensamiento, es precisamente este carácter absoluto de la conciencia el que hace posible la percepción adecuada. La evidencia absoluta del *cogito* se funda en el modo de ser de la conciencia. «Sólo en el yo y en la vida del yo (*Icherlebnisse*), en la relación a sí mismo, encontramos esta situación excepcional; sólo aquí hay y debe haber algo así como la percepción inmanente»[53].

No es únicamente en tanto objeto adecuado de la reflexión que la conciencia existe necesariamente. El sentido de su existencia consiste precisamente en no existir sólo como objeto de la reflexión. La vida consciente *es*, aun cuando la reflexión no la tenga por objeto. «Lo percibido en ella (la reflexión), se caracteriza principalmente no por estar dotado de existencia y de duración en la percepción, sino por estar ya ahí antes de convertirse en objeto de la percepción»[54]. Aquí, el ser de la conciencia revela su independencia de la percepción interna, al contrario de la cosa exterior, cuyo ser mismo nos remite a la conciencia[55]. Aquí, no es la reflexión sobre la conciencia la que constituye su existencia, sino que aquella es posible precisamente gracias a esta.

Pero hay más. No nos hemos preguntado si la atribución de una existencia absoluta a la conciencia es, en Husserl, una simple presuposición que no se toma la molestia de aclarar. De hecho, no podemos decir que la dilucidación del sentido de este carácter absoluto haya sido emprendida por Husserl de un modo explícito. Se trata, ciertamente, de una de las más grandes lagunas de su doctrina. Husserl estudiará la existencia propia de las distintas *regiones* del ser, pero en lo que respecta a la conciencia, a la cual todas las

---

53. *Ideen*, § 46, p. 85-86. Cf. también § 45, p. 83. Expresiones como la siguiente: «Zur Seinsart des Erlebnisses gehört es es etc.». Y lo mismo en el § 79, p. 157: «jede Seinsart... hat wesensmässig ihre Gegebenheitsweisen...». Cf. también *Ideen*, § 111, p. 225.
54. *Ideen*, § 45, p. 83.
55. *Ideen*, § 38, p. 68. Cf. sobre las nociones de *dependencia* e *independencia*, *infra*, 141s (cap. 6).

demás regiones quedarán referidas, se contentará con tan sólo afirmar su existencia absoluta[56]. Sin embargo, nos parece que existe en su doctrina por lo menos el comienzo de un análisis en esta dirección. Husserl nos dice en relación a esta existencia de la conciencia independiente de la reflexión, que la conciencia «está lista para ser percibida (*Wahrnehmungsbereit*)»[57]. Pero mientras que para los objetos exteriores, de acuerdo a su modo de existir, estar listo para ser percibido significa ser siempre ya, en cierto modo, objeto de la conciencia, al menos implícitamente en tanto que *motivado* por una percepción actual[58], la conciencia está preparada para la percepción de un modo radicalmente distinto. Para la conciencia, el ser perceptible no significa el ser ya objeto de la reflexión significa existir de un modo especial que se opone al modo de presencia de los objetos a los sujetos. La conciencia está lista para ser percibida «a través de la simple modalidad de su existencia... por el yo al cual pertenece»[59]. Esta posibilidad de ser percibida –posibilidad inherente a la existencia misma de la conciencia– deriva, según otro texto, del hecho de que «todas las vivencias o estados de conciencia (*Erlebnisse*) son conscientes»[60]. Las *vivencias* son conscientes –se conocen a sí mismas de cierto modo, sin que esta conciencia sea análoga a la percepción del objeto exterior, o incluso a la percepción inmanente de la reflexión–. De hecho, también se nos muestra, y por ahora tan sólo lo señalaremos, que la existencia de lo vivido equivale al hecho de ser «constituido en la conciencia inmanente del tiempo»[61]. «La conciencia del tiempo funciona en tanto que conciencia perceptiva»[62]. Sin embargo, Husserl agrega que «esta conciencia universal (*allumfassende*) del tiempo no es, bien entendida, una percepción continua en el sentido corriente del término. Dicho de otro modo, no se trata de una reflexión interna continua en la que las vivencias serían objetos, *puestos* en el sentido específico del término y aprehendidos como existentes»[63]. El modo

56. Cf. sobre todo nuestro capítulo 7.
57. *Ideen*, § 45, p. 84.
58. Cf. *supra*, en este mismo capítulo, 48-50.
59. *Ideen*, § 45, p. 84.
60. *Ibid.*, 83.
61. *Ideen*, § 113, p. 229.
62. *Ibid.*
63. *Ibid.*

específico de existir de la conciencia, su carácter absoluto y su independencia de cara a la reflexión, consiste en su existir para sí, con anterioridad a toda reflexión que hiciese de ella un objeto. La conciencia existe de tal modo que su presencia a sí misma es constante: «Toda vivencia en tanto que existente y presente, o si se prefiere, en tanto que unidad temporal constituida en la conciencia fenomenológica del tiempo, lleva consigo, en cierto modo, su carácter de ser, *de una manera análoga al objeto percibido*»[64]. Pero el hecho de que la «existencia de las vivencias»[65] sea consciente no significa que la vida consciente existe para después hacerse consciente de sí misma. «Es un sinsentido hablar de un contenido inconsciente del que sólo nos haríamos conscientes más tarde. La conciencia es conciencia en cada una de sus fases»[66]. La conciencia constituye el propio ser de las vivencias. Comprendemos entonces la gran importancia que poseen las investigaciones fenomenológicas sobre la constitución del tiempo inmanente.

En resumen, la conciencia se presenta como una esfera de existencia absoluta. Y esta existencia absoluta no expresa solamente el carácter indubitable del *cogito*, sino que en tanto determinación positiva del ser mismo de la conciencia, funda la posibilidad de un *cogito indubitable*.

Por esta razón, nos parece que el *cogito* de Husserl difiere seriamente del de Descartes. En efecto, para Descartes, la distinción entre el pensamiento y el espacio es, ante todo, una distinción entre dos tipos de conocimiento, uno absolutamente cierto y el otro dudoso. Puede haber en favor de las verdades que llego a formular un sinnúmero de razones, pero estas no son nunca incontrovertibles, debido a la naturaleza misma de nuestra sensibilidad sujeta al error. El análisis de la sensibilidad de Descartes revela como relativa y falible toda afirmación que tenga como punto de partida nuestros sentidos. Su doctrina no se presenta como el *análisis del ser de la cosa* sensible, sino como análisis del conocimiento, esto es, de las vías que ponen en contacto al sujeto con el ser.

64. *Ideen*, § 113, p. 229; cf. también § 114, p. 235, y § 118, p. 245-246.
65. *Ideen*, § 45, p. 85.
66. *Lecciones de fenomenología de la conciencia interna del tiempo*, Segunda parte, Apéndice IX, trad. A. Serrano de Haro, Trotta, Madrid 2002, 143-148 (en adelante, *Lecciones*).

Sin embargo, para Descartes existe una verdad que se sustrae a la duda: el *cogito*. Pero éste no es más que un mero conocimiento privilegiado entre otros, una suerte de axioma del que todos los demás habrán de ser deducidos. «El alma es más fácil de conocer que el cuerpo». Por la fuerza de su certeza, el conocimiento del alma es superior al del cuerpo. Se comprende entonces que, partiendo del *cogito*, Descartes se proponga deducir de la existencia de la conciencia la de Dios y la del mundo exterior. Descartes no se remonta a la fuente de la evidencia del *cogito*. No busca su raíz en el ser de la conciencia que hace posible esta evidencia. Para él, el sentido de la existencia no constituye un problema. Llevado, sin duda, por la idea de que existir significa siempre y en todas partes lo mismo, Descartes busca simplemente demostrar la existencia del mundo exterior, tal como ha demostrado ya que la conciencia existe. Para Husserl, la necesaria existencia de la conciencia no se sigue del *cogito*. Más bien, es esta existencia necesaria la que hace posible al *cogito*. El *cogito* no es tan sólo un medio para llegar a la certeza primera, para de ella deducir la existencia del mundo fuera del *cogito*. El interés reside en el modo de existir del *cogito*, en el tipo de existencia original que lo caracteriza. Descartes se encuentra todavía en el terreno de la filosofía dogmática, de una filosofía que parte de una idea no aclarada de existencia, modelada a partir de la existencia de la cosa exterior hipostasiada, y que aplica este tipo de existencia a todas las regiones del ser. Para una filosofía así, no se trata de saber qué es el ser, sino preguntarse si tal o cual objeto existe. Contra una doctrina de esta índole, el escepticismo tiene una fácil tarea, al reducir la totalidad del ser a la apariencia. Si se admite que existir significa existir a la manera de la cosa, nos vemos obligados a admitir que una existencia tal es siempre problemática. Ciertamente, la novedad de la filosofía cartesiana consiste en intentar superar el escepticismo, al abandonar la idea de la existencia concebida sobre el modelo de la cosa exterior: si aquello que aparece no existe, tenemos al menos la certeza de que el acto de aparecer existe. El problema es que Descartes no lleva su descubrimiento hasta sus últimas consecuencias. Habiendo alcanzado en la conciencia un dominio de existencia absoluta, no llega a ver que el término «existencia» debe ser empleado aquí con un sentido completamente distinto al del mundo de la cosa espacial. Por ello, interpreta a partir de este, la existencia de la conciencia. Para Descartes, el alma es una sustancia, una sustancia que existe paralelamente a la sustancia extensa y que se distingue de ella únicamente por la certeza que tenemos de su existencia. Descartes no entiende el carácter específico del *cogito* en tanto carácter interno de la sustancialidad de la conciencia.

Es aquí donde encontramos el progreso de Husserl. La evidencia del *cogito* se funda en el modo de existencia de la conciencia, del mismo modo que la aparición de la cosa exterior caracteriza su ser mismo. La diferencia entre estos dos modos de conocer no se limita a una mayor o menor certeza. Es una diferencia de naturaleza. Un abismo separa la adecuación de la percepción interna y la inadecuación de la percepción externa. El paso adelante dado por Husserl con relación a Descartes consiste en no separar el conocimiento de un objeto, o de un modo más general, el modo de aparecer del objeto en nuestra vida, de su ser. Consiste en ver en su modo de ser conocido, la expresión y el carácter específico de su modo de ser. Por ello, en su filosofía encontramos por vez primera la posibilidad de pasar de la teoría del conocimiento, y a través de la teoría del conocimiento, a la teoría del ser. Esta última consistirá, por una parte, en estudiar directamente la esencia del ser que se revela a la conciencia, y por otra, en estudiar el modo de existir de diferentes *regiones* de objetos. Digamos de paso que con la idea de una existencia diferente para la cosa exterior y para la conciencia, surge la posibilidad de distintos modos de existencia. Volveremos sobre este punto en la última parte de nuestro trabajo.

Hemos intentado describir la existencia absoluta de la conciencia a partir del carácter consciente de las vivencias, en virtud del cual están siempre presentes a sí mismas. Pero esta existencia absoluta no debe ser entendida como «argumento ontológico».

Husserl reconoce explícitamente que la existencia de la conciencia es un hecho. Se trata de algo fáctico. «Visiblemente, la necesidad de la existencia de cada vivencia (*Erlebnis*) actual no es una pura necesidad de esencia, esto es, una pura singularización eidética[67] de una ley eidética. Es una necesidad de hecho»[68]. La *Seinsnotwendigkeit* de la conciencia significa algo enteramente distinto de una exis-

---

67. Sobre este término, cf. *infra*, 134 (cap. 6).
68. *Ideen*, § 46, p. 87.

tencia que se siga necesariamente de la esencia. Tiene que ver no con el hecho de que la conciencia exista, sino con el modo de su existencia. Esto no significa que la conciencia deba existir necesariamente, sino que, en la medida en que existe, su existencia no contiene la posibilidad de no-ser que caracteriza la existencia espacial. En efecto, *existir* para la conciencia no significa *ser percibida* en una serie de fenómenos subjetivos, sino estar continuamente presente a sí misma. Y esto es precisamente lo que el término «conciencia» expresa.

De este modo, podemos comprender cómo Husserl escaparía a la objeción presentada por Hering en su libro sobre *La fenomenología y la filosofía religiosa*. Hering objeta a Husserl la imposibilidad de pasar de la indubitabilidad del *cogito* a la afirmación de su existencia necesaria. «Ya que en este caso, el hecho en cuestión deriva su carácter indubitable no de la idea del *cogito* (como en el caso de la existencia ideal de una esencia o en el caso de la existencia actual de Dios para los ontologistas), sino de la situación particularmente favorable del observador. Así que Pablo puede perfectamente imaginar un mundo en el que la conciencia de Pedro no existiese»[69].

Hering tiene razón al decir que la existencia del *cogito* no posee el mismo sentido que «la existencia de Dios para los ontologistas», ya que, como hemos intentado demostrar, Husserl mismo lo reconoce. Sin embargo, si la necesidad de la conciencia es, de acuerdo con nuestra interpretación, una característica del modo y no del hecho de su existencia, no podemos apelar a la situación privilegiada que le permite reflexionar sobre sí misma para discutir este carácter necesario de la existencia de la conciencia. Ya que la posibilidad de tal *situación privilegiada* es precisamente lo que caracteriza la existencia de la conciencia. En el ser de la conciencia se funda la posibilidad de la reflexión misma. «Sólo para el yo y para la vida del yo (*Icherlebnisse*), en la relación a sí mismo, encontramos esta situación excepcional; sólo aquí hay y debe haber algo así como la percepción inmanente»[70].

Estos análisis de la existencia propia de la cosa exterior y de la conciencia no nos llevan a concluir, como podría hacernos creer una lectura superficial de las obras de Husserl, que sólo la con-

---

69. J. Hering, *Phénoménologie et philosophie religieuse*, 85.
70. *Ideen*, § 46, p. 85-86.

ciencia existe y que el mundo exterior no. Ambos existen, pero de modo diferente.

Sin embargo, debemos señalar un cierto primado de la conciencia, el cual resultará de primera importancia para toda la filosofía de Husserl y sobre todo para comprender el papel y el lugar de la intuición en su sistema. La conciencia existe absolutamente, lleva en sí la garantía de su existencia en cada momento[71]. Pero decir que la conciencia, en la totalidad concreta de su flujo, lleva la garantía de su ser, quiere decir que su existencia no debe ser buscada en algún lugar detrás de aquella, sino que el ser es ella misma, tal como se desenvuelve, con toda la riqueza de sus detalles y sinuosidades, *y que la noción misma de existencia debe ser buscada aquí*. La afirmación de Husserl en el § 49 de *Ideas* de que la conciencia «nulla re indiget ad existendum» no significa otra cosa. En este primado de la vida consciente, el naturalismo se ve superado. Su última objeción contra el testimonio del sentido intrínseco de nuestra vida consciente, podría consistir, como hemos mostrado, en reducir todo lo que la vida significa a un mero fenómeno subjetivo e incapaz de decirnos algo sobre el *ser*. Nuestros análisis han intentado mostrar que la idea de ser de la que se vale el naturalismo no es aplicable a todo lo existente y que la conciencia existe de otro modo. Hemos mostrado además que la existencia de la conciencia es absoluta y que la conciencia lleva en sí misma la garantía de su ser, mientras que el ser del naturalismo nos remite siempre a la conciencia presuponiéndola como su fuente. Sólo la conciencia puede hacernos inteligible la significación del ser del mundo, que consiste precisamente en su encuentro con la conciencia, su aparecer ante ella[72]. El mundo de la naturaleza, del que el naturalismo extrae su noción de existencia, no existe más que en la medida en que entra en la vida de la conciencia[73]. Pero ya que la vida concreta contiene de diferentes maneras las distintas *regiones* de objetos, *ser* no significa lo mismo para cada una de dichas regiones. Sus modos propios de encontrarse con la conciencia y de ser constituidos por ella deben convertirse en el objeto de la filosofía y, de acuerdo con Husserl, constituir su problema central[74].

71. *Ibid.*, 85.
72. *Ideen*, § 76, p. 141.
73. *Ideen*, § 47, p. 88-89.
74. Cf., *infra*, el capítulo 7 y la Conclusión.

Pero al presentar la idea de una esfera que es el origen de todo ser, transformando con ello el concepto mismo del ser, no pensado ya a partir de la idea de sustancia sino de subjetividad, ¿no recaemos en un idealismo berkeliano donde el ser un contenido de conciencia es la medida total de la realidad?

Ha quedado claro, a partir de nuestras consideraciones anteriores, que no lidiamos aquí con un idealismo en el que la afirmación de la existencia puramente fenoménica del mundo exterior significaría una devaluación del mismo. El mundo exterior existe, es lo que es, y el entenderlo como fenómeno equivale a esclarecer el sentido de su existencia, a mostrar, tras haber echado un vistazo a la vida en la cual se da, cuál es su modo de ocurrir en ella[75].

Hay otro punto que separa el idealimo husserliano del de Berkeley. Para Husserl, no se trata de reducir el mundo de los objetos espaciales a contenidos de conciencia[76] para luego implícitamente atribuirles el modo de existir de los objetos materiales que han sido ahogados en ellos. Por el contrario, se trata de mostrar –ya hemos insistido en ello– que la esfera a la cual nos reenvía toda existencia existe de un modo específico. Esta existencia específica nos permite anticipar que no nos encontramos aquí con un sujeto opuesto a un objeto, con un ser antitético con respecto a los objetos, y que por esa misma razón se encuentra en el mismo plano que ellos. Para Husserl, la conciencia es un ámbito primordial que precisamente hace posible algo así como un «objeto» y un «subjeto», términos ambos derivados.

La principal diferencia entre Husserl y Berkeley reside en este último punto, a cuyo estudio consagraremos el siguiente capítulo. La conciencia en Husserl y la conciencia del empirismo inglés, pervadida de naturalismo, no tienen en común más que el nombre. Hasta ahora hemos señalado, en la existencia de la esfera absoluta de la vida, su carácter de *conciencia*, esto es, su modo de existir y de estar, con anterioridad a la reflexión, presente a sí misma. Pero tenemos aún que caracterizar otros elementos estructurales de la conciencia, tan importantes como este primero.

---

75. *Ideen*, § 55, p. 107.
76. *Ideen*, § 98, p. 206.

3
TEORÍA FENOMENOLÓGICA DEL SER:
LA INTENCIONALIDAD DE LA CONCIENCIA

La conciencia, cuya existencia hemos establecido en el capítulo precedente, es una corriente en el tiempo[1]. La vida consciente se desenvuelve en el *tiempo inmanente*, radicalmente distinto del tiempo cósmico, del tiempo de la naturaleza[2]. La constitución de la conciencia en el tiempo, la estructura del tiempo mismo, la conciencia interna del tiempo y la *historicidad* que caracteriza a la misma, todos estos temas constituyen una preocupación fundamental para Husserl en sus investigaciones fenomenológicas[3]. Su examen contribuye en gran medida a esclarecer el fenómeno que hemos destacado con anterioridad: «Todas las vivencias (*Erlebnisse*) son conscientes»[4].

Pero en este estudio que se ocupa ante todo de la intuición, tendremos que hacer abstracción de la constitución del tiempo inmanente, para situarnos ante la conciencia ya constituida en el tiempo[5]. Un carácter fundamental de la existencia de la conciencia, tal como se nos ofrece, es la intencionalidad, el hecho de que toda conciencia es siempre conciencia de algo, relación con el objeto. Partimos, pues, de un concepto más general de lo «vivido» (*Erlebnis*) que, en primera instancia, puede parecer indiferente a la intencionalidad.

«Por vivencia (*Erlebnis*) entendemos, en el sentido amplio del término, todo aquello que se encuentra en el flujo de la conciencia, por lo tanto, se trata no sólo de las vivencias intencionales, las cogitaciones actuales y potenciales..., sino de todo lo que hay de real en esta corriente y en sus partes concretas... No todo elemento

1. *Ideen*, § 81, p.163.
2. *Ibid.*, 161; *Lecciones*, Sección primera, § 1, p. 26-30.
3. *Ideen*, § 81, p. 161-165, y *Lecciones*.
4. *Ideen*, § 113, p. 229.
5. Como Husserl autoriza en *Ideen*, § 118, p. 245-246.

real constituyente de la unidad concreta de una vivencia o acto intencional es en sí mismo intencional, esto es, no todos poseen propiedad de *ser consciente de algo*. Esto es así, por ejemplo, para los datos sensoriales (*Empfindungsdaten*), que juegan un importante papel en la intuición perceptiva de una cosa»[6]. Otros pasajes nos señalan con mayor precisión lo que debemos entender por sensación. Por ejemplo: «Los datos de color, de sonido, de contacto, etc., que no deben ser confundidos con los elementos de las cosas como el color, la aspereza, etc., que son representados en la vida consciente gracias a dichos datos. Asimismo tenemos las impresiones sensuales de placer, de dolor, de cosquillas, etc., y también los *momentos* sensuales de la esfera de las tendencias»[7]. Husserl nos enseña que estos elementos privados de intencionalidad se encuentran en todos los dominios de la conciencia y constituyen una capa especial denominada *material* o *hylética*, que constituye el objeto de una disciplina fenomenológica particular que describe su estructura: la hylética[8].

Se trata, pues, de sensaciones –de fantasmas[9], en el caso de la imaginación– que evocan de un modo sorprendente los elementos simples a partir de los cuales la psicología empirista pretendía reconstruir nuestra vida interna. Sin embargo, una gran diferencia los separa. Empecemos centrando nuestra atención en el pasaje que acabamos de citar: «datos… que no deben ser confundidos con los elementos de las cosas como el color, la aspereza, etc., que son representados en la vida consciente gracias a dichos datos». Tal como Husserl nos dice en otro pasaje[10], los datos hyléticos, correspondientes a los momentos cualitativos de las cosas, son profundamente distintos de estas últimas. De negar esto, volveríamos de manera evidente a la concepción sensualista de la conciencia y a una negación flagrante de la intencionalidad, o al menos, a la distinción entre el objeto real y su reflejo en la conciencia, la imagen mental.

---

6. *Ideen*, § 36, p. 65. Cf. también *Ideen*, § 41, p. 75.
7. *Ideen*, § 85, p. 172.
8. *Ibid.*, 173; § 86, p. 178.
9. Sobre la relación entre fantasmas y sensaciones, cf. *Ideen*, § 112, p. 227; *Lecciones*, Sección segunda, § 19, p. 67-69.
10. *LU* II, Quinta Inv., § 2, p. 348-349 (Hua-XIX/1, p. 357-358); *Ideen*, § 81, p. 162; § 97, p. 202.

Ahora bien, el objeto no es un conjunto de «sensaciones». Sería erróneo pensar que nuevos caracteres añadidos a las «sensaciones», o que un nuevo punto de vista sobre estos contenidos de la vida, podrían transformarlos en «objetos externos». Existe una diferencia de naturaleza entre el rojo como sensación subjetiva y vivida, y el rojo objetivo y representado[11]. «Los datos-sensación que ejercen la función de *Abschattungen* del color, de la brillantez, de la figura, deben ser distinguidos del color, la brillantez, y la figura como tales, en fin, de todo «momento» objetivo de la cosa. El aspecto (*Abschattung*), aunque tenga el mismo nombre, es en principio de un género distinto de aquello que representa. *Abschattung* significa vida consciente. Ahora, la vida consciente es sólo posible como vida consciente y no como algo espacial. Y el objeto dado en escorzos y perspectivas (*Abschattungen*) no es posible más que como espacial –es esa su esencia– y no como vida»[12].

Para oponer los datos *hyléticos* a las sensaciones de los sensualistas, hace falta aún señalar que el principio de la unidad propia de los contenidos reunidos bajo el concepto de *hyle* no es su mera exterioridad, el hecho de provenir de nuestros sentidos –con lo cual se contentaba el empirismo– sino su carácter interno[13], que nos permite entender la noción de *hyle* más allá de lo dado por los sentidos, para llevarla a la esfera de la afectividad y de la voluntad[14]. Sin embargo, el flujo de la conciencia no se compone tan sólo de la capa hylética.

Podemos distinguir en la conciencia un acto animador que otorga a los fenómenos hyléticos un sentido trascendente[15]: dichos fenómenos significan algo del mundo exterior, lo representan, lo desean, lo aman, etc. Este acto es un elemento que, por una parte, posee un modo de existir idéntico al de los datos hyléticos, esto es, es consciente y se constituye en el tiempo inmanente. Se conoce a sí mismo

---

11. *Lecciones*, Sección primera, § 1, p. 26-30.
12. *Ideen*, § 41, p. 75-76. [La traducción inglesa dice: «Una *Abschattung* es una experiencia. Pero una experiencia es sólo posible como experiencia y no como algo espacial. Pero lo que se da en una *Abschattung* no puede ser sino espacial –esa es su esencia– y no puede ser una experiencia», E. Levinas, *The theory of intuition*, trad. A. Orianne, Northwestern University Press, Chicago 1973 (N. de la T.)].
13. *Ideen*, § 85, p. 173.
14. *Ibid.*
15. *Ibid.*, 172-173.

de ese modo implícito que caracteriza a las vivencias o estados de conciencia[16]. Sin embargo, otorga a la corriente de la conciencia un sentido[17]. «*Intenciona*» algo que no es él, se trasciende a sí mismo.

Este objeto hacia el cual tiende la conciencia al trascenderse a sí misma en la intención, no es un elemento real de la conciencia, su contenido, como lo supondría un idealismo berkeliano. Este último no distingue entre las cualidades de los objetos y los datos hyléticos, y hace de la trascendencia del objeto en relación a la conciencia una pura apariencia subjetiva. La *intencionalidad es para Husserl un acto de auténtica trascendencia y el prototipo mismo de toda trascendencia*. Entramos de este modo en el estudio de la intencionalidad. Esto exige un examen detallado, ya que la intencionalidad expresa el modo de existir de las vivencias tanto como su carácter consciente. «Es la intencionalidad lo que define a la conciencia, en el sentido corriente del término, y lo que nos permite, al mismo tiempo, caracterizar toda la corriente de la conciencia como corriente consciente y unidad de una conciencia»[18].

El término *intención* debe ser tomado aquí en un sentido más amplio que el que se le otorga en expresiones como «buena intención» o «tener la intención de hacer esto o aquello». Este término expresa el hecho, en apariencia poco original[19], de que cada acto de la conciencia es conciencia de algo; de que toda percepción es percepción de un objeto; todo deseo, deseo de un objeto; todo juicio, juicio de un «estado de cosas» (*Sachverhalt*) sobre el que uno se pronuncia, etc.[20]. No obstante, pronto sabremos cuál es el interés filosófico de esta propiedad de la conciencia y en qué consiste la transformación profunda que aporta a la noción misma de conciencia.

Al precisar la noción de intencionalidad, Husserl nos dice en las *Investigaciones lógicas*: «Si el estado de conciencia nos es dado como presente, la relación intencional con el objeto, por su propia esencia, se cumple, y decimos que un objeto nos es 'intencionalmente presente'. Ambas frases significan lo mismo»[21]. Hay aquí

---

16. *Ideen*, § 113, p. 229.
17. *Ideen*, § 85, p. 174.
18. *Ideen*, § 84, p. 168.
19. *Ideen*, § 96, p. 200.
20. *Ideen*, § 84, p. 168.
21. *LU* II, Quinta Inv., § 11, p. 372-373 (Hua-XIX/1, p. 385-386).

una noción irreductible y primera, que bajo la óptica de la concepción naturalista del ser aparecería como irracional. Y es verdad, resultaría absurdo aplicar esta categoría de «ser que se trasciende» al ser inerte del naturalismo. Y es precisamente contra el naturalismo psicologista que Husserl dirige esta nueva concepción del ser. La intencionalidad de Husserl no puede ser tomada como una mera *propiedad* de la conciencia, una característica indiferente a su modo de existir, una simple modalidad de los contenidos de conciencia. La intencionalidad caracteriza el modo mismo de existir de la conciencia[22].

Husserl también ataca la teoría que hace de la intencionalidad un elemento nuevo entre el mundo y la conciencia, un puente. Cuando hablamos de intencionalidad no se trata «de una relación entre un cierto evento psicológico, denominado 'estado de conciencia', y otro ser real, denominado objeto; ni de un vínculo psicológico que tendría lugar, en una realidad objetiva, entre uno y otro»[23]. La intencionalidad sería en esta hipótesis, un medio de explicar la relación de la conciencia con el mundo, una respuesta a la pregunta: ¿cómo alcanza el sujeto el objeto que lo trasciende? Bajo estas condiciones, a menos que veamos en la intencionalidad una mera solución verbal, hablar de intencionalidad nos conduciría a admitir que la conciencia existe como sustancia y que en ella encontramos, a título de atributo, una intencionalidad que permitiría a este sujeto-sustancia entrar en contacto con otra realidad. Ahora bien, la intencionalidad no es la vía a través de la cual un sujeto intenta ponerse en contacto con un objeto que existiría en el mismo plano. *La intencionalidad constituye la subjetividad misma del sujeto*. Su sustancialidad misma consiste en trascenderse. El problema de la relación entre sujeto y objeto resultaba legítimo en la ontología sustancialista, que concebía la existencia a imagen de la cosa que descansa sobre sí misma. De ahí que todo contacto con algo ajeno se convirtiese en algo profundamente misterioso. Husserl, al superar, como hemos visto, el concepto sustancialista de la exis-

---

22. En la obra de A. Spaïer sobre *El pensamiento concreto* (*La pensée concrete*, Paris 1927), que trata sobre la noción de intencionalidad en Husserl, esta significación *ontológica* de la intencionalidad no es percibida. Destacamos este hecho porque el de Spaïer es uno de los raros libros en Francia que hablan de Husserl.

23. *Ideen*, § 36, p. 64.

tencia, ha logrado mostrar que el sujeto no es algo que existe primero para después relacionarse con los objetos. El vínculo entre sujeto y objeto constituye el fenómeno verdaderamente primero, y es en él donde podemos encontrar eso que llamamos «sujeto» y «objeto»[24]. El hecho de que, desde el comienzo, Husserl haya visto en la intencionalidad la *sustancialidad* de la conciencia, explica su oposición a la idea del «yo» como sustancia de la conciencia, posición señalada desde la primera edición del segundo volumen de las *Investigaciones lógicas*[25]. Debió parecerle entonces que la idea del «yo» conduciría necesariamente a ver en la intencionalidad no más que un accidente de dicho yo-sustancia. Sólo en *Ideas* Husserl llega a conciliar el carácter personal de la conciencia con la intencionalidad[26].

Lejos de añadir una mera solución verbal a un viejo problema, la idea de intencionalidad nos permite ir más allá del problema de la relación sujeto-objeto[27].

La intencionalidad de la conciencia es una tesis que Husserl retoma de Brentano, quien, sin embargo, había permanecido en un terreno empirista y naturalista[28]. Brentano a su vez había extraído esta tesis de la filosofía escolástica. Los escolásticos sabían que, sin pronunciarnos sobre la existencia o inexistencia de un objeto del pensamiento –lo cual, en virtud de su concepción sustancialista del ser, constituye un problema especial– podemos, limitándo-

---

24. La noción del ser, determinada por el sentido intrínseco de la vida, permite a Husserl superar esa teoría escolática del *objeto mental*, según la cual *el objeto intencional* no es más que una imagen subjetiva del ser real. Si lo que llamamos *imagen mental* tuviese en la conciencia el sentido de «imagen de otra cosa», podríamos hablar de una imagen. Pero el objeto percibido se presenta como algo percibido *en persona* (*Ideen*, § 90, p. 186). En la percepción no tratamos con un mundo de imágenes que apuntan a un mundo detrás de las mismas, como un retrato que nos envía por su esencia a la existencia del original. En la percepción nos encontramos con el original mismo. De ahí que intercalar entre el original y la conciencia una *imagen mental* sea arbitrario: se trata de algo puramente hipotético que la intuición interna no revela (*Ideen*, § 90, p. 186; *LU* II, Quinta Inv., § 21, p. 421-425 [Hua-XIX/1, p. 435-439]). Es más, las imágenes mentales dadas como realidad *en* la conciencia deben ser, a su vez, conocidas. Pero no podrían serlo sino a través de nuevas imágenes mentales, y así sucesivamente *ad infinitum*, lo cual sería absurdo (*ibid.*).
25. Cf. *LU* II, Quinta Inv., § 11, p. 375.
26. Cf. el final del presente capítulo, p. 79-80.
27. Volveremos a abordar esta cuestión con más detalle en el capítulo 7, p. 155.
28. *Ideen*, § 85, p. 174-175.

nos a la esfera inmanente de la conciencia, hablar de una relación con el objeto en el interior mismo de esta esfera, relación que caracteriza esencialmente a la conciencia. Este objeto, interior a la conciencia, era denominado por ellos «objeto mental», «objeto intencional»[29]. El objeto mental, sin duda alguna numéricamente distinto del objeto real, no era sino su imagen. Por ello esta concepción de la conciencia nunca alcanzó la originalidad de la propuesta de Husserl. Se trataba de una esfera cerrada sobre sí misma, y la intencionalidad seguía siendo un fenómeno interior a la conciencia[30]. El carácter intencional de la conciencia no daba lugar a una trascendencia real, sino puramente psicológica. La vida consciente seguía siendo, en su existencia, una sustancia a imagen de la cosa material. La intencionalidad no constituía su auténtico modo de existencia. El interés de la concepción husserliana consiste en haber puesto en el corazón mismo de la conciencia el contacto con el mundo.

Hasta el momento, hemos caracterizado la intencionalidad como relación al objeto. Pero esta característica no concierne tan sólo a la vida puramente teórica del espíritu. De hecho, todas las formas de nuestra vida –la vida afectiva, la vida práctica, la vida estética– se caracterizan por su relación al objeto[31]. «Toda valoración es valoración de un *Wertverhalt* (estado de valores), todo deseo, deseo de un *Wunschverhalt*, etc. El actuar va dirigido a la acción; el amar, a lo amado; la satisfacción, a lo que es satisfactorio, etc.»[32]. En cada uno de estos actos, «nuestra mirada se dirige, como un rayo, desde el yo hacia el objeto correlativo de la conciencia en cuestión, hacia la cosa, hacia el 'estado de cosas', etc., y cumple *la conciencia del objeto*, que puede ser muy diferente en cada caso»[33].

El final de esta cita llama nuestra atención sobre un punto importante: «...la conciencia del objeto, que puede ser muy diferente en cada caso». Esto quiere decir que la intencionalidad no es un acto siempre idéntico que, presente en todas las formas de la conciencia, ejerza tan sólo la función de relacionarse con el objeto, mientras que los coeficientes específicamente afectivos o volitivos

29. *Ideen*, § 90, p. 185s.
30. *Ibid.*
31. *Ideen*, § 117, p. 241.
32. *Ideen*, § 84, p. 168.
33. *Ibid.*, 169.

se añadirían a una intención siempre idéntica, a título de fenómenos puramente subjetivos. *La intencionalidad misma es diferente en cada uno de estos casos.* En el acto, los elementos volitivos y afectivos son modos específicos de tender hacia algo fuera de sí, maneras especiales de trascenderse. Husserl lo dice expresamente en otro lugar: «La manera en la que una 'simple representación' de un estado de cosas (*Sachverhalt*) se refiere a su objeto es distinta del modo en que un juicio toma dicho estado de cosas como verdadero o falso. Asimismo, son diferentes los modos de una suposición o duda, de la esperanza o del miedo...»[34].

A pesar de las precisiones y reservas que añadiremos a estos señalamientos en el capítulo siguiente, lo que acabamos de establecer tiene una importancia primordial para la comprensión de la intencionalidad y del espíritu husserliano en general. Hemos mostrado, en efecto, que el objeto vivido tiene, en su modo mismo de ser vivido, una auténtica prerrogativa de ser, y que la vida consciente es la fuente misma de la idea de ser. Vemos ahora que esta vida concreta debe ser considerada en todas sus formas y no sólo en la forma de la vida teórica. Correlativamente, vemos que el mundo real no es simplemente un *mundo de cosas* relativas al acto perceptivo (acto de pura teoría). El mundo real es un mundo de objetos de uso práctico y de valores[35]. Las cualidades inherentes a las cosas que hacen que estas nos importen (*Bedeutsamkeitsprädikate*), que hacen que nos sean entrañables, que las temamos, que las queramos, etc., no deben ser excluidas de la constitución del mundo, no deben ser tan sólo atribuidas a la reacción «enteramente subjetiva» del hombre que está en el mundo[36]. Ya que dichas cualidades se dan en nuestra vida como correlativas a las intenciones, es necesario considerarlas como pertenecientes a la esfera objetiva[37]. Entendámonos bien: la pertenencia del «valor», de «lo querido», de «lo útil» a la esfera objetiva, no significa que estos se den en una representación teórica. Precisamente, el interés de la noción husserliana de la intencionalidad consiste en la amplitud de su acepción. Ella expresa únicamente el hecho general de que la conciencia se trasciende,

---

34. *LU* II, Quinta Inv., § 10, p. 367 y sobre todo 368 (Hua-XIX/1, p. 380-381).
35. *Ideen*, § 95, p. 198.
36. *Ideen*, § 33, p. 58.
37. *Ideen*, § 152, p. 318.

de que se dirige a algo que no es ella, y que, por ello, posee un sentido[38]. Pero «tener un sentido» no equivale necesariamente a representar[39]. El acto del amor tiene un sentido, pero esto no quiere decir que involucre una representación del objeto amado y un sentimiento puramente *subjetivo*[40], desprovisto de sentido, que acompañaría dicha representación. Lo propio del objeto amado consiste precisamente en darse en una *intención de amor*, intención irreductible a la representación puramente teórica[41].

Los predicados de valor, los predicados afectivos, etc., pertenecen a la existencia del mundo. Éste no es un medio «indiferente» de pura representación. La existencia de un libro, por ejemplo, no se reduce al mero hecho de estar ahí, delante de nosotros, como un conjunto de propiedades físicas. Es más bien su carácter práctico y usual lo que constituye su existencia. Se nos ofrece de una manera completamente distinta a la de una piedra, por ejemplo. La vida concreta, fuente de la existencia del mundo, no es puramente *teoría*, a pesar de la especial dignidad que esta tiene en Husserl. La vida concreta es una vida de acción y de sentimiento, de voluntad y juicio estético, de interés y desinterés, etc. De ahí que el mundo correlativo de esta vida sea, ciertamente, objeto de contemplación teórica, pero también mundo querido, sentido, mundo de acción, de belleza y de bondad, de fealdad y maldad. Todas estas nociones constituyen en la misma medida la existencia del mundo, *componen sus estructuras ontológicas en la misma medida que las categorías puramente teóricas de la espacialidad*, por ejemplo. Aquí se revela una de las consecuencias más interesantes de la actitud husserliana. De ahí que, como hemos señalado y como veremos más al detalle en nuestro último capítulo, la existencia del mundo no sea una forma vacía que pueda ser aplicada a todos los dominios del ser. Porque voluntad, deseo, etc., son intenciones que constituyen, en la misma medida que la representación, la existencia del mundo y no se reducen a ser elementos de la conciencia desprovistos de toda relación con el objeto, la existencia misma del mundo posee

---

38. *Ideen*, § 90, p. 185.
39. *Ideen*, § 37, p. 66.
40. La definición de Espinoza del amor comete este error: «Amor nihil aliud est quam Laetitia concomitante idea causae externae», *Etica* XIII, 13.
41. Cf. A. Pfänder, *Zur Psychologie der Gesinnungen*: Jahrbuch I-II.

una estructura rica, siempre distinta de acuerdo con los diferentes dominios.

Lo anterior nos revela la intencionalidad como constitutiva de todas las formas de la conciencia. Pero hasta el momento nos hemos ocupado de la conciencia explícita, despierta, «activa», como Husserl la llama. Ahora bien, la vida consciente no se limita a esta claridad y distinción en la que cada acto se articula netamente. ¿Es también intencional la esfera potencial?[42]. Husserl responde afirmativamente. La conciencia potencial aparece también como «conciencia de algo»[43]. «El trasfondo de la conciencia actual no es ni un contenido de conciencia, ni su materia desprovista de intencionalidad, del modo en que lo son las sensaciones que se dan como presentes pero que están privadas de toda aprehensión objetiva»[44]. El trasfondo de la conciencia es una esfera objetiva. Las diferencias entre actualidad y potencialidad presuponen la intencionalidad. No son sino modalidades suyas[45]. La atención, de acuerdo con los análisis de Husserl, no constituye un acto que difiera de otros, como la percepción difiere de la voluntad, sino que es un modo posible de todos los actos. No cambia la intencionalidad, no la crea. Es, en cierto modo, una de sus «modificaciones subjetivas»[46]. Dentro de cada intencionalidad, la atención traduce la manera en la que el *yo* se relaciona con su objeto. En el acto de la atención, el *yo* vive activamente; es, en cierta manera, espontáneo y libre[47]. En los actos desprovistos de atención, en la esfera potencial, el *yo* no se ocupa directamente de las cosas dadas. No se dirige activa y espontáneamente hacia el objeto[48]. Destaquemos aquí que fórmulas como «el yo vive espontáneamente», «el yo se ocupa o no se ocupa de su objeto», no tienen más que una significación descriptiva, dentro de la intencionalidad[49].

En resumen, tanto el *cogito* inactual como el *cogito* actual son «conciencia de algo». La intencionalidad se presenta como la esen-

---

42. Cf. el capítulo 2.
43. *Ideen*, § 36, p. 64.
44. *Ideen*, § 84, p. 169.
45. *Ibid.*, 169-170; § 92, p. 190.
46. *Ideen*, § 92 y 93, p. 191s, especialmente la nota de la p. 193.
47. *Ideen*, § 84, p. 168-169; § 92, p. 192.
48. *Ibid.*
49. Cf., en este mismo capítulo, p. 79-80.

cia misma de la conciencia⁵⁰. «El concepto de intencionalidad, comprendido de este modo amplio e indeterminado con el que la hemos concebido, realiza un concepto primero y fundamental para el comienzo de la fenomenología. El hecho general al que se refiere puede parecer, antes de un examen exhaustivo, demasiado vago. Puede producirse en un vasto número de contextos esencialmente distintos. Puede resultar muy difícil hacer aparecer su esencia pura a través de un riguroso y claro análisis que mostrase cuáles de los componentes de los contextos concretos poseen dicha esencia y cuáles no. Sin embargo, la vida concreta aparece bajo una luz en extremo interesante cuando reconocemos su intencionalidad y cuando afirmamos que se trata de una conciencia de algo»⁵¹.

Pero si hay una capa hylética privada de intencionalidad en la corriente de la conciencia, si dicha capa debe ser animada por la intencionalidad para recibir un sentido que la haga *intencionar* un objeto fuera de ella, ¿no estamos de vuelta en la concepción tradicional de una conciencia que descansa sobre sí misma, mientras que su vínculo con el objeto permanece sumido en el misterio? ¿No juega la intencionalidad, a pesar de la afirmaciones en contra que acabamos de citar, el papel de un puente que comunica al sujeto con el objeto? ¿No reaparece el idealismo berkeliano bajo esta concepción?

El espíritu del sistema de Husserl, el papel que en él juega la idea de intencionalidad, se oponen de la manera más clara a una suposición tal. Para empezar, los datos hyléticos, tal como muestra la constitución husserliana del tiempo, están ya de algún modo constituidos por una intencionalidad más profunda, propia de la conciencia, de la cual hemos hecho abstracción en este estudio⁵². Sólo desde el punto de vista de la corriente ya constituida, la sensación (*Empfindung*) es algo material⁵³. Sin embargo, la sensación es comprensible sólo como correlativa a un acto de sensación, a un acto más profundo y de estructura muy especial. Hay entonces, en el corazón de la conciencia, una intencionalidad. Se trata del elemento

---

50. *Ideen*, § 36, p. 64.
51. *Ideen*, § 84, p. 171.
52. *Lecciones*, Segunda parte, Apéndice 8, p. 141-143; *Ideen*, § 81, p. 162, 163; § 85, p. 171.
53. *Ibid*.

primero y último de la conciencia, que ya no puede ser, a su vez, el objeto de algo más. «Debemos comprender la aprehensión (*Auffasung*)[54] en un doble sentido: como lo que es constituido de modo inmanente, y como lo que pertenece a la constitución inmanente, en la fase de la corriente originaria misma, la aprehensión primera que no puede a su vez ser constituida»[55].

Pero si el carácter intencional de la conciencia ha quedado ya fuera de dudas, si la intencionalidad interna, en tanto realidad última que no está constituida a su vez, crea su existencia misma, si, en consecuencia, toda tesis sensualista queda excluida de la teoría de la sensación en Husserl, nuestro problema inicial de la relación entre la conciencia y el mundo sigue en pie. ¿No se basta a sí misma esta intencionalidad interna, que constituye el carácter mismo de la conciencia? La intencionalidad que tiende hacia un objeto trascendente ¿es acaso un fenómeno nuevo en relación con la conciencia?

Husserl repite incesantemente que la intencionalidad es la esencia misma de la conciencia[56]. Sin embargo, un texto en *Ideas* nos deja suponer lo contrario. Al elaborar los conceptos de *hyle* y de la forma noética o intencionalidad que la anima, Husserl deja abierta la cuestión de saber si «una materia sin forma o una forma sin materia son posibles»[57]. Parece, en todo caso, que la separación entre la *hyle* e intencionalidad es al menos concebible. Sin embargo, este texto no se revela como decisivo y deja la cuestión en suspenso.

Otro pasaje de *Ideas* nos parece más claro. Como complemento necesario al análisis de la existencia de la conciencia, Husserl presenta la hipótesis de una posible conciencia sin mundo, una conciencia reducida a la pura inmanencia[58]. Sin embargo, esta hipótesis se encuentra en la famosa sección de *Ideas* (§ 49) que dio lugar a tantas reservas y acusaciones de idealismo[59]. Coincidimos con Hering en que no se debe seguir a Husserl en esta tesis. Pero nuestra objeción no se dirige contra la afirmación husserliana sobre la existencia meramente fenoménica de las cosas, a la cual se

---

54. Otro término para *intención*.
55. *Lecciones*, Sección tercera, § 43, p. 109-113.
56. *Ideen*, § 146, p. 303; § 84, p. 168s.
57. *Ideen*, § 85, p. 172.
58. *Ideen*, § 49, p. 92.
59. Cf. el libro de J. Hering, *Phénoménologie et philosophie religeuse*, Alcan, Paris 1925, 83s.

debe la reticencia de Hering. No creemos que las cosas deban tener una existencia independiente de la conciencia, ya que su dependencia, de acuerdo con nuestra interpretación, no se concibe como la negación de la existencia trascendente, sino como su principal característica. No creemos que la conciencia tenga necesidad de las cosas para existir, aunque las cosas sí necesiten de la conciencia[60]. En esto coincidimos con Husserl. Pero si seguimos a Husserl en este último punto, es precisamente porque éste no concibe la conciencia en un plano en el que hablar de su dependencia o independencia con relación al mundo tendría sentido. Justamente, la intencionalidad tiene la función de caracterizar a la conciencia en tanto fenómeno primero y original, en el que el objeto y el sujeto de la filosofía tradicional no son más que abstracciones. Dicho de otro modo, nos parece que si el idealismo de Husserl ha de ser rechazado, no es por ser un idealismo, sino porque se encuentra prejuiciado con respecto al *modo de existir* de la conciencia como intencionalidad.

Más aún, no es necesario, como ya señala Hering, partir del § 49 como si se tratase de un texto decisivo. En la medida en que encontramos en dicho parágrafo una negación del papel capital de la intencionalidad, podemos decir que su contenido no está en modo alguno presupuesto por todas las demás obras de Husserl. De hecho, quizás deberíamos interpretar el § 49 a partir del sistema entero y teniendo sobre todo en cuenta el papel central de la intencionalidad. Podemos incluso sostener que el texto del § 49, que afirma la posibilidad de una conciencia sin mundo[61], no dice explícitamente que el flujo de la conciencia pueda estar *desprovisto de toda intencionalidad trascendente*. A lo más nos dice que dicho flujo puede

---

60. Es la opinión de Hering, *ibid.*, 85-86.
61. «Denn Vernichtung der Welt besagt korrelativ nichts anderes als dass in jedem Erlebnisstrom... gewisse geordnete Erfahrungszusammenhänge und demgemäss auch nach ihnen sich orientierenden Zusammenhänge theoretischer Vernunft ausgeschlossen wären. Darin liegt aber nicht, dass andere Erlebnisse und Erlebniszusammenhänge ausgeschlossen wären». «La existencia de un mundo es el correlato de ciertas multiplicidades empíricas señaladas por ciertas formas esenciales. Pero no se ve con evidencia intelectual por qué sólo dentro de semejantes formas de ordenación podrían transcurrir experiencias actuales; nada semejante cabe inferir de la esencia de la percepción en general, ni de las otras formas de intuiciones empíricas que colaboran con ella», *Ideas* I, FCE, Madrid 1993, 112. (Ciertamente, estas *Erlebniszusammenhänge* no están caracterizadas en este texto como intencionales, pero de hecho no están caracterizadas en modo alguno [N. del A.]).

no constituir este ser al que llamamos mundo, que es un ser trascendente de estructura bien determinada. Nuestra inclinación a interpretar este difícil pasaje de esta manera descansa también en afirmaciones como las que citaremos a continuación, las cuales prolongan otra discusión sobre la hipótesis de la posible destrucción del mundo: «...Nada cambiaría en la existencia absoluta de las vivencias (*Erlebnisse*); es más, están presupuestas por él»[62]. ¿Acaso esta afirmación, «están presupuestas por él», no significa que la destrucción del mundo es un fenómeno que posee un significado positivo, el cual implica necesariamente una conciencia que, en consecuencia, contaría con una significación trascendente aun después de que el mundo fuese destruido: la significación, al menos, de «mundo destruido»?

Por otra parte, hay un texto, anterior a *Ideen* pero decisivo, en el que Husserl afirma explícitamente la imposibilidad de una conciencia sin intencionalidad. «El origen del concepto de vida consciente se encuentra en la esfera de los *actos psíquicos*, y si la ampliación de este concepto nos ha llevado a una concepción de la vida consciente que comprende también los *no actos*, estos están conectados con los *actos* en una unidad de conciencia de tal modo esencial que, de no encontrarla, no podríamos hablar de vida consciente»[63]. Formuladas de un modo menos explícito, proposiciones análogas abundan también en *Ideen*[64].

La descripción de la estructura de la conciencia y de la intencionalidad no puede omitir el carácter personal de la conciencia. La vida psíquica no es una corriente anónima en el tiempo. Lo vivido pertenece siempre a un yo[65]. En las *Investigaciones lógicas* Husserl niega que el *yo* sea un elemento de las intenciones. El yo se identifica con la totalidad de las intenciones que llenan un lapso de tiempo y que son recíprocamente complementarias. En *Ideas* da un paso adelante y el *yo* aparece como un elemento irreductible de la vida consciente[66]. Los actos surgen, por así decirlo, de un yo que

---

62. *Ideen*, § 46, p. 87.
63. *LU* II, Quinta Inv., § 9, p. 365, cf. nota. Las nociones de *acto* y *no acto* señaladas en esta cita equivalen a las de *intención* y *no intención*; *Ideen*, § 84, p. 170.
64. *Ideen*, § 84, p. 168; § 85, p. 171; § 86, p. 176; § 146, p. 303s.
65. *Ideen*, § 80, p. 159-160; § 81, p. 163; § 82, p. 165s.
66. *Ideen*, § 57, p. 109.

vive en dichos actos⁶⁷.Y es de acuerdo con el modo en el que el yo vive en los actos como podemos distinguir la receptividad de la espontaneidad de la conciencia y de la intencionalidad. En los actos de atención, en los actos de juicio creativo y de síntesis, de afirmación y de negación[68], esta actividad del yo, esta espontaneidad, en todas sus formas, debe ser respetada y tenida en cuenta por la descripción antes de toda interpretación[69]. En algunos de estos actos «posicionales», el yo vive no como pasivamente presente en ellos, sino como un centro de radiación, «como la fuente primera de su producción»[70]. Se da en estos actos una suerte de *fiat* del yo.

Pero aunque el yo sea activo y pueda ser percibido en el *cogito* explícito, actual, no deja de tener relación con la esfera potencial de la conciencia, y esto precisamente porque se encuentra, de un cierto modo, apartado de la misma. Este hecho, este alejamiento determina de manera positiva la esfera potencial: esta debe su potencialidad precisamente a que el yo se aparta de ella. La posibilidad misma, propia del yo, de alejarse del campo potencial y de regresar a él, presupone una pertenencia de principio de dicho campo al *yo*. El trasfondo de la conciencia pertenece al *yo* como *suyo*; es, por así decirlo, el campo de su libertad[71].

Husserl retoma, pues, la proposición kantiana según la cual «el *yo pienso* debe acompañar todas mis representaciones»[72]. En *Ideas*, el yo sigue siendo una forma vacía, imposible de determinar[73]. Esta concepción fue transformada por la evolución del pensamiento de Husserl, que será accesible al público gracias a próximas publicaciones. En estos estudios, Husserl considera al yo bajo todos sus aspectos concretos, lo cual constituye el comienzo de la aclaración fenomenológica de los viejos problemas sobre la personalidad, el carácter, el hábito. El yo no se reduce ya, en estos estudios, a un punto vacío, puramente formal, del cual saldrían los actos; es con-

---

67. *Ideen*, § 80, p. 160.
68. *Ideen*, § 106, p. 219.
69. *Ideen*, § 57, p. 110.
70. *Ideen*, § 122, p. 253; § 92, p. 189; § 52, p. 102.
71. *Ideen*, § 80, p. 160; 57, p. 109; § 92, p. 192.
72. *Ideen*, § 57, p. 109.
73. *Ideen*, § 80, p. 160.

siderado como personalidad. Para hablar de estos temas de modo más explícito, será necesario esperar la aparición de dichas obras.

Lo que nos interesa aquí es la relación entre la intencionalidad y el yo. El yo no es una parte *real*[74] de la cogitación como, por ejemplo, las sensaciones. El yo se anuncia en la cogitación de una manera especial que permite a Husserl concebir su presencia en la conciencia como una «cierta trascendencia en la inmanencia de la conciencia». «El yo puro no es una vivencia (*Erlebnis*) como otras, ni una parte constitutiva de una vivencia»[75].

El modo en el que el *yo* se relaciona con su acto, debe ser objeto de descripciones fenomenológicas[76]. Pero no ha de abusarse de la expresión «el yo se relaciona con su acto», analogándola a las relaciones entre objetos en el mundo o a la relación existente entre la conciencia y su objeto[77]. Esta «trascendencia en la inmanencia» es una estructura específica e irreductible.

Insistimos en la especificidad de esta «trascendencia en la inmanencia» para subrayar que la noción del yo no supone prejuicio alguno contra la intencionalidad de la conciencia. La conciencia no se convierte de nuevo, con la introducción del yo, en una «sustancia que descansa sobre sí misma» y que tendría necesidad de la intencionalidad para trascenderse. Ella es ante todo intencionalidad. Es sólo dentro de este fenómeno, respetando su modo *trascendental* de existir, como podemos distinguir un lado subjetivo y otro objetivo, un *yo* y un objeto[78]. Podemos hablar de un yo, de un punto del cual emergen los actos, sólo en tanto característica interna de la intencionalidad.

En resumen, la noción del yo, que pertenece a la subjetividad de una manera totalmente distinta a la de los datos hyléticos, no se opone en modo alguno a la noción de intencionalidad como estructura fundamental de la conciencia. Al contrario, la presupone.

---

74. *Real* tiene aquí el sentido de «constitutivo de la realidad de algo».
75. *Ideen*, § 57, p. 109.
76. *Ideen*, § 80, p. 160.
77. *Ibid.*, 161.
78. *Ibid.*

4
LA CONCIENCIA TEÓRICA

Hemos señalado ya que la intencionalidad no es una mera representación del objeto. Husserl llama a los estados de conciencia *Erlebnisse*, «estados vividos» o «vivencias», término que ya de entrada vincula a la conciencia con la noción de vida. Se concibe así la conciencia bajo el aspecto rico y multiforme que caracteriza nuestra existencia concreta. Las categorías prácticas o estéticas son constitutivas del ser –como ya hemos afirmado– en la misma medida que las categorías puramente teóricas.

Pero forzamos un poco el pensamiento de Husserl si hablamos de equivalencia. En su filosofía (y aquí es donde nos separamos de su propuesta), el conocimiento y la representación no son modos de vida en el mismo grado que los otros; tampoco son un modo secundario. La teoría y la representación juegan un papel preponderante en la vida; sirven de base a toda la vida consciente, son la forma de intencionalidad que asegura el fundamento de todas las demás.

El papel que la representación juega en la conciencia tendrá entonces una gran repercusión sobre el sentido mismo de la intuición. Es precisamente ahí donde encontramos la razón del carácter intelectualista propio del intuitivismo husserliano. Por ende, no podemos eludir el estudio del papel de la representación.

Husserl afirma el primado de la conciencia teórica desde el principio de su filosofía, desde la elaboración del concepto de intencionalidad[1]. Aunque hemos adoptado aquí el punto de vista de *Ideas*, resulta indispensable remontarnos a la elaboración del concepto de la representación en las *Investigaciones lógicas* para, teniendo en cuenta la postura de Husserl en esta obra, hacer las conexiones terminológicas necesarias entre ambos textos.

---

1. *LU* II, Quinta Inv.

Tendremos también que llevar a cabo un breve recorrido de la postura respectiva de Husserl en las *Investigaciones lógicas* y en *Ideas*, para reubicar estas tesis en el ámbito de los problemas que preocupaban a nuestro autor, y para comprenderlas y evaluarlas en función de los puntos de vista que presuponen.

La actitud de las *Investigaciones lógicas* es realista. Aunque toda conciencia es comprendida en esta obra como conciencia de algo, este «algo» puede ser concebido fuera de la conciencia. De ahí que el análisis inmanente de la conciencia no encuentre nada más que datos hyléticos (sensaciones, *Empfindungen*, en la terminología de las *Investigaciones lógicas*), actos e intenciones[2], mientras que los correlatos de dichos actos no pertenecen a la conciencia, sino al mundo de los objetos. El paso decisivo de *Ideas* consiste en pensar hasta sus últimas consecuencias la idea de la intencionalidad, y en ver que esta oposición entre la conciencia y el objeto no tiene sentido alguno. Es en la conciencia, en la intencionalidad, donde encontramos el fenómeno verdaderamente concreto y primero, la fuente de la oposición misma entre objeto y sujeto. En consecuencia, la descripción de la conciencia cambia de terminología para traducir mejor la estructura trascendental de la misma.

En *Ideas* Husserl hace la distinción dentro de la conciencia entre, por una parte, los datos *hyléticos* y los actos que los animan, y por otra, aquello de lo que la conciencia es conciencia. Al lado subjetivo de la intencionalidad, a las aprehensiones (*Auffassungen*) que animan a los datos hyléticos, Husserl las llama *nóesis*[3]. En oposición y como correlatos de la misma, a las cosas de las que la conciencia es conciencia, Husserl las llama *noemata*[4]. Sin embargo, el nóema de la conciencia no se confunde con el objeto de la conciencia. Esta relación entre la nóesis y el nóema «no puede ser la misma de la que hablamos cuando se trata de la relación que existe entre la conciencia y su objeto intencional»[5]. El objeto de la percepción del árbol es el árbol, pero el nóema de esta percepción es su correlato completo, el árbol, con toda la complejidad de sus predicados y, sobre todo, con sus modos de aparecer y de darse: el ár-

---

2. *Ideen*, § 128, p. 266; cf. nota.
3. *Ideen*, § 85, p. 174.
4. *Ideen*, § 88, p. 182.
5. *Ideen*, § 129, p. 268.

bol verde, iluminado, dado en la percepción o en un acto de imaginación, el árbol dado clara o indistintamente, etc.[a]. El nóema del árbol se relaciona con el objeto árbol. Pero la distinción que las *Investigaciones lógicas* hacen entre la conciencia y el objeto que sería independiente de la misma, no se corresponde con la distinción entre objeto y nóema de la conciencia, ya que el nóema no es otra cosa que el objeto considerado por la reflexión en sus modos de darse. En efecto, encontramos el objeto en el conjunto de elementos que constituyen el *nóema*. Entre ellos podemos distinguir un núcleo (*Kern*) de predicados que caracterizan al objeto, su soporte. Ellos forman el *quid* del objeto[6]. Dichos predicados se relacionan con una suerte de soporte, una X de la cual son predicados[7], un «objeto-polo», especie de «sustancia» ineluctable en la descripción del objeto[8], sustancia que puede permanecer idéntica mientras los predicados cambian. Esta X se muestra en sus predicados tanto de un lado como de cualquier otro[9]. La relación entre la conciencia y su objeto es la relación que mantienen la *nóesis* y el propio *nóema*[10] con el «objeto-polo»[11]. En la percepción del árbol, los predicados como *verde, grande, duro, bello*, pertenecen al núcleo[12]. Pero el núcleo del nóema, denominado *materia* en las *Investigaciones lógicas*, determina no sólo al objeto de la conciencia, sino también «en calidad de qué» es captado por esta, cuáles son los índices y relaciones formales que le son atribuidos. «Depende de la materia que el objeto aparezca como 'esto' y no 'aquello'»[13]. Puedo percibir al mismo Napoleón como el «vencedor de Jena» o como el «vencido de Waterloo». El objeto es idéntico, la materia es diferente.

a. Aquí Levinas usa sólo el término *se donner*, «darse». Nosotros añadimos «aparecer» porque la enumeración que sigue a esta expresión corresponde no sólo a modos de «darse» del nóema, como dado en la percepción o en la imaginación, sino a modos de «aparecer» –verde, iluminado, etc.– que pueden repetirse indefinidamente, ya sea en el recuerdo, la percepción, la imaginación, etc. Para esta diferencia, cf. M. García-Baró, *Vida y mundo*, § 30, Trotta, Madrid 1999, 158-168 [N. de la T.].

6. *Ideen*, § 91, p. 189; § 129, p. 268.
7. *Ideen*, § 131, p. 270-271.
8. *Ibid.*, 272.
9. *Ibid.*, 271.
10. *Ideen*, § 128, p. 266; § 129, p. 267, 269.
11. *Ideen*, § 129, p. 268, 269; § 131, p. 271.
12. *Ideen*, § 129, p. 269.
13. *LU* II, Quinta Inv., § 20, p. 415-416 (Hua-XIX/1, p. 429-430).

Por otra parte, podemos distinguir entre las características del nóema, el modo de aparecer del objeto a la conciencia: «die Weise wie es bewusst ist»[14]. Por ejemplo: «dado perceptivamente» (*wahrnehmungsmässig*), «dado como recuerdo» (*erinnerungmässig*), «dado como intuición clara» (*klaranschaulich*), etc. Notemos que estas últimas características pertenecen tanto a la nóesis como al nóema. Las palabras «recuerdo», «percepción», «intuición», no se aplican tan sólo al lado subjetivo de la intención. Los objetos, en tanto correlatos de dichos actos, tienen el carácter de «recordado», «percibido», «intuido»[15]. Con estas características, los objetos forman precisamente el nóema.

El conjunto de los predicados encargados de expresar el *quid intencionado*, con los índices y formas categoriales que le son atribuidos, es llamado *materia* en las *Investigaciones lógicas*, y *sentido* (*der Sinn*) del nóema en *Ideas*[16]. Debemos distinguir entre la noción de *sentido* y la noción de *núcleo*. Este último expresa un *sentido* realizado en la intuición[17].

El *sentido*, considerado en la totalidad de sus modos de ser consciente, constituye lo que Husserl llama el «nóema completo» (*das volle noema*)[18]. Como la distinción entre nóema y nóesis no se da explícitamente en las *Investigaciones lógicas*, Husserl estudia en ellas el correlato *noético* del *sentido* bajo el título de *materia*[19].

Los actos no difieren sólo por su materia o sentido, ya que diferentes actos pueden tener el mismo sentido. Una percepción, un recuerdo y un acto de imaginación pueden dirigirse al mismo objeto, concebido del mismo modo[20], pueden dirigirse al mismo «vencedor de Jena». Lo que los distingue es la manera propia de cada uno de ellos de «poner» su objeto, de pensarlo como existente[21]. El hecho de «poner» el objeto es denominado en *Ideas* «*tesis* de la nóesis»[22]. Los diferentes actos que nos han servido de ejemplos po-

---

14. *Ideen*, § 130, p. 270; § 99, p. 209.
15. *Ideen*, § 99, p. 209.
16. *Ideen*, § 91, p. 189; § 93, p. 193; § 99, p. 208; § 129, p. 268; § 133, p. 274.
17. *Ideen*, § 132, p. 273.
18. *Ideen*, § 90, p. 185; § 93, p. 193; § 94, p. 195; § 95, p. 198.
19. *Ideen*, § 129, p. 268; § 94, p. 195.
20. *Ideen*, § 91, p. 188.
21. *Ideen*, § 94, p. 196; § 98, p. 208.
22. *Ideen*, § 129, p. 268; § 133, p. 274.

seen distintas tesis. El correlato noemático de la tesis está compuesto por estas características, que forman el *nóema completo* y que expresan la manera de darse del objeto. En las *Investigaciones lógicas*, en las que el lado noemático del acto no ha sido considerado, las tesis son estudiadas bajo el título de *cualidad* del acto[23].

Una vez definidas estas nociones, nos resultará fácil mostrar en qué sentido la relación teórica con el objeto, la *tesis teórica*, tiene el primado en la vida consciente, según Husserl. Enseguida mostraremos cómo este primado determina la naturaleza de la intuición.

Husserl parte de la afirmación de Brentano de que todo «acto es o bien una representación, o está fundado en una representación»[24]. «Nada puede ser querido, nada puede ser esperado... si no es primero representado»[25]. Husserl adopta esta característica de la intencionalidad de Brentano, pero señala que el término de *representación* no está libre de equivocidad, por lo que resulta necesario comenzar un análisis del mismo para encontrar el sentido adecuado a la proposición de Brentano. El problema, para Husserl, consiste en saber qué sentido de la palabra representación le permitiría aceptar dicha proposición.

Para Brentano, esta afirmación significa que en la vida consciente, o bien tenemos simples representaciones, o bien, cuando tenemos otros actos como juicios, esperanzas, deseos, etc., sus objetos sólo pueden ser dados en una pura representación que presta a estos actos su objeto, representación a la cual deben vincularse para dirigirse a su objeto. El vínculo en cuestión no es una simple asociación, sino un vínculo interior que forma un acto complejo tendente a un solo objeto. Sin la representación, estos actos no pueden existir. «Una vivencia intencional no adquiere su referencia objetiva más que al incorporar un acto experimentado de representación (*Vorstellen*) en sí misma a través del cual el objeto es presentado (*vorstelligmacht*)»[26].

---

23. *Ideen*, § 129, p. 268.
24. *LU* II, Quinta Inv., § 10, p. 370 (Hua-XIX/1, p. 383). Se trata de la representación como acto y no del objeto de la representación. Cf. F. Brentano, *Psychologie vom empirischen Standpukt*.
25. *LU* II, Quinta Inv., § 10, p. 370 (Hua-XIX/1, p. 383). Cf. F. Brentano, *Psychologie vom empirischen Standpukt*, 428.
26. *LU* II, Quinta Inv., § 23, p. 428 (Hua-XIX/1, p. 443).

Pero antes de proseguir, debemos dejar claro que el hecho de que los objetos del gozo, de la voluntad, etc., deban ser representados antes de ser gozados, queridos, etc., no implica, ni para Brentano ni para Husserl, la negación de la intencionalidad propia de estos actos afectivos y volitivos. Ya en las *Investigaciones lógicas*, en las que el papel de la representación en relación a la constitución del objeto es más importante que en *Ideas*, Husserl se opone a cualquier concepción que tienda a decir «que el sentimiento considerado en sí mismo no contiene intencionalidad alguna, que no apunta más allá de sí hacia un objeto sentido, que sólo su unión con una representación le da una cierta relación con un objeto, una relación intencional sólo por esta conexión y no por sí misma»[27]. Husserl cita la afirmación de Brentano sobre el carácter intencional del sentimiento: «No tenemos sólo una representación, a la que se añade un sentimiento asociado extrínsecamente a la cosa. El acto de placer o displacer se dirige hacia el objeto representado y no puede existir sin una dirección tal»[28].

Volvamos ahora a la noción de representación en Brentano. Según nuestro autor, su maestro entiende por representación el acto al que Husserl llamará más tarde «*acto neutralizado*»[29]. Acto cuya naturaleza consiste en representar una simple imagen del objeto en la que el objeto aparece independientemente de toda pretensión a la existencia o inexistencia[30]. El carácter que Hume atribuye a la creencia (*belief*) está aquí ausente. La imagen flota frente a nosotros sin que nos pronunciemos sobre su existencia o inexistencia.

Sin embargo, según Husserl, el análisis de la intencionalidad nos muestra que los actos complejos no contienen una representación en el sentido, definido más arriba, de «pura representación». El juicio no es el resultado de la suma de un asentimiento a una *pura representación* y no contiene una en sí mismo. Un juicio tiene tan sólo el mismo *sentido*, la misma *materia* que la «pura y simple representación». Ahora, la *materia* no existe independientemente de toda *cualidad*, y la *pura representación* tiene en sí misma una

---

27. *LU* II, Quinta Inv., § 15a, p. 389 (Hua-XIX/1, p. 402).
28. *Ibid.* Cf. también *Ideen*, § 117, p. 241.
29. Cf. la descripción del fenómeno de la neutralización en *Ideas*, § 109-110, p. 222s.
30. *Ideen*, § 109, p. 223; § 111, p. 226.

cualidad. Esta última, por ejemplo, reemplaza en el juicio a la cualidad, a la tesis del juicio. Debemos entonces distinguir entre la noción de *representación-materia*, común a diferentes actos, y la noción de representación en el sentido de *pura representación*, que es una *cualidad*, una *tesis* entre otras cualidades y tesis. Es la *representación-materia* la que necesariamente forma parte de todo acto, y no *el acto todo* de la pura representación (cualidad + materia), como nos lo haría suponer la primera parte de la proposición de Brentano. «Esta última parte por sí misma, esto es, la proposición de que toda vivencia intencional tiene una representación en su base, sería, pues, una auténtica evidencia en la medida en que, por representación, entendiésemos *materia*»[31].

Esta teoría, considerada en la etapa que acabamos de exponer, no da aún el paso decisivo hacia la afirmación del primado de la conciencia teórica sobre todos los demás modos de acceso a lo real, sobre todos los demás tipos de intención. En efecto, aquello que en el acto caracteriza tal o cual modo de relacionarse con el objeto, y, correlativamente, aquello que caracteriza tal o cual modo de existir del objeto, no es la materia, sino la cualidad, la tesis, el «nóema completo» («der Gegenstand in der Weise wie er gegeben ist»). Si reducimos la proposición de Brentano a la afirmación de que todo acto tiene a la base una *representación*, comprendida como *materia*, como *sentido*, esto equivaldría a afirmar el carácter intencional de los actos de la conciencia, sin prejuzgar el modo en el que se da la realidad. El modo teórico de *poner* el objeto como existente, sería del mismo grado que todos los demás, ya que necesitaría también una representación comprendida como materia.

Pero Husserl va más allá. Aun si la «pura representación», como acto completo, no puede ser encontrada en la percepción o en el juicio, y si la proposición de Brentano debe ser rechazada cuando se interpreta en este sentido, Husserl cree que puede conservar dicha proposición en su integridad considerando otro significado del término «representación».

Se trata de un concepto de representación del que el juicio y la percepción, así como la «pura representación» de Brentano, no son sino especies. «Podemos comprender, bajo el título de representa-

---

31. *LU* II, Quinta Inv., § 32, p. 458 (Hua-XIX/1, p. 475).

ción, todo acto por el que algo se convierte en nuestro objeto («in welchem uns etwas gegenständlich wird»), en un sentido más estricto, sentido tomado de las percepciones o de las intuiciones paralelas a las percepciones[32] que aprehenden el objeto de un solo golpe («in einem Griff») o en un solo rayo de significación, como en el acto de una sola articulación que expresa el sujeto de afirmaciones categóricas; o como en los actos de *presuposición* directa («Akte des schlichten Voraussetzens») que funcionan como términos primeros (*Vorderglieder*) de los actos del aserto hipotético, etc.»[33]. Husserl los llama actos nominales, pero no quiere identificar la representación con la noción gramatical del nombre. La manera específica en la que el objeto es pensado en el acto de ser nombrado, caracteriza una esfera más amplia de actos, esfera que va más allá de la de los nombres.

Para aclarar esta noción de representación, reproduzcamos las siguientes consideraciones de Husserl: S es P es un correlato del juicio que lo afirma. Pero el mismo hecho de que S es P, este *Sachverhalt*, como Husserl llama al correlato del juicio, se da de un modo completamente distinto cuando, en lugar de juzgar (acto compuesto por la síntesis de actos sucesivos[34]), hacemos del *Sachverhalt* un sujeto o el primer término de un juicio hipotético: «Si S es P, Q es R». Este segundo modo de darse del *Sachverhalt* presenta una analogía con el del sujeto en el juicio y en la percepción, y se caracteriza por el rayo único en el que el juicio hipotético se dirige hacia el *Sachverhalt* como primer término.

Bajo el título de *nombre*, Husserl no comprende únicamente a los sustantivos. Al analizar el papel del nombre en la proposición, encuentra que su función primitiva consiste en ser el sujeto de la aserción[35]. Según Husserl, si entendemos por representación un acto nominal, la proposición de Brentano resultaría acertada. Podríamos decir entonces que «cada acto o bien es en sí mismo una representación, o bien está fundado sobre una o más representaciones»[36].

32. Se trata del recuerdo y la imaginación. Cf. el capítulo siguiente.
33. *LU* II, Quinta Inv., § 32, p. 459 (Hua-XIX/1, p. 476).
34. *LU* II, Quinta Inv., § 36, p. 472-473 (Hua-XIX/1, p. 490).
35. *LU* II, Quinta Inv., § 34, p. 463 (Hua-XIX/1, p. 481).
36. *LU* II, Quinta Inv., § 33, p. 461 (Hua-XIX/1, p. 468-469).

Pero si hemos distinguido ya entre el juicio sobre el *Sachverhalt* y el acto que lo nombra, ¿podremos sostener la unidad de ambos actos a pesar de esta diferencia?

Para Husserl esta diferencia consiste en que el mismo *Sachverhalt* se da a la vez como una síntesis que va constituyéndose en una «multiplicidad de rayos»[37], y como dado en el rayo único de una síntesis ya constituida. Ahora bien, esta diferencia no es más que una diferencia de *materia* (de sentido) y no de *cualidad* (de tesis). La diferencia entre un acto que nombra al *Sachverhalt* y aquel que se pronuncia sobre él, no reside en el modo de plantear dicho *Sachverhalt* como existente, sino en la estructura categorial y formal que, de acuerdo a lo que hemos dicho más arriba[38], pertenece a la materia. Es más, la posibilidad de esta transformación de la *materia* de un acto sintético, esta nominalización, según la expresión de Husserl[39], es lo propio de todo tipo de síntesis: conjuntivas, disyuntivas y otras, y no sólo de la síntesis predicativa que es el juicio. En todos estos actos, la multiplicidad de rayos que se dirigen a las articulaciones de la síntesis pueden transformarse en un rayo único[40] sin afectar la cualidad del acto.

El juicio y el acto nominal pertenecen, pues, al mismo género de actos llamados *actos objetivantes* (*objektivierende Akte*). Dentro de este grupo distinguimos «nombres» y «juicios». En relación con la cualidad de los actos objetivantes, podemos distinguir entre actos téticos y actos con tesis neutralizada. Bajo el nombre de estos últimos, reconocemos las «puras representaciones» que Brentano ponía en la base de toda la vida consciente, incluso de los juicios. Estas representaciones no están incorporadas al acto del juicio, pero pueden ser su neutralización. No cuentan con primado alguno en relación con el juicio, ya que constituyen junto con este especies del mismo género de *acto objetivante*.

Según Husserl si identificamos el concepto de *representación* con el de *acto objetivante*, el valor de la proposición de Brentano podrá ser salvaguardado en su integridad. Esta proposición entonces querrá decir que «cada *Erlebnis* intencional o bien es un *acto*

---

37. *Ideen*, § 119, p. 247.
38. Cf. *supra*, 84.
39. *Ideen*, § 119, p. 248.
40. *Ibid*.

objetivante o bien tiene uno como base. En este último caso, debe contener necesariamente un acto objetivante en tanto que parte constitutiva; acto cuya materia total es individualmente la misma que la materia total de la vivencia[41]. Husserl afirma explícitamente el primado de estos *actos objetivantes*, actos teóricos, cuya noción está tomada del campo de la aserción: «La relación con el objeto se constituye, en general, a partir de la *materia*. Pero cada *materia*, según nuestra ley, es materia de un *acto objetivante* y sólo a través de un acto tal puede convertirse en la materia de un nuevo acto-cualidad fundado sobre él. Debemos distinguir entre intenciones primeras e intenciones segundas, cuya intencionalidad está a su vez fundada sobre las primeras»[42].

A nuestro parecer, la concepción de la conciencia en la *Quinta Investigación* afirma no sólo el primado de la conciencia teórica, sino que ve en ella el único acceso al *ser* del objeto. Ciertamente, no debemos perder de vista los pasajes que afirman el carácter intencional de los actos no teóricos. Los actos de voluntad, de deseo, de afección, etc., se refieren a objetos. Pero en las *Investigaciones lógicas*, en las que sólo el aspecto noético de los actos es considerado, resulta difícil ver qué aportan actos de esta índole a la constitución del objeto. Parece que, en la actitud realista de las *Investigaciones*, los actos alcanzan al ser que existe independientemente de la conciencia, dejando a los actos no-objetivantes la función de relacionarse con los objetos, sin aportar nada a su constitución real. Es sólo por la *materia* por lo que el objeto aparece, y la materia es siempre la de un *acto objetivante*. En consecuencia, el mundo existente, que se nos revela, posee el modo de existencia del objeto que se ofrece a la mirada teórica. *El mundo real es el mundo del conocimiento*. Los caracteres de «valor», de «usual», etc., vinculados con las cosas, son atribuidos por nosotros, y no constituyen el objeto en su existencia. Tal es, en todo caso, la posición de las *Investigaciones lógicas*. Por ello, en la tercera sección de la *Sexta Investigación*, formalmente rechazada en la segunda edición[43], Husserl niega que las proposiciones de deseo, de interrogación, de volun-

---

41. *LU* II, Quinta Inv., § 40, § 41, p. 493-494 (Hua-XIX/1, p. 513-514).
42. *Ibid.*, 494 (Hua-XIX/1, p. 514).
43. Cf. el prólogo de *LU* III, p. VII (Hua-XIX/2, p. 536); cf. también la nueva teoría en *Ideen*, § 127, p. 262s.

tad, expresen algo de la esfera de los objetos. Las considera juicios teóricos de reflexión, *actos objetivantes*, que tienen por objeto a la conciencia y a sus actos de interrogación, de deseo, etc.

Si, no obstante, hemos podido hablar en otros términos en el capítulo precedente, esto se debe a que Husserl rechaza estas tesis más tarde. La idea central para la actitud fenomenológica plenamente consciente de sí misma, tal como la encontramos en *Ideas*, es que el ser es precisamente lo vivido y que su realidad en sí se concreta siempre en lo que es para la vida, en toda la riqueza de sus modificaciones. Esta idea nos obliga a plantear también, entre las características del ser, las estructuras correlativas de los *actos no objetivantes*, llevándonos a hablar de modos de existencia distintos de los del objeto teórico. Esta idea nos permite ir más allá de lo planteado por las *Investigaciones lógicas*.

Pero si, por otra parte, hemos dedicado algún tiempo a la discusión de la actitud de las *Investigaciones*, esto se debe a que la afirmación del papel preponderante que la teoría, la percepción y el juicio juegan en la vida en la que el mundo es constituido, nunca fue definitivamente abandonada por Husserl. La representación seguirá siendo el fundamento de todos los actos. Y si los objetos de actos complejos, como la voluntad, el deseo, etc., existen de un modo distinto al de los objetos de las simples representaciones, deben tener aún, hasta cierto punto, el modo de existencia del objeto teórico[44]. Debemos añadir que, a nuestro parecer, la filosofía de Husserl se enfrenta aquí al problema de reconciliar estas dos significaciones de la existencia de un mismo objeto.

Para la teoría de la intuición, el primado de la conciencia teórica tiene una importancia capital, como veremos más adelante. El acto de la intuición, acto que nos pone en contacto con el ser, será ante todo un acto teórico, un *acto objetivante*, a pesar de las modificaciones que *Ideas* intenta introducir en la noción del acto objetivante.

Pero si la noción de *acto objetivante* está tomada de la esfera de la aserción, lo cual tiñe de intelectualismo la doctrina husserliana de la intuición, el hecho de situar el juicio y la percepción bajo el mismo género de acto[45], y de ver en el juicio sólo una nueva for-

---

44. *Ideen*, § 95, p. 198.
45. *LU* II, Introducción, § 5, p. 15 (Hua-XIX/1, p. 20).

mación categorial que tiene la misma cualidad que la percepción y el acto de nombrar, todo esto prepara el camino para la teoría intuicionista de la verdad –a la cual dedicaremos el siguiente capítulo–. Por vez primera, la distancia entre el juicio y la percepción es acortada, por vez primera, juicio y percepción aparecen en el mismo plano. Esto nos permite suponer que la verdad debe ser idéntica en cada uno de estos actos y que la justificación del juicio tendrá algo en común con la justificación de la percepción.

5
LA INTUICIÓN

El capítulo anterior nos ha mostrado que sólo el acto objetivante tiene el privilegio de darnos «el objeto», y que nuestro contacto con lo real posee la estructura de la representación. Sin embargo, no toda representación tiene el mismo derecho para plantear su objeto como existente[1]. En efecto, es posible lidiar con objetos puramente imaginarios o «meramente pensados». El pensamiento, por ejemplo, comprendido como un juego mental que acompaña la comprensión de las palabras también es intencional; tiende hacia el objeto que significa, sin que esto implique que dicho objeto existe. El pensamiento por sí mismo no puede plantear la existencia del objeto. El modo de la conciencia o de la representación a través del cual entramos en contacto con el ser es un acto con una estructura determinada; es, digámoslo ya, la intuición.

Para dar cuenta de esta estructura nos será útil caracterizar el pensamiento «puramente significativo» como el otro modo de la representación en el que los objetos son significados sin ser dados.

Husserl toma prestado el concepto de «acto significativo» del ámbito de la significación lingüística. Toda palabra, todo nombre, tiene una significación (*Bedeutung*) que no es una simple representación asociada a una palabra, sino algo con lo cual la palabra o el nombre se relaciona a través de una intención especial. «Gracias a esta intencionalidad, la expresión significa más que un simple sonido verbal. Es pensada de 'algo' (*er mein etwas*) y como tal se relaciona con el objeto (*auf Gegenständliches*)»[2]. La intención de la palabra no necesariamente hace que el objeto sea *visto* de un modo directo, como lo es cuando se trata de la imaginación o de la

---

1. *Ideen*, § 135, p. 280-281.
2. *LU* II, Primera Inv., § 9, p. 37 (Hua-XIX/1, p. 43).

percepción. Para que la palabra tenga un sentido es suficiente que el objeto sea apuntado.

Debemos recordar esta característica del acto significativo: su objeto no es ni visto ni alcanzado, sólo queda apuntado. De hecho, el acto significativo es la regla del discurso ordinario, en la medida en que no tenemos una imagen o percepción y nos contentamos con el mero hecho de apuntar hacia un objeto; con la condición, claro está, de que entendamos lo que se dice y lo que nosotros mismos decimos.

Si hacemos abstracción de lo que Husserl llama el «nivel del Logos»[3] (una característica añadida de los actos de expresión que Husserl toma como punto de partida), llegamos a una noción más general del acto significativo, que abarca la totalidad de los actos que apuntan hacia sus objetos sin alcanzarlos.

La intención significativa está vacía, no realizada, por así decirlo[4]. Pero puede realizarse en una imagen o en una percepción. Un acto de otro tipo puede, en efecto, referirse al mismo objeto tal como es apuntado por la intención significativa. «Esto realiza (*erfüllt*), confirma, ilustra con mayor o menor adecuación este acto de apuntar, actualizando de este modo su relación con el objeto»[5].

Pero la diferencia entre el acto intuitivo, que alcanza su objeto, y el acto significativo, que tiende a él solamente, no es una diferencia de mayor o menor claridad, de actos más o menos explícitos. La intencionalidad no intuitiva no es tan sólo una alusión implícita al pensamiento intuitivo, un atajo hacia el acto plenamente realizado. No hablamos de una diferencia de grado, como si se tratase de oponer un bosquejo vago, una pálida imagen, a una pintura viva y perfecta[6]. Decir que la intuición actualiza la pura y simple in-

---

3. Para simplificar las cosas, hacemos abstracción de lo que Husserl llama en *Ideas* «el nivel del Logos» –característica que toda intención significativa debe poseer para poder ser expresada–. El acto significativo no se presta por sí mismo a la expresión de no ser modificado internamente para ese propósito. Se trata de una suerte de generalidad que le es conferida en la expresión, generalidad que los objetos individuales poseen cuando son expresados y que consecuentemente debe ser distinguida de la generalidad de los objetos abstractos o ideales. Cf. *Ideen*, § 124, p. 256; *LU* III, Sexta Inv., § 7, p. 30 (Hua-XIX/2, p. 564).

4. *LU* II, Primera Inv., § 9, p. 38 (Hua-XIX/1, p. 44). Cf. también *Ideen*, § 136, p. 282s.

5. *Ibid.*

6. *LU* III, Sexta Inv., § 21, p. 76 (Hua-XIX/2, p. 607).

tención que tiende hacia su objeto, equivale a decir que es en la intuición donde nos relacionamos directamente con el objeto, donde lo alcanzamos. Hay una gran diferencia entre meramente apuntar algo y alcanzarlo. La intención significativa no posee nada de su objeto, tan sólo lo piensa. El hecho siguiente nos demuestra que la intención significativa no es una mera intuición confusa: cuando pensamos en una proposición matemática, podemos comprender su sentido, analizar sus diferentes articulaciones sin que, no obstante, podamos ver con evidencia las relaciones y los objetos ideales que dicha proposición expresa. «Aclarar un concepto... puede hacerse en actos puramente significativos»[7]. No es por su confusión ni por su oscuridad por lo que la intención significativa se distingue de la intuición, sino por su vacío, carácter que ya nos había revelado. Dicha intención se caracteriza por su necesidad de una plenitud (*Fülle*) que es propia de la intuición[8]. La intención significativa no hace sino pensar en el objeto y la intuición nos da algo del objeto mismo. Aun cuando no se trate de una percepción (el caso privilegiado de la intuición), aun en el caso de la imaginación, la intuición representa el objeto por analogía. La intención puramente significativa por sí sola «no es, propiamente hablando, una representación; nada del objeto vive en ella»[9].

Este carácter *insatisfecho* de la intención vacía podría hacernos creer que la intención vacía no es más que la espera de la aparición del objeto. Ahora bien, la espera es una intención, pero no toda intención significativa es una espera, «...no le es esencial dirigirse hacia una aparición futura del objeto (*zukünftiges Eintreten*)»[10]. Al ver el diseño de un tapiz que se pierde tras los muebles no percibimos más que una parte; pero las intenciones vacías, dirigidas a partir de la parte percibida del dibujo hacia aquello que está oculto, no significan en modo alguno una espera.

La esfera de los actos significativos abarca toda la vida consciente representativa. Conocemos diferentes formas de la misma que se corresponden con todas las formas de *acto objetivante*: percepción, juicio, conjunción (por ejemplo, A y B), etc. Veremos que

---

7. *LU* III, Sexta Inv., § 17, p. 68 (Hua-XIX/2, p. 599).
8. *LU* III, Sexta Inv., § 21, p. 76 (Hua-XIX/2, p. 607).
9. *Ibid.*
10. *LU* III, Sexta Inv., § 10, p. 40 (Hua-XIX/2, p. 573).

Husserl admite una intuición intelectual que es capaz de aprehender las formas lógicas y las categorías. Hasta aquí se extiende la esfera de actos *significativos*. «A todos estos actos de intuición categorial pueden corresponder actos puramente significativos. Esta es evidentemente una posibilidad *a priori*. No existe forma alguna de este tipo de acto al que no le corresponda una forma significativa posible y toda significación puede ser llevada a cabo sin la ayuda de la intuición correspondiente»[11].

La esfera que acabamos de delimitar es la esfera del «pensamiento», del «pensamiento puro», en tanto opuesto al contacto con las cosas. La conciencia es intencionalidad, relación con el ser trascendente, pero el concepto de intención significativa nos permite comprender por qué no todo objeto del pensamiento es real, poniendo fin de golpe a la objeción que sobre este punto seguramente ha surgido en la mente del lector. Al admitir[12] que la realidad es aquello que es vivido, pensado, creído, conocido, querido, etc., ¿no nos vemos obligados a atribuir el estatuto de ser a todos los objetos de nuestra vida, sean cuales sean los actos en los que nos son dados, sea cual sea su sentido? ¿No renunciamos así a toda distinción entre lo verdadero y lo falso, y no afirmamos con ello la imposibilidad misma del error?

La posibilidad de un acto que se refiera al objeto sin alcanzarlo, lejos de hacernos confundir el objeto existente con el objeto del *pensamiento puro*, nos permite comprender el sentido verdadero de esta distinción. El pensamiento puro no se dirige hacia una especie de «imagen mental» puramente inmanente, no se opone a un contacto directo con las cosas, contacto que por sí mismo ya es una auténtica trascendencia. La diferencia entre el *pensamiento puro* y el contacto con lo real no reside en sus objetos y el problema de su correlación es ficticio. La intuición alcanza el mismo objeto que es apuntado por el acto significativo. *La diferencia no tiene que ver con el objeto, sino con su modo de darse, de ser vivido.* El *pensamiento puro* es un modo de vida del *mismo grado* que la vida en presencia del ser. En la intención significativa, la conciencia se trasciende en la misma medida en que lo hace en su «presencia ante las

---

11. *LU* III, Sexta Inv., § 62, p. 191 (Hua-XIX/2, p. 720).
12. De acuerdo con el capítulo 2.

cosas». El contacto con lo real, que garantiza la verdad del acto significativo, no es una intencionalidad nueva que trascendería la esfera de una supuesta intencionalidad inmanente del *pensamiento puro*. Si los actos del *pensamiento puro* y del «contacto con lo real» constituyen el conocimiento, queda claro que éste no es algo nuevo que se añadiría a lo que constituye la existencia del sujeto. Se trata más bien de uno de sus modos, de una estructura determinada de la intencionalidad. Sin embargo, el acto de la pura significación no es por sí mismo conocimiento. «En la comprensión puramente simbólica de las palabras, el acto de significar está presente, la palabra significa algo, pero nada ha sido conocido aún»[13]. El conocimiento consistirá en una confirmación por parte del acto intuitivo de lo ya apuntado por la *intención insatisfecha* de la simple significación[14]. Ahora se nos impone la cuestión de saber cuál es la estructura del acto intuitivo.

Bajo el título de actos intuitivos, Husserl engloba, por una parte, la percepción (presentación, *Gegenwärtigung*) y, por otra, la imaginación y la memoria (la re-presentación, *Vergegenwärtigung*)[15]. Estas nociones tienen en común que sus objetos no sólo quedan significados, sino que se dan en sí mismos. Se trata de actos «en los cuales los objetos... se dan en persona (*zur Selbstgegebenheit kommen*)»[16]. *No debemos, pues, incluir en el concepto de intuición la noción de «sensible» o de «inmediato», en el sentido de «dado con anterioridad a todo acto positivo del espíritu». No se trata de oponer intuición a intelección, sino de insistir en el hecho de que la intuición es un acto que verdaderamente posee su objeto*. Esto justamente es lo que expresa el concepto de *Fülle*, de plenitud, que caracteriza al acto intuitivo, como contrapartida del «vacío» señalado en el acto significativo[17].

La noción de plenitud expresa el hecho de que las determinaciones del objeto están presentes a la conciencia. Pero en la constitución inmanente del acto intuitivo, Husserl atribuye a ciertos

13. *LU* III, Sexta Inv., § 8, p. 33 (Hua-XIX/2, p. 566).
14. *Ibid.*, 34 (Hua-XIX/2, p. 567).
15. Sobre las relaciones entre la imaginación y la memoria, cf. *Ideen*, § 111-112, p. 225s.
16. *Ideen*, § 1, p. 7; § 67, p. 126; § 136, p. 238.
17. *Ideen*, § 136, p. 283.

contenidos especiales la función de representar la plenitud del objeto. A dichos contenidos también los llama «plenitud» (*Fülle*)[18].

La noción de *Fülle*, en tanto constituyente real del acto, se identifica en las *Investigaciones lógicas* con las sensaciones (*Empfindungen*). Ya hemos señalado con anterioridad todo aquello que distingue a estas de las «sensaciones» del sensualismo, y particularmente hemos insistido en el hecho de que las sensaciones no deben ser confundidas con las cualidades del objeto exterior, ya que se trata de realidades que se encuentran en planos diferentes: uno representado y el otro vivido. Sin embargo, para Husserl las sensaciones son elementos que, en la vida, representan al objeto, aunque ciertamente con la ayuda de la intencionalidad[19]. Las sensaciones son caracterizadas como «reflejos y sombras» (*Abschattungen*) del objeto[20]. Llamadas, en el caso de la percepción (presentación), «sensaciones», y en el caso de la imaginación y del recuerdo (representación), «fantasmas», estos elementos constituyen la plenitud del acto y son análogas al objeto que *representan* en la imaginación o que *presentan* en la percepción[21]. Ya que el acto intuitivo no es siempre ni pura percepción, ni pura representación, sino que está constituido por una combinación de elementos perceptivos, imaginativos y otros, el conjunto de las *sensaciones* y de los *fantasmas* que constituyen al acto delimita el concepto de «contenido intuitivo del acto» (*intuitiver Gehalt des Aktes*)[22].

Habiendo determinado el concepto de *Fülle*, podemos comprender que los actos intuitivos admiten gradaciones y que éstas, a su vez asumen distintas direcciones. De entrada, el acto intuitivo puede tener ante sí un mayor o menor número de caracteres del objeto hacia el que se dirige. El resto queda simplemente apuntado. Al pensar en una persona, un mayor o menor número de sus rasgos pueden reavivarse ante nosotros, mientras que el resto de su figura será solamente pensado. De este modo, los «contenidos intuitivos» pueden caracterizarse por una mayor o menor vivacidad y, consecuentemente, ser más o menos análogos al objeto. Finalmente, los

18. *LU* III, Sexta Inv., § 21, p. 76 (Hua-XIX/2, p. 607).
19. *Ideen*, § 36, p. 65; § 41, p. 75.
20. *Ideen*, § 41, p. 75
21. *LU* III, Sexta Inv., § 22, p. 79 (Hua-XIX/2, p. 609).
22. *Ibid.*

elementos intuitivos pueden estar compuestos de más o menos contenidos perceptivos –sensaciones– que nos ofrezcan el objeto mismo y no simplemente lo reflejen, como lo hacen los «fantasmas». Distinguimos, pues, en el acto grados de extensión, de vivacidad y de realidad[23]. Estas son las tres direcciones que puede adoptar el acto intuitivo al tender hacia el ideal, y este ideal es el acto de la percepción. En la percepción, la *plenitud* realiza[24] para nosotros el objeto tal como es en sí mismo. La percepción se caracteriza por el hecho de tener delante de sí a su objeto «en carne y hueso» (*leibhaftgegeben*). Por esta razón, la percepción es un acto intuitivo privilegiado, una intuición originaria, como Husserl la llama[25]. La percepción nos ofrece el ser. Debemos buscar el origen de la noción misma de *ser* reflexionando sobre el acto de la percepción[26].

El análisis del acto intuitivo que acabamos de llevar a cabo nos ha mostrado que lo propio del mismo es su posibilidad de darnos el objeto. La *Fülle* se presenta así como el elemento del acto que lleva a cabo dicha función[27]. Pero esta noción de *Fülle*, por su íntimo vínculo con la noción de sensación –elemento puramente inmanente de la conciencia– ¿no nos hace volver al idealismo berkeliano? Si la existencia del objeto, tal como se nos da en el acto intuitivo, no significa más que la presencia en el espíritu de contenidos inmanentes, de *contenidos intuitivos*, serán entonces éstos los que constituyan el objeto verdadero, el objeto real. La conciencia no será ya este fenómeno soberanamente concreto, cuya existencia es *sui generis*, y donde el objeto reside en tanto que objeto apuntado, intencionado (*gemeint*) por la conciencia. La conciencia se convertiría de nuevo en una esfera de contenidos que sólo representan al objeto, una esfera cuya trascendencia intencional no sería más que una simple ilusión. Dicho de otro modo, el objeto existiría no en virtud de una intención que presta a un objeto la significación de ser, sino en virtud de la presencia, en una corriente de estados muertos, de ciertos contenidos

---

23. *LU* III, Sexta Inv., § 23, p. 83 (Hua-XIX/2, p. 611). Cf. también *Ideen*, § 68, p. 127-128.
24. Aquí Levinas utiliza el término «realizar» en el sentido de «cumplir», de «presentar» el objeto en toda su concreción. La intuición que «realiza» la significación nos pone ya ante el ser real.
25. *Ideen*, § 1, p. 7-8; § 39, p. 70; § 43, p. 79; § 67, p. 126; § 136, p. 282s.
26. *Ideen*, § 47, p. 89.
27. Cf. también el papel de la percepción en *Ideen*, § 97, p. 203.

llamados *sensaciones*. Y en estas condiciones, la intuición ya no se caracterizaría por ser un modo especial de la intencionalidad, sino por ser esencialmente un tipo de contenido inmanente.

Debemos admitir, que en el papel que Husserl asigna al «contenido intuitivo», sobre todo en su concepción del mismo como *análogo* al objeto trascendente, como reflejo[28], hay ciertos ecos del empirismo inglés[29]. Este hecho ya había sido señalado con anterioridad. Pero hemos mostrado igualmente que la conciencia de Husserl no es la subjetividad del empirismo inglés. La teoría del acto intuitivo en Husserl, de cuya primera mitad nos hemos ocupado hasta ahora, se opone radicalmente a esta tentativa de caracterizar la intuición a partir de los elementos *hyléticos* de la conciencia.

En efecto, hemos mostrado ya en el capítulo anterior[30] que todo acto está constituido por una «materia» y una «cualidad» («sentido» y «tesis» comprendidos como estructuras del nóema y de la nóesis, en la terminología de *Ideas*). Ahora bien, la plenitud está claramente vinculada con estos elementos del acto. «La *materia* y la plenitud no carecen de relación; y si ponemos al lado de un acto puramente significativo, un acto de la intuición que le confiera *plenitud*, éste no se distinguirá de aquel sólo por el hecho de que a una *cualidad* y a una *materia* comunes se les agrega una plenitud, en tanto que elemento tercero y separado de los anteriores»[31]. Primeramente, los actos significativos mismos no constan solamente de *cualidad* y *materia*. «Una significación sólo es posible si una intuición se reviste de una nueva *esencia intencional*[32] gracias a la cual el objeto de la intuición apunta más allá de sí mismo (*über sich hinausweist*), al modo de un signo»[33]. Así, por ejemplo, la percepción del sonido lingüístico en la conversación provee a la significación de la palabra de una base intuitiva. Una intuición es, pues, requerida para que una significación pueda tener lugar. Pero, tal como precisa Husserl inmediatamente después, tan sólo se requie-

---

28. *Ideen*, § 97, p. 202s. Cf. también *LU* III, Sexta Inv., § 26, p. 92-93 (Hua-XIX/2, p. 621).
29. *Ideen*, § 86, p. 176.
30. Cf. *supra*, 82 (cap. 4).
31. *LU* III, Sexta Inv., § 25, p. 88 (Hua-XIX/2, p. 618).
32. Esencia intencional, en la terminología de las *Investigaciones lógicas*, equivale a cualidad más materia.
33. *LU* III, Sexta Inv., § 25, p. 89 (Hua-XIX/2, p. 619).

re un «contenido intuitivo» sensible, no un acto entero. Y el mismo «contenido intuitivo» que sirve de base a la significación puede al mismo tiempo servir de *Fülle* a un acto intuitivo. Este contenido intuitivo, este *representante*, como lo llama Husserl[34], puede cumplir una función tanto significativa como intuitiva. ¿Dónde reside, pues, la diferencia que los separa?

Según Husserl, la función específica de este *representante* depende de la forma en que se relacione con la materia del acto intencional. A dicha forma Husserl la llama «forma de la representación», y la unidad de la materia y del «representante» es denominada «representación»[35]. La forma de la representación expresa, pues, la manera en la que la intencionalidad se apropia del representante. A esto se debe que Husserl la llame también «aprehensión».

A partir de esto podemos ver que la característica esencial de la intuición es también una característica de la intencionalidad. *El papel significativo o intuitivo del representante depende, pues, de la intención que lo anima, del sentido irreductible que le otorga la intencionalidad*[36]. Esta diferencia en la manera de animar al representante no puede ya reducirse a nada más. «La diferencia entre la aprehensión significativa y la aprehensión intuitiva es una diferencia fenomenológicamente irreductible»[37]. Mientras que la estructura interna del acto significativo se caracteriza por la indiferencia del *representante* de cara al objeto que su materia significa, y a pesar de que haya, en el acto intuitivo, una relación de analogía entre uno y otro, lo que distingue a estos dos actos es, en último análisis, el modo en que se relacionan el *representante* y la *materia*. Los *representantes*, aun cuando sean análogos a sus objetos, pueden, según Husserl, funcionar como *contenidos significativos*[38].

Por ello, si la percepción alcanza al ser mismo, al ser «en persona», si en la percepción entramos en relación directa con lo real, esto se da gracias al carácter específico de la *intencionalidad per-*

---

34. *LU* III, Sexta Inv., § 25, p. 90 (Hua-XIX/2, p. 620).
35. Ponemos la palabra «representación» entre comillas para distinguirla de la representación con la que tradujimos el término alemán *Vorstellung* y de la que nos ocupamos en el capítulo 4.
36. Cf. sobre el papel de la intención en la *hyle*, *Ideen*, § 98, p. 206.
37. *LU* III, Sexta Inv., § 26, p. 93 (Hua-XIX/2, p. 623).
38. *LU* III, Sexta Inv., § 14, p. 54 (Hua-XIX/2, p. 586).

ceptiva, gracias a su sentido intrínseco[39]. «El carácter intencional de la percepción es, en tanto opuesto a la simple *re-presentación* de la imaginación, la *presentación*. Esto es, como ya sabemos, una *diferencia interna de los actos*, y de un modo más preciso, *la diferencia de la forma de la representación (aprehensión)*»[40].

Tras estas consideraciones preliminares, trataremos ahora de ver en qué consiste el papel de la intuición en el dominio de la verdad.

La significación apunta a su objeto; la intuición, que es ante todo la percepción, lo alcanza. Pero el objeto de ambas puede ser idéntico, y no sólo su objeto, sino su *materia* o *sentido*, ya que la significación apunta a los mismos objetos correspondientes a la intuición. Y el modo en que estos objetos son apuntados o percibidos puede también ser idéntico[41]. Los dos actos pueden, por así decirlo, traslaparse, y el objeto que no estaba sino apuntado en la significación vacía puede ser *visto* en la intuición. En cierto modo, el vacío de la intención significativa se llena. Husserl habla aquí del fenómeno de *Erfüllung*, que traduciremos por el término de *realización*. En la medida en que la *plenitud* es más o menos perfecta, la realización lo es también. En la percepción adecuada, tenemos una realización perfecta de la intención significativa. La significación, el simple pensamiento que no puede decidir en absoluto sobre el objeto –ni sobre su naturaleza, ni sobre su existencia– se encuentra, en la realización, ante el objeto mismo y lo ve exactamente de la manera en que ya lo apuntaba. «El objeto se da de un modo real, está presente y exactamente tal como había sido intencionado. Ninguna intención explícita puede carecer de esta realización»[42]. Se produce aquí una verdadera «adæquatio rei et intellectus». Pienso, por ejemplo, en un techo cubierto de tejas rojas, sin verlo, sin siquiera imaginarlo, miro hacia arriba y veo el techo tal como lo había pensado. Se da aquí una realización de mi pensamiento primero –el techo tal como lo había pensado se encuentra directamente ante mis ojos, está presente *en persona*–.

En el ejemplo que acabamos de citar, la realización confirma la intención primera. Pero en lugar de ser confirmada, la intención

---

39. *Ideen*, § 43, p. 79-80.
40. *LU* III, Sexta Inv., § 36, p. 116 (Hua-XIX/2, p. 645).
41. *Ideen*, § 136, p. 283; § 140, p. 291.
42. *LU* III, Sexta Inv., § 37, p. 118 (Hua-XIX/2, p. 647).

original podría ser invalidada. La percepción puede «frustrar» (*enttäuschen*) la intención significativa. Por ejemplo, puedo intencionar «el techo rojo de esta casa que está delante de mí», y después, al verlo, constato que es verde. Existe entonces una discordancia (*Widerstreit*) entre el objeto de la significación y el de la intuición, y nos encontramos con la negación de aquello que había sido supuesto por la pura y simple significación: el techo no es rojo. Esta discordancia entre el objeto significado y el objeto tal como se da debe, no obstante, estar fundada en un elemento común. Para que haya oposición es necesario que haya comunidad. La «frustración» o «decepción» (*die Enttaüschung*) no es posible más que en una realización parcial. «Una intención sólo se ve frustrada, bajo la forma de la discordancia, si forma parte de una intención más amplia que la abarca y cuya parte complementaria sí se realiza»[43]. Por ello, la discordancia puede entenderse como un tipo de *realización*. El objeto debe *darse* para que esta discordancia se produzca y, si la intención significativa se frustra, existe de cualquier modo un lugar para la verdad. La discordancia no es, pues, una simple ausencia de plenitud intuitiva, una simple noción privativa. Sobre la base de una concordancia parcial, la discordancia es un fenómeno positivo, una síntesis que nos lleva a un conocimiento, aun cuando este sea negativo.

La conciencia de la realización o de la frustración de una intención significativa es la *evidencia*. La evidencia no es, pues, un sentimiento puramente subjetivo que acompañaría a tal o cual fenómeno psíquico[44]. Es una intencionalidad en la que el objeto se da *en persona*, delante de la conciencia, tal como había sido significado anteriormente. Si decimos que la evidencia es el criterio de la verdad, esto no quiere decir que la evidencia sea tan sólo un índice subjetivo de la verdad, y menos aún quiere decir que el ser pueda presentarse de tal modo que invalide las más seguras evidencias. La evidencia se define precisamente por el hecho de ser la presencia de la conciencia *ante* el ser. El origen mismo de la noción de ser se encuentra ahí. «Es evidente que si alguien tiene la evidencia de 'A', otra persona no puede tener la conciencia del absurdo de 'A';

---

43. *LU* III, Sexta Inv., § 11, p. 43 (Hua-XIX/2, p. 575).
44. *Ideen,* § 21, p. 39-40; § 145, p. 300; *LU* I, § 48-49, p. 180s (Hua-XVIII, p. 182-185s).

porque el hecho mismo de que 'A' es evidente, significa que 'A' no es solamente pensada, sino que verdaderamente se da y se da tal como ha sido pensada. Está presente en el sentido más riguroso del término. ¿Cómo podría ser que otra persona piense en 'A', mientras que el pensamiento de que es 'A' queda genuinamente excluido por una 'no-A' genuinamente dada?»[45].

Si la intuición es el elemento central del conocimiento, ¿no nos enfrentamos a una dificultad insuperable en cuanto tenemos que hablar de la verdad del juicio? En efecto, el correlato intencional del juicio «el árbol es verde» no es un objeto, «árbol» que el juicio tendría que ligar a un otro objeto, «verdor»[46]. El correlato es un *Sachverhalt* que este acto complejo intenciona: «el hecho de que el árbol es verde» («Das Grünsein des Baumes»). Este *Sachverhalt* es un objeto, compuesto de objetos que lo constituyen –como «árbol» y «verdor»– pero que guardan, además, una cierta relación mutua. Esta relación pertenece también a la esfera objetiva de la intención, no es una asociación puramente subjetiva de representaciones: la relación de las representaciones no es todavía la representación de la relación.

Estos estados de cosas (*Sachverhalte*) son constantemente objetos de nuestra vida concreta. Vivir no es solamente percibir, sino también juzgar. Y es sobre todo en la vida científica donde nos encontramos de modo constante con dichos estados de cosas. El *Sachverhalt*, como objeto de la percepción sensible, pertenece al dominio del ser, si es verdad que es en el objeto de la vida concreta donde encontramos el origen de toda noción de *ser*. *Ser* tiene aquí un sentido distinto al que tenía en el ámbito de los objetos de la percepción sensible. Pronto tendremos ocasión de precisar dicho sentido.

La estructura del estado de cosas (*Sachverhalt*) nos revela, pues, que entre los constituyentes del ser no hay tan sólo objetos sensibles, sino categorías como, por ejemplo, la categoría predicativa que expresa la palabra «es» en el juicio. Pero hay más: el objeto simple que precede a la síntesis judicativa, el objeto que expresa el nombre, no está desprovisto de una cierta *forma categorial*. «Encontramos en las significaciones partes con caracteres diferentes y nuestro interés recae en aquellas que son expresadas por palabras

---

45. *LU* III, Sexta Inv., § 39, p. 127 (Hua-XIX/2, p. 656).
46. *Ideen*, § 94, p. 194.

formales (*durch Formworte*), como *el*, *un*, *ciertos*, *poco*, *dos*, *es*, *no*, *el cual*, *y*, *se*, etc., y precisadas por las inflexiones sustantivas, adjetivas, singulares o plurales de las palabras»[47].

Destaquemos primeramente que existe una diferencia esencial entre estas formas y la materia que comprenden y tratemos de delimitarlas. Las proposiciones que expresan el mundo de nuestra percepción pueden ser reducidas, por así decirlo, a su esqueleto formal. Llegamos entonces a proposiciones como: «S es P», «S y P», «un S», «dos P», etc. Sólo las letras «S» y «P» expresan contenidos sensibles de la percepción. Aun si aceptamos que los «términos» reemplazados por las letras son complejos y admiten también la distinción entre forma y materia[48], estamos obligados a suponer, en un último análisis, términos simples. Dichos términos constituyen la materia que se realiza directamente en la percepción. Por otro lado, las formas, aunque puedan ser constitutivas de la materia, como cuando un estado de cosas (*Sachverhalt*) sirve de sujeto para un nuevo juicio («Yo afirmo que el árbol es verde»), tienen una función esencialmente distinta de la materia y delimitan la esfera categorial. Sólo la materia puede darse directamente en el objeto percibido –las partículas como «es», «y», «o», «un», etc., no se encuentran en el objeto de la misma manera–.

En efecto, el «ser-cópula», por ejemplo, no es un predicado real del objeto. «El ser no está en el objeto, no es una parte del mismo, ni un elemento que le sería inherente, ni una cualidad, ni una intensidad, ni una figura o forma interna del mismo, ni cualquier otro aspecto constitutivo…»[49]. La cópula no es un carácter del objeto que, sin ser una de sus partes constitutivas, como el sonido o el color, le sería agregado del mismo modo en que una melodía se impone al conjunto de sonidos que la constituyen. Una determinada melodía está vinculada a ciertos sonidos que forman su materia. Ahora bien, la característica esencial de la forma categorial, como el «ser-cópula», es ser indiferente del todo a la materia que abarca. La forma conjuntiva «y», la forma disyuntiva «o», la forma «algo», se aplican indiferentemente a todos los géneros: podemos pensar

47. *LU* III, Sexta Inv., § 40, p. 129 (Hua-XIX/2, p. 648).
48. Materia no tiene aquí el mismo sentido que en el capítulo 6. Se opone aquí a la forma categorial. En este último caso, Husserl la llama *Stoff*.
49. *LU* III, Sexta Inv., § 43, p. 137 (Hua-XIX/2, p. 665-666).

«el hombre y el animal», «la percepción y el recuerdo», «Neptuno y la adecuación matemática».

El hecho de que las formas categoriales no formen parte del contenido del objeto, como el color o la intensidad, es lo que nos ha llevado a buscar su raíz en los actos de la conciencia y atribuir su descubrimiento a la sola reflexión sobre la conciencia. Esta es, por ejemplo, la interpretación que frecuentemente se ha dado a la *síntesis* kantiana[50]: en la multiplicidad de datos dispares, entendidos como contenidos de la conciencia, la espontaneidad del espíritu tendría la función de relacionarlos entre sí, mientras que un acto de reflexión nos permitiría aprehender este mismo acto de relacionar. La síntesis no sería así un elemento de la esfera objetiva, sino únicamente un carácter interno de los actos de la conciencia. Husserl se opone a una concepción tal de las formas categoriales[51]. Según nuestro autor, dichas formas pertenecen a la esfera de los objetos. «Del mismo modo en que el concepto del objeto sensible no puede provenir de la reflexión sobre la percepción, el concepto de estado de cosas (*Sachverhalt*) no puede provenir de la reflexión sobre el juicio...»[52]. «No es en los actos, considerados como objetos, sino en los objetos de estos actos donde encontramos el fundamento de la abstracción para la realización de dichos conceptos»[53]. Ya habíamos anticipado de algún modo esto en las páginas precedentes.

La forma categorial no es un predicado real de la cosa, ni el resultado de la reflexión sobre la conciencia. Es la estructura *ideal* del objeto.

Hay que distinguirla también de la *esencia ideal* del objeto individual. El género de un objeto no es su forma[54]. La esencia «color» no es la *forma* del rojo y del azul, sino su género. Su forma sería «algo en general». La forma no es el objeto de generalidad superior, con respecto al cual todos los géneros superiores no serían más que especies[55]. La forma trasciende la generalidad[56]. Las «categorías»

---

50. Cf. E. Husserl, *Philosophie der Arithmetik*, Halle 1891, 36s.
51. *LU* III, Sexta Inv., § 51, p. 160-161 (Hua-XIX/2, p. 688-689).
52. *LU* III, Sexta Inv., § 44, p. 140-141 (Hua-XIX/2, p. 668-669).
53. *Ibid.*, 141 (Hua-XIX/2, p. 669).
54. *Ideen*, § 13, p. 26.
55. *Ibid.*
56. Cf. *supra*, 29 (cap. 1).

no se encuentran, en las singularizaciones materiales, del mismo modo en que el *rojo general* se encuentra en las diferentes gamas del rojo, o como el «color» en el rojo y el azul[57].

Husserl llama *analíticas*[58] a las verdades que dependen exclusivamente de la forma de los objetos, en oposición a las verdades sintéticas materiales que tienen su fundamento en los géneros superiores, de los cuales hablaremos más adelante[59].

En uno de los pasajes más importantes de su filosofía, Husserl presenta la noción de forma categorial, la distinción entre las formas-sustratos y las formas sintácticas que las presuponen (relación, conjunción, predicación, etc.)[60], y la oposición, netamente afirmada, entre lo formal y lo general. Sin detenernos por ahora en un análisis detallado de lo formal, digamos tan sólo que lo formal constituye el objeto de la lógica. Si la forma se ha distinguido ya del género, la lógica se encuentra, de manera decisiva, separada de la ontología. La lógica, que tiene que ver con la forma general del ser, no puede decirnos nada sobre su estructura material[61]. Como las formas son las formas de los objetos, la lógica queda fuera de toda psicología, y como tiene que ver sólo con las formas, se independiza también de toda ciencia que se ocupe de los objetos. Sin embargo, no es la lógica de Husserl lo que aquí nos interesa. Será suficiente, para la teoría de la intuición, con delimitar la noción de lo categorial como acabamos de hacerlo.

Ahora bien, volviendo a la teoría de la intuición, queda claro que, para conciliar la teoría de la verdad, situada en la intuición, con el hecho de que el estado de cosas (*Sachverhalt*) se constituye también gracias a las categorías, tendremos que hablar de intuición categorial o intelectual. Llegamos, pues, a uno de los puntos más interesantes de la doctrina de Husserl.

Recordemos que desde un comienzo hemos afirmado que el concepto de la intuición no se define por los caracteres que son propios de la percepción sensible, sino por el hecho de *realizar* la significación, por la evidencia. ¿Admiten las formas categoriales,

57. *Ideen*, § 13, p. 27.
58. *Ideen*, § 10, p. 22.
59. Cf. *infra*, 147 (cap. 5).
60. *Ideen*, § 11, p. 24.
61. *Ideen*, § 10, p. 21-22.

en su modo de darse, la distinción entre lo «puramente significado» y lo «dado intuitivamente»? Husserl responde afirmativamente. «Es necesario que exista un acto que ofrezca a los elementos categoriales de la significación los mismos servicios que la percepción puramente sensible ofrece a los elementos materiales»[62]. Hay un acto que de un modo especial se dirige hacia el objeto categorialmente formado y que consiste en tenerlo ante los ojos, revestido de tales o cuales formas. Podemos así ampliar la noción de intuición porque su función, en la esfera de las categorías, es análoga a la que ejerce en la esfera sensible. Existe entre la intuición sensible y la intuición categorial una profunda comunidad: la conciencia se encuentra directamente delante del ser en los dos actos. «Algo aparece como real y como dado *en persona*»[63].

Sin embargo, si la sensibilidad y el entendimiento, en tanto que pueden revelarnos la verdad, pueden ser reconducidos a la unidad del acto intuitivo, tendremos que dar cuenta de su diferencia y, sobre todo, mostrar que esta diferencia es exterior al carácter intuitivo o no intuitivo de los actos.

Encontramos en Husserl un intento de delimitación de lo que corrientemente llamamos sensibilidad y entendimiento. Ahora bien, el método empleado por Husserl nos resulta sumamente interesante, ya que no echa mano de referencias puramente exteriores como, por ejemplo, los órganos de los sentidos o lo innato. Para distinguir la sensibilidad del entendimiento, no parte de una metafísica o de una antropología ingenuas, sino del sentido intrínseco de la vida sensible o categorial misma.

Los objetos sensibles se dan de una manera directa, se constituyen «in schlichter Weise»[64]. Los actos que nos los dan no tienen necesidad de otros actos sobre los cuales tendrían que fundarse. Son, por así decirlo, de un solo grado. «En la percepción sensible, la cosa nos aparece de un solo golpe, desde que nuestra mirada se fija en ella»[65]. Ciertamente, hemos señalado más de una vez el carácter complejo de la percepción de la cosa exterior y la continuidad infinita de actos que sería necesaria para aprehenderla. Sin embargo,

62. *LU* III, Sexta Inv., § 44, p. 142 (Hua-XIX/2, p. 669).
63. *LU* III, Sexta Inv., § 45, p. 143 (Hua-XIX/2, p. 671).
64. *LU* III, Sexta Inv., § 46, p. 145 (Hua-XIX/2, p. 673).
65. *Ibid.*, 147 (Hua-XIX/2, p. 675).

por una parte, cada elemento de esta serie, cada «vista unilateral» se dé «de un solo golpe» y representa *todo el objeto*. Se trata del mismo libro que conozco más o menos bien, pero tengo de golpe un acto entero de conocimiento del libro. Por otra parte, la unidad de estas miradas sucesivas, arrojadas sobre el mismo objeto, no es un acto nuevo, una síntesis fundada sobre actos simples que constituiría un objeto de *grado superior*. La percepción sensible de la cosa es *necesariamente «schlicht»*, sea cual sea el grado de perfección de esta aprehensión continua y sucesiva de la cosa. Los actos que se siguen se fusionan. No permanecen separados, como si esperasen un nuevo acto sintetizante. Su unión es un todo que no deja ver las articulaciones que lo constituyen. La multiplicidad de actos de la percepción es como un solo acto que se estira, que arrastra. En este acto «nada nuevo es apuntado, tenemos siempre el mismo objeto que apuntaba ya cada una de las percepciones parciales»[66]. Y si bien el objeto de estos actos sucesivos es constantemente identificado, esta identidad no es el objeto del conjunto de estos actos. Ciertamente, un acto puede dirigirse hacia esta identidad misma. Sin embargo, dicho acto tendría una nueva estructura y no contaría ya con ningún elemento de la intuición sensible.

La percepción categorial, por oposición a la percepción sensible, necesariamente encuentra su fundamento en las percepciones sensibles. Actos como la «conjunción» o la «disyunción» constituyen nuevas formas de objeto que, por su esencia, no podrían darse en los actos *schlichte*, en los actos que aprehenden su objeto de un solo golpe. *Tienen una relación esencial con los contenidos sensibles que les sirven de base*. «Su modo de aparecer está esencialmente determinado por esta relación. Se trata aquí de una esfera de 'objetividad' (*Gegenständlichkeit*), que no puede aparecer en persona más que en los actos *fundados* de esta manera»[67]. Este carácter de «fundado», con su relación *sui generis* al acto y, correlativamente, al objeto que lo funda, caracteriza el modo de aparecer y de existir del objeto ideal. No obstante, este será diferente según se trate de categorías o de esencias ideales. En la intuición de las formas categoriales, el objeto fundado incluye en sí los objetos que lo

---

66. *LU* III, Sexta Inv., § 47, p. 150 (Hua-XIX/2, p. 678); cf. *Ideen*, § 11, p. 24.
67. *LU* III, Sexta Inv., § 46, p. 146 (Hua-XIX/2, p. 674).

fundan. El *Sachverhalt* contiene, de algún modo, las cosas que lo constituyen. Las esencias, por el contrario, a pesar de estar fundadas en la percepción sensible, la trascienden de cierta manera. Dedicaremos un capítulo especial a la intuición de las esencias. Volvamos por ahora a la intuición categorial con un ejemplo que nos permitirá comprenderla mejor. Admitamos una percepción sensible de «A» y otra percepción sensible de «a» que forma parte de «A». Mientras permanezcamos en el plano de la percepción sensible, no podremos concebir «a» «como parte de» «A». Será necesaria una nueva intención del pensamiento que nos permita precisamente percibir a «a» en tanto que parte de «A». Este acto, dirigido sobre el carácter partitivo de «a», presupone la percepción de «A» y de «a», y otorga a su unidad un nuevo sentido. Se trata de un acto categorial que tiene justamente por objeto esta relación de la parte al todo. La parte se encuentra en el todo y se da en la percepción del todo, pero no en tanto que parte –carácter que sólo un acto fundado podrá constituir[68]–.

Estas consideraciones presentan un gran interés, ya que aportan algo más de claridad al problema de la intuición. Pero, antes de abordarlas a partir de esta cuestión, veremos que no carecen de importancia desde otros puntos de vista.

Para empezar, proyectan una nueva luz sobre el problema de la relación entre sensibilidad y entendimiento. Al parecer, encontramos en este punto una profunda antinomia: por una parte, la espontaneidad del espíritu, que caracteriza a los actos categoriales, parece llevar a cabo una creación con relación a la percepción sensible; por otra, los objetos del pensamiento lógico parecen pertenecer a la esfera objetiva. Nos preguntamos entonces cómo es posible que el producto de la espontaneidad de nuestro espíritu se encuentre de acuerdo con el objeto real, con esas categorías que, por así decirlo, se encuentran en el objeto sensible[69].

Esta antinomia presupone un determinado concepto de objetividad, demasiado rígido para expresar el contenido de la vida. Su rigidez consiste en concebir la objetividad del ser siempre a partir del mismo modelo y en el mismo plano, sin admitir grados o mo-

---

68. *LU* III, Sexta Inv., § 48, p. 155 (Hua-XIX/2, p. 683).
69. Según lo que hemos dicho con anterioridad sobre la pertenencia de las categorías a la esfera objetiva. Cf. *supra*, 107s (cap. 5).

dos diferentes de objetividad. Esta concepción nos obliga o bien a buscar las formas categoriales en el seno del ser sensible, o bien a atribuir las formas categoriales al ser, del mismo modo en que le atribuimos el color o el sonido. Husserl supera esta noción de objeto. «Objeto» debe ser entendido en el sentido más amplio, el más formal del término, que no expresa más que su función de ser sujeto de una afirmación verdadera[70]. Husserl escoge, para designarlo, el término, más vago, de «objetividad» (*Gegenständlichkeit*), por el que entiende «no solamente el objeto en el sentido estricto del término, sino también 'estados de cosas' (*Sachverhalte*), índices, marcas (*Merkmal*), formas dependientes[71], reales o categoriales, etc.»[72]. La objetividad así definida, a partir de su función más general, admite entonces perfectamente la idea de distintos planos del ser, de diferentes sentidos del término mismo «existir»[73].

Al remontarse a la intencionalidad intuitiva, la cual nos presenta estas diferentes formas de ser, nuestro análisis de la sensibilidad y del entendimiento ha intentado mostrar qué significado puede tener el ser de la forma categorial y de la nueva «objetividad» conformada por ella. Dadas en actos fundados, no agregan una nueva propiedad sensible al objeto, sino que lo determinan en una *nueva dimensión del ser*. «Ellas (la forma categorial y la objetividad) no pueden afectar al objeto, no pueden hacerlo cambiar, ya que cualquier cambio resultaría en un nuevo objeto en el sentido primitivo de objetividad, en el sentido de realidad[74] (*im primären und realen Sinne*), mientras que, evidentemente, el resultado del acto categorial (como el acto de coligación o relación) consiste en aprehender objetivamente aquello que fue intuido con anterioridad, en aprehenderlo de un modo que sólo es posible para un acto fundado. Consecuentemente, la idea de una percepción directa (*schlicht*) del objeto formado, o de su presencia en otra intuición directa, es un sinsentido»[75]. De este modo, el problema de la concordancia entre

---

70. *Ideen*, § 22, p. 40, y *LU* II, p. 101.
71. Sobre este término, cf. lo que diremos *infra*, 141 (cap. 6).
72. *LU* II, Primera Inv., § 9, p. 38 (Hua-XIX/1, p. 44).
73. *Ideen*, § 22, p. 40.
74. Realidad significa aquí existencia de la *res*, de la cosa, existencia del objeto sensible.
75. *LU* III, Sexta Inv., § 61, p. 186 (Hua-XIX/2, p. 715).

la realidad sensible y el pensamiento lógico[76] resulta absurdo, ya que la realidad sensible no debe corresponderse con el pensamiento lógico, debe servirle de base. La «objetividad categorial» tiene ciertamente una relación con los objetos sensibles que le sirven de base, y es inconcebible sin ellos. Este vínculo con el objeto sensible es inherente a su modo de existir mismo, aun cuando exista de una manera totalmente nueva. Por otra parte, a pesar de que el objeto sensible admite, por su naturaleza, la posibilidad de que lo real categorial encuentre en él su fundamento, dichas formaciones categoriales no afectan su plano de existencia (del modo en que un alfarero da forma a la arcilla)[77]. «Las funciones categoriales, al formar al objeto sensible, dejan intacta su esencia real»[78].

Si la teoría de la intuición sitúa la verdad y la razón en la presencia originaria del objeto ante la conciencia, la idea del objeto es tomada aquí en el sentido amplio del término, un sentido que admite diferentes planos de ser. El ser no se reduce por ello al mundo de la percepción sensible; su originalidad es respetada. El sentido del ser los estados de cosas (*Sachverhalte*) consiste en su manera específica de darse a la conciencia, y deviene explícito en el análisis de esta.

No obstante, el interés de estos análisis fenomenológicos no consiste tan sólo en aclarar la relación entre la sensibilidad y el entendimiento, no sólo en brindarnos un ejemplo de la manera en que la fenomenología plantea y resuelve sus problemas, sino, sobre todo, en mostrarnos que la distinción entre la sensibilidad y el entendimiento puede ser llevada a cabo con la ayuda de caracteres que nada tienen que ver con la intuición. Esta no es el privilegio exclusivo de la sensibilidad. La función específica de la sensibilidad en la vida consciente no se identifica con la función de la intuición. Nuestros análisis han intentado mostrar en qué consiste el papel de los actos sintéticos, como por ejemplo, el juicio, en nuestro acceso al ser, al conocimiento. Vemos más claramente lo que ya habíamos afirmado, a saber, que la función específica del juicio no es el elemento esencial del conocimiento, que no es en el juicio donde la

---

76. Cf. R. H. Lotze, *Logik. Drei Bücher vom Denken, vom Untersuchen und vom Erkennen*, Leipzig 1874, 536s.
77. *LU* III, Sexta Inv., § 61, p. 186 (Hua-XIX/2, p. 715).
78. *Ibid.*, 185 (Hua-XIX/2, p. 714).

verdad comienza. La función del juicio es bien distinta: consiste en constituir una nueva forma de objeto, esto es, un ser de otro grado. Y en lo que se refiere a la verdad o a la falsedad del juicio, no podremos hablar del tema sino en la medida en la que el juicio pueda o no realizarse en la intuición.

Pero ¿es acaso la intuición, en tanto visión directa del objeto, en tanto independiente del carácter sensible o intelectual de los actos, un fenómeno verdaderamente esencial que nos autoriza a elaborar un concepto nuevo de la misma? ¿No se trata de una ampliación puramente formal y verbal de la noción de intuición sensible, ya que, dentro de la esfera intuitiva, la intuición de un estado de cosas (*Sachverhalt*) es diferente de la de un objeto sensible simplemente porque impone un cierto «discurrir»? Husserl protesta expresamente contra las objeciones de este tipo[79]. Lo que le interesa en esta teoría no es decidir sobre el carácter mediato o inmediato de nuestro conocimiento, sobre los lugares respectivos de la intuición y del conocimiento discursivo. Tampoco se trata de asimilarlos entre sí, de reducir, por ejemplo, el conocimiento intuitivo de los inventores –suerte de sentimiento intelectual– al conocimiento demostrativo[80] o viceversa. Es un problema enteramente distinto el que le preocupa. *Se trata de remontarse al fenómeno originario de la verdad para comprender su esencia misma*, al fenómeno único que hace posible la distinción misma entre conocimiento inmediato y mediato. El interés de Husserl no consiste en asimilar inteligencia y sensibilidad entre sí, al contrario, insiste en su diferencia e intenta dar cuenta de la misma. Husserl pretende poner al descubierto la instancia gracias a la cual estas actividades del espíritu pueden ser susceptibles de verdad. Y dicha instancia es justamente la intuición, en tanto intencionalidad cuyo sentido intrínseco consiste en alcanzar su objeto y en tenerlo ante sí como existente.

Para destacar el interés profundamente filosófico de este último punto, recurriremos a ciertas observaciones de orden histórico, sin que por ello pretendamos elaborar una historia del problema o agotar la riqueza de la tradición. Intentaremos trazar unas cuantas lí-

---

79. *LU* III, Sexta Inv., § 53, p. 165 (Hua-XIX/2, p. 694); cf. *Ideen*, § 3, p. 11.
80. Cf. la obra de A. Spaïer, *La pensée concrète*, Alcan, Paris 1927, 261s, así como la obra de E. Goblot, *Expérience et intuition*: Journal de Psychologie (1928) 721, 734.

neas, por fuerza esquemáticas, pero susceptibles de ayudarnos a circunscribir más netamente la actitud de Husserl.

La tradición antigua, desde Parménides, nos ha legado la idea de que la verdad consiste en la adecuación entre el pensamiento y las cosas. Por otra parte, si bien desde Aristóteles[81] lo verdadero y lo falso son considerados como privilegio exclusivo del juicio, de la afirmación, del vínculo entre sujeto y predicado, para el conocimento de los principios –que no consiste en un juicio, según el mismo Aristóteles– se admite otro tipo de verdad, un conocimiento que no podría ser falso en modo alguno[82].

Sin embargo, esta «adecuación» se ha revelado como la raíz de innumerables problemas y dificultades. Para empezar, ¿qué significa «adecuación» entre el espíritu y las cosas? La adecuación ¿no es sólo posible ahí donde hay una medida común? Aun cuando se admita que tiene sentido hablar de una cierta semejanza entre el pensamiento y la cosa, ¿cómo podríamos, desde el punto de vista del sujeto que conoce la verdad, estar seguros de dicha correspondencia, si el objeto siempre nos es dado *en el conocimiento*, por el *intelectus*? Al parecer, debemos concluir que la adecuación entre el pensamiento y la cosa se deja descubrir en las estructuras determinadas del pensamiento. Será necesario que el «logos» responda a una cierta ley. Será la lógica quien enuncie las leyes del pensamiento razonable, esto es, del pensamiento adecuado a la cosa. La ley de la lógica, que nos permitirá ligar sujeto y predicado, será la ley misma de la realidad. Esta concepción se apoya sobre una tesis metafísica, al afirmar que los principios del juicio son, al mismo tiempo, los principios del ser. Afirmación que se va a convertir en un problema para Kant.

Se trata de la vía que nos lleva al racionalismo. De ahí el carácter absolutamente ininteligible de los juicios de hecho y el carácter secundario, casi híbrido, de la noción de verdad de hecho. «Res se habet –nos dice Leibniz– velut in legibus serierum aut naturis linearum ubi in ipso initio sufficiente progressus omnes continentur. *Talemque opportet esse totam naturam alioque inepta fo-*

---

81. Aristóteles, *De interpretatione* I, 16a12; *De anima* III, 8, 432a11. Tomamos estas referencias de E. Zeller, *Philosophie der Griechen* II, 2, Tübingen 1844-1852 (citamos la tercera edición), 191.
82. Cf. E. Zeller, *Philosophie der Griechen* II, 191 y 219.

ret et indigna sapiente»⁸³. No es, desde nuestro punto de vista, la contingencia de las verdades de hecho lo que repele al racionalismo. No es la necesidad de verdades necesarias la fuente de su recelo hacia el empirismo: la noción misma de la verdad es para ellos idéntica a la de inteligibilidad, comprendida como ligazón lógica entre conceptos⁸⁴.

Con relación a este punto, el racionalismo de Leibniz parece ser el más coherente consigo mismo, y la identificación entre verdad y verdad *a priori* –comprendida esta última en tanto sujeta a la ley de contradicción– se realiza plenamente. La ciencia perfecta, esto es, la ciencia de una racionalidad perfecta, es una ciencia *a priori*. Y dicho *a priori* es tal en tanto independiente de toda experiencia, en tanto justificación de la verdad en virtud de la fuerza interna del entendimiento. En las páginas que Cassirer dedica a este autor en su *Erkenntnisproblem*, nos dice que para Leibniz «un concepto puede ser posible y verdadero, sin que su contenido se dé jamás en la realidad exterior, en la medida en que poseamos la certeza de que, al carecer de contradicción interna, puede servir de punto de partida y de fuente de juicios válidos»⁸⁵. El fundamento de la verdad consiste siempre en el vínculo interno de las ideas, en el vínculo entre sujeto y predicado. Aun las intuiciones, que se supone están en el comienzo de estas deducciones, no serán intuiciones más que para las ciencias ingenuas. Es aquí donde la lógica pone manos a la obra para remontar el vuelo y demostrar los principios mismos⁸⁶. «Nada es sin razón; toda verdad tiene su prueba *a priori*, derivada de la noción de los términos involucrados, aun cuando no siempre esté en nuestro poder llegar a dicho análisis»⁸⁷. La verdad reside en la relación inteligible entre el sujeto y el predicado de la proposición. Y este ideal de reducción de todo conocimiento a una serie de deducciones, expresa la idea de *mathesis universalis* de Descartes, retomada por Leibniz.

83. G. W. Leibniz, *Carta a De Bolder* (10 de noviembre de 1703), en *Oeuvres* II, Gerhardt, 258. Las cursivas son mías (N. del A.).
84. Cf. O. Hamelin, *Essai*, Alcan, Paris 1907, 6-7.
85. E. Cassirer, *Erkenntnisproblem* II, Berlin 1907, 48 (versión cast.: *El problema del conocimiento* II, FCE, México 1986).
86. *Ibid.*, 51.
87. Cf. G. W. Leibniz, *Cartas a A. Arnauld*, en *Oeuvres* II, 62. Cf. también L. Couturat, *Opuscules*, Alcan, Paris 1903, 402, 513.

Resulta interesante observar que también el empirismo, tal como se presenta en Hume, considera absurda la idea misma de verdad de hecho. Al situarla en primer plano, el empirismo cae en la cuenta de su ininteligibilidad. Pero lejos de querer transformar la noción de verdad, se declara escéptico. Conserva entonces las tesis centrales de la teoría racionalista: el lugar de la verdad es el juicio, la verdad consiste en el vínculo entre sujeto y predicado. Sin embargo, Hume constata que la lógica analítica no es suficiente para dar cuenta de la relación entre sujeto y predicado, y consecuentemente reduce la justificación del juicio a una mera asociación, nacida de la costumbre.

Kant vio claramente la dificultad inherente a la noción de verdad, comprendida como adecuación entre el pensamiento y la cosa. Y en su *Crítica de la razón pura* intenta penetrar más profundamente en esta definición, que en sí misma no es más que una *Namernerklärung*. En efecto, la verdad, en tanto adecuación entre el pensamiento y la cosa, jamás podrá ser demostrada, ya que la cosa no se nos da más que en el pensamiento. «Mi pensamiento debe corresponder al objeto. Ahora bien, no puedo comparar mi pensamiento con el objeto más que conociéndolo. *Diallelon*»[88].

La *Crítica de la razón pura* busca una nueva concepción del objeto que nos permita la comprensión del concepto de verdad. La solución kantiana consiste en afirmar el carácter puramente fenoménico del ser que conocemos. No se trata de una «cosa en sí», cuya correspondencia con nuestro conocimiento no podrá jamás ser garantizada, sino de un fenómeno constituido por nuestro propio conocimiento. De ahí que la correspondencia del pensamiento con el objeto no consista más que en su fidelidad a las leyes de constitución del objeto en general. El conocimiento es verdadero en tanto que corresponde al objeto, pero el objeto es real en tanto que es constituido siguiendo las reglas que nos describe la analítica trascendental, siguiendo las síntesis presentadas en la tabla de las categorías. «La lógica trascendental es una lógica de la verdad, ya que enseña los principios sin los cuales ningún objeto puede ser pensado»[89]. Pero el que, en el pensamiento, constituye el objeto, es el en-

---

88. E. Kant, *Handschriftlicher Nachlass* XVI, G. Reimer, Berlin 1910-1942, 251. Notas marginales reproducidas por la edición de la Academia de Berlín.
89. E. Kant, *Crítica de la razón pura*, B, 87.

tendimiento, la facultad de juzgar. «La verdad y la apariencia no están en el objeto, en la medida en que es intuido, sino en los juicios sobre el mismo, en la medida en que es pensado»[90].

Con esta solución, la hipótesis metafísica de la armonía preestablecida, hipótesis que impera sobre la filosofía de Leibniz y, en el fondo, sobre toda teoría que busque en la lógica el criterio de adecuación entre el pensamiento y la cosa, se revela superflua. Sin embargo, para Kant también, es en el juicio, en tanto síntesis de una multiplicidad, donde se encuentra la verdad. Y si para Leibniz la lógica analítica es el criterio de verdad, para Kant lo será la lógica sintética, que permite pasar de un concepto al otro sin que uno esté contenido en el otro. Evidentemente, el sentido y el valor de la filosofía kantiana no se limitan a mostrarnos la posibilidad de la síntesis *a priori*, comprendida como problema puramente lógico. Kant critica explícitamente a aquellos que comprenden el juicio como un simple vínculo entre conceptos[91], y sin embargo, en la *Crítica de la razón pura*, Kant parte de la distinción ente los juicios analíticos y los juicios sintéticos *a priori*. Ahora bien, este problema sólo tiene sentido si se considera que el ideal de la racionalidad reside en el juicio analítico, en tanto vínculo intrínseco entre los conceptos. Sólo entonces podemos preguntar: ¿qué relación existe entre el sujeto y el predicado de un juicio sintético?

En todo caso, es justamente este aspecto de la filosofía kantiana, el kantismo como elaboración de una lógica sintética, lo que conduce a una filosofía como la de Hamelin a la deducción total del universo. Para Hamelin, bien consciente de estos problemas, todo empirismo está irremediablemente teñido de irracionalidad: la ciencia perfecta no encuentra nada dado, deduce todo. Pero la lógica tradicional no resulta suficiente. Un método sintético debe suplirla, incluso reemplazarla. Así, con la ayuda de esta lógica sintética que procede por tesis, antítesis y síntesis, nos encontramos con el ejemplo más sorprendente de transformación de la realidad temporal e histórica, en realidad puramente «matemática», construida por un movimiento deductivo que deriva un concepto de otro, aunque de un modo ciertamente sintético.

---

90. *Ibid.*, B, 350.
91. *Ibid.*, B, 140-141.

Lo que supone toda esta corriente de pensamiento es la idea de una subjetividad que existiría independientemente de su objeto y que lo alcanzaría a través de actos espontáneos. Esta espontaneidad se manifiesta ya en el juicio (el juicio constituye al objeto, según Kant), y precisamente en el juicio se encuentra el origen mismo del fenómeno de la verdad. Así, esta concepción de un sujeto reificado e independiente de todo objeto nos explica la idea misma de la adecuación entre el pensamiento y la cosa, posible solamente en una esfera homogénea. En el momento en que el sujeto es concebido sobre el modelo de la cosa, comprendemos perfectamente que las representaciones puedan ser similares o no a las cosas.

La transformación del concepto de verdad en Husserl tiene su base en el concepto de conciencia. La conciencia no es un amasijo de sensaciones puramente subjetivas que, a su vez tendrían que representar o ser equivalentes al ser[92]. El sujeto es un ser que, en la medida en que existe, se encuentra ya en presencia de un mundo, y es este hecho precisamente lo que consistuye su ser mismo. De ahí que la verdad no pueda consistir en la adecuación entre el pensamiento y la cosa, comprendida como adecuación entre representación subjetiva y objeto existente, ya que originalmente no nos las vemos con nuestras representaciones, sino que nos representamos directamente el ser. *El fenómeno primero de la verdad consiste en esta presencia de los objetos ante la conciencia.* Lo que llamamos «adecuación entre el pensamiento y la cosa» no es posible ni comprensible más que sobre la base de este fenómeno primero. La adecuación consiste, lo hemos mostrado ya, en la correspondencia del objeto, tal como lo piensa el acto de la significación, con el objeto, tal como es visto intuitivamente. El objeto es el mismo en los dos actos, y no se encuentra en dos planos distintos del ser. Si el juicio puede ser verdadero, no es en cuanto juicio, en cuanto afirma una cosa sobre otra, sino en cuanto intuición, en cuanto su correlato, el estado de cosas (*Sachverhalt*), se encuentra delante de él, como la cosa de la percepción se encuentra delante de la intuición sensible. No es en el juicio donde la verdad es posible. Al contrario, el juicio presupone este fenómeno primero de la verdad, que consiste en encontrarse ante el ser. El

---

92. *Ideen*, § 86, p. 176.

hecho mismo de hacer un juicio sobre el objeto no es sino un nuevo modo de estar ante él.

Así, para Husserl aun la sensibilidad es susceptible de razón. Ya desde el nivel del objeto sensible, podemos hablar de existencia y de inexistencia. Hemos mostrado cómo los actos y las «objetividades» sintéticas como el juicio, son el resultado de la complicación, por medio de categorías, de los actos y los objetos que poseen una sola articulación, actos y objetos *monotéticos*. Ya en el capítulo precedente hemos mostrado que la diferencia entre el juicio y la «representación» no es una diferencia de *cualidad*, sino de *materia*. Igualmente, anticipamos que el juicio, en tanto que se relaciona con el objeto, tiene una estructura análoga a la percepción. Nuestros análisis, que tenían por objetivo mostrar la formación de los estados de cosas (*Sachverhalte*) en los actos de segundo grado, nos han mostrado que esta complicación no resta nada al carácter intuitivo de la aprehensión del estado de cosas. Finalmente, en *Ideas*[93], Husserl elabora, al lado de las proposiciones sintéticas como el juicio, la noción de proposición con una sola articulación, proposición que puede justificarse o no, esto es, que es susceptible de verdad y de falsedad.

La teoría de la intuición de Husserl no busca recusar el alcance de la razón discursiva lógica (analítica o sintética), oponiéndole un método intuitivo. Tampoco afirma la necesidad de poner un alto a la serie de deducciones ni la existencia de verdades evidentes por sí mismas. Una afirmación tal no se ajustaría a la esencia de la verdad; seguiría concibiendo la deducción como el elemento esencial de la razón, definiendo de una manera puramente negativa las verdades que no deben ser probadas. Husserl busca el fenómeno primero de la verdad y de la razón, y lo encuentra en la intuición, comprendida como intencionalidad que alcanza el ser[94], en la «visión», como fuente última de toda aserción razonable[95]. La visión tiene la función de «justificar», ya que ofrece su objeto de una manera directa y, en la medida en que realiza dicho objeto, es ella misma razón[96]. Por ello, la explicación y la experimentación, tal como son practicadas en las ciencias, no son las únicas formas de cono-

---

93. Cf. *Ideen*, § 133, p. 274.
94. *Ideen*, § 19, p. 36; § 24, p. 44; § 76, p. 141.
95. *Ideen*, § 136, p. 282; 141, p. 293.
96. *Ibid.*, p. 283s.

cimiento racional[97]. Las ciencias están determinadas por la esencia de la naturaleza, que es su objeto[98]. La deducción y la explicación son exigidas por la naturaleza de ciertos objetos: es propio de este tipo de objetos el no revelarse más que de una manera mediata. La deducción no es sino una manera de llegar, de un modo mediato, a la intuición[99], que es la razón. «No dar valor alguno al 'porque lo veo' como respuesta a la pregunta '¿por qué?' sería absurdo»[100].

En estas últimas líneas hemos tenido en cuenta el comentario que Maurice Pradines dedica al método intuitivo de Husserl en su obra sobre *El problema de la sensación*[101]. Nos gustaría hacer algunas observaciones al respecto con cierto detenimiento.

Maurice Pradines ha visto claramente el papel capital de la intención en la vida consciente y la insuficiencia del método psicológico tradicional que no la toma en cuenta. También concede a Husserl que «una sana y honesta descripción» debe constituir el punto de partida de las ciencias del espíritu. Sin embargo, de un modo preciso, no ve en dicha descripción más que el punto de partida. Esto se debe a que, según Pradines, aun cuando se haya llevado a cabo una completa descripción, la explicación del propio misterio de la intención intuitiva, la explicación de la trascendencia de la conciencia con relación a sí misma, quedan aún pendientes. Pradines cree además que la intuición deberá recurrir a otro método si quiere evitar que sus afirmaciones pasen por meras «creencias», a la manera de Thomas Reid. Por esto mismo, busca aclarar el papel

---

97. Husserl ha visto claramente el problema de la relación entre las ciencias «explicativas» y las ciencias «descriptivas»; cf. *Ideen*, § 73, p. 137.
98. *Ideen*, § 50, p. 94.
99. *Ideen*, § 141, p. 293-295.
100. *Ideen*, § 19, p. 36.
101. M. Pradines, *El problema de la sensación*, Prefacio, p. 11. Esta obra, publicada en 1928, es uno de los primeros textos franceses donde ciertas tesis de Husserl son explícitamente mencionadas y discutidas. Resulta interesante constatar que Pradines se adhiere de modo natural a la noción de intencionalidad y no a la del manido «logicismo» como punto central de la fenomenología. Desgraciadamente, varios autores asumieron dicho logicismo como fundamental: A. Spaïer, *La pensée concrète*, Alcan, Paris 1927; A. Burloud, *La pensée d'après les recherches expérimentales de H. J. Watt, Messer et Bühler*, Alcan, Paris 1927, e igualmente V. Delbos, *Husserl: Sa Critique du psychologisme et sa conception d'une logique pure*: Revue de métaphysique et de morale XIX (1911). Hay que recordar que este último artículo precede a la publicación de *Ideas* (1913). Cf. también R. Kremer, *Le Neo-Réalisme américain*, Alcan, Louvain-Paris 1920, 290, 295.

de la «reducción fenomenológica» (de la que nos ocuparemos más tarde[102]), en el sistema de Husserl. Según Pradines, la reducción consistirá en no aceptar las afirmaciones espontáneas de la conciencia, en virtud de una cautela, de una prudencia, que «revive el espíritu de la duda cartesiana».

Las dificultades que Pradines percibe en la intuición, incapaz de explicar «el enigma» de su propia trascendencia, no tienen que ver con el carácter intencional de la conciencia. Para este autor, la intencionalidad no sólo reside en la esencia de la conciencia; es, por así decirlo, la definición misma de la conciencia.

Ciertamente, lo que Pradines quiere objetar a Husserl se encuentra en otra parte. La trascendencia de la conciencia resultaría enigmática por el realismo que implica. ¿Cómo tener fe en una intuición que pretende alcanzar el ser, un ser que existe por sí mismo en la hipótesis realista? ¿Cómo superar, al describir los datos de dichas intuiciones, el estadio de la «psicología descriptiva» para llegar a las afirmaciones ontológicas? Formulada de este modo, la objeción de Pradines no carece de importancia. No obstante, nosotros ya hemos presentado una objeción similar. Para responderla, recurrimos antes a la noción de ser en Husserl (volveremos sobre este punto enseguida). Hemos visto ya cómo la concepción husserliana del ser se identifica con las nociones de «objeto intencional», de objeto «vivido». Mostramos[103] (y volveremos sobre ello[104]) que el realismo de las *Investigaciones lógicas* no es sino una etapa en la elaboración de la fenomenología; mostramos también que para conceder un valor ontológico a los datos de la intuición, el idealismo de *Ideas* debía aparecer en escena. Nos parece que dicho idealismo –idealismo «intencionalista» que concibe de una manera nueva tanto el modo de existencia y la estructura de la conciencia, como el modo fenoménico de existencia de las cosas– resuelve acertadamente el «enigma de la intuición».

Y ya que el idealismo intencionalista es la actitud esencial de Husserl, la reducción fenomenológica no puede ser una simple medida de prudencia, dictada por la precaución, en relación a las afir-

---

102. Cf. *infra*, 178s (cap. 7).
103. Capítulos 1 y 2.
104. Capítulo 6.

maciones trascendentes de la conciencia. Se trata más bien del paso a un punto de vista absoluto[105], desde donde el mundo es considerado en cuanto constituido por las intenciones de la conciencia. Husserl separa explícitamente la reducción de la duda cartesiana[106], a pesar de la analogía que existe entre ambas. La reducción no quebranta ni pone en duda las verdades de la intuición.

Por lo que respecta al presente capítulo, el intuitivismo husserliano podría haber sido equiparado al de Reid –tal como lo propone Pradines–, y «todo misticismo» se vería justificado de afirmarse la existencia de ciertos principios indiscutibles e inherentes a la conciencia, gracias a una especie de «magia natural». Ahora bien, no hay nada «mágico» en el intuitivismo husserliano. Este es el resultado del análisis del fenómeno originario de la verdad, análisis que se encuentra con la intuición en todas las formas de la razón. Dicho de otro modo, la intuición, tal como Husserl la comprende, no es un simple modo de conocimiento inmediato –entre otros modos posibles de conocimiento– sobre cuyo alcance y valor nos pronunciaríamos al compararlos con los del conocimiento mediato. La intuición, para Husserl, es el proceder mismo del pensamiento hacia la verdad, proceder que está en la base de todo cuanto podría ser utilizado para justificar a la intuición misma.

Esta transformación de la noción de la verdad se ve acompañada por una revolución similar de la noción de ser. Nos encontramos, pues, con las conclusiones de nuestros primeros capítulos. El ser no es otra cosa que el correlato de nuestra vida intuitiva[107], la cual se dirige siempre hacia el ser, no hacia las representaciones. Esta tesis se dirige no sólo contra un realismo o un idealismo que admitiesen una cosa en sí, detrás de los fenómenos, o contra un realismo ingenuo que admitiese una existencia «mitológica» del mundo dado, concepción cuyo carácter absurdo mostramos en el capítulo 2[108], sino también contra un idealismo, más radical, que haría del ser trascendente una cierta construcción del espíritu, siendo este último completamente independiente de aquel. La correlación

---

105. Cf. *infra*, 183 (cap. 7).
106. Cf. *infra*, 180 y nota 155 (cap. 7).
107. *Ideen*, § 142, p. 296.
108. «Una realidad absoluta vale tanto como un cuadrilátero redondo», *Ideen*, § 55, p. 106. Hablamos de realidad en el sentido de «existencia de las *res*».

con la conciencia, hecho que constituye el ser mismo del mundo, no significa que este sea una pura construcción del sujeto de acuerdo con las reglas de una lógica (ya sea analítica o sintética); no significa tampoco que la realidad o irrealidad dependan de la correspondencia o no correspondencia con dichas reglas. La trascendencia del objeto con relación a la conciencia –esta trascendencia en cuanto tal– es algo irreductible a una mera construcción por medio de categorías, y no puede ser disuelta en dichas relaciones. Dicho de otro modo, *la existencia* del mundo no se reduce a las categorías que constituyen su *esencia*, consiste más bien en el hecho de ser, por así decirlo, encontrado por la conciencia. La síntesis, la constitución misma del objeto con la ayuda de las categorías, es posible sólo porque la conciencia está esencialmente en contacto con el objeto. La espontaneidad del espíritu, el juicio, no crea el objeto; es más, sólo es inteligible, sólo es posible, sobre la base de la intencionalidad, sobre la base de la presencia originaria de la conciencia ante el mundo[109].

Ahora es el momento de volver sobre las conclusiones de nuestros dos primeros capítulos. Hemos intentado mostrar cómo en Husserl el origen del ser se encuentra en la significación intrínseca de las vivencias (*Erlebnisse*). Ahora que el análisis de la intención interna del acto intuitivo nos ha revelado al ser como su correlato, podemos apoyar la tesis de Husserl y buscar, en el acto de la intuición, el origen mismo de la noción de ser, lejos de preguntarnos si el objeto de la intuición se adecúa al modelo del ser que podamos tener en mente. Mientras la noción de ser no esté ligada a la de experiencia (ligazón llevada a cabo por Husserl en *Ideen*), no nos será posible rebasar en la teoría de la intuición el nivel de una mera «psicología descriptiva». En *Ideen*, Husserl vio que la psicología, entendida de una cierta manera, está estrechamente ligada con la filosofía misma[110], y esto, bien entendido, no nos lleva a rebajar la filosofía a una psicología naturalista, sino a concebir una nueva psicología, una psicología fenomenológica[111]. La *reducción fenomenológica* –sobre la que volveremos con más detenimiento–,

---

109. Cf. *supra*, 108-109, 118 (cap. 5).
110. *FCCE*, 23-24.
111. *Ideen*, Introducción, p. 2.

que comienza por liberar a la vida concreta de toda interpretación naturalista de su existencia[112], consiste finalmente en el reconocimiento de que el origen del ser reside en la vida concreta de la conciencia. Por ello Husserl ve, acertadamente, en la reducción fenomenológica la piedra de toque de su sistema, el comienzo mismo de la fenomenología.

Es más, si hay que buscar el origen del ser en la vida intuitiva, el concepto de intuición tendrá un sentido mucho más amplio, y podrá dar cuenta de las distintas formas del ser, respetando la originalidad de cada unas de ellas[113]. Hemos mostrado ya cómo el objeto del juicio, el estado de cosas (*Sachverhalt*), tiene un modo de existencia diferente al de la percepción sensible. Podemos hablar también de los diferentes modos de existir que presentan el objeto material y el objeto psicológico, los objetos ideales y los individuales, los objetos de la física y los de la vida cotidiana[114]. Vislumbramos, pues, una dimensión nueva en el estudio del ser, dimensión que, según Husserl, la filosofía moderna había ignorado[115]. En lugar de dirigirnos hacia la «objetividad» existente, podemos dirigir nuestra mirada intuitiva hacia la existencia misma, en toda la originalidad de su estructura. En lugar de permanecer en la actitud de las ciencias que, al darlo por supuesto, no se preguntan por el significado de la *objetividad* del objeto, la filosofía se plantea el problema de saber cuál es el modo propio de ser trascendente, de darse a la conciencia, de cada *región de objetos*[116]. Este será el problema de la intuición filosófica, a la que dedicaremos nuestro último capítulo.

Indiquemos por ahora y de manera somera –ya que el interés de esta observación cobrará toda su fuerza a partir de los problemas que plantearemos en nuestro último capítulo– que, si bien la intuición se presenta como una noción muy amplia, que no prejuzga en modo alguno el modo de existir de su objeto, no debemos olvidar que la intuición es, según Husserl, un acto teórico, y que las *Investigaciones lógicas* nos dicen que en la medida en que los actos puedan alcanzar el ser, deben estar fundados en la representación. He-

---

112. *Ideen*, Introducción, p. 4; § 76, p. 141-142.
113. *Ideen*, § 20, p. 38.
114. *Ideen*, § 21, p. 39.
115. *FCCE*, 7-8.
116. *Ideen*, § 87, p. 180.

mos discurrido largamente sobre esta cuestión en el capítulo precedente. Si *Ideas* modifica la tesis de las *Investigaciones*, según la cual la representación sería el fundamento de todos los actos, debemos reconocer que dicho texto no la modifica hasta el punto de impedirnos decir que cada posición del ser (tesis) incluye una tesis representativa, dóxica. Sin embargo, debemos destacar de inmediato que el ser se presenta, según Husserl, como correlato de la vida intuitiva teórica, de la evidencia de un *acto objetivante*. Por ello, el concepto husserliano de la intuición está teñido de un intelectualismo quizás demasiado estrecho. Ninguna de las tentativas husserlianas de introducir en la constitución del ser las categorías que no provienen de la vida teórica, logra suprimir ni el primado ni la universalidad de la actitud teórica. El carácter de valor, de uso, etc., no pueden existir más que inscritos en una existencia que sea el correlato de la representación.

Lo anterior no quiere decir que nos enfrentemos a un logicismo absoluto en la obra de Husserl. Sin embargo, esta parte de su filosofía, el logicismo y la teoría de la *Wesensschau* (intuición de las esencias), es casi universalmente conocida; se ha hecho ya popular, por así decirlo (al menos de nombre). De hecho, un gran número de filósofos cree encontrar ahí el sentido mismo de la doctrina de Husserl. Tendremos que dedicar un capítulo especial a este aspecto de la fenomenología, que no expresa, en el fondo, más que la actitud del primer volumen de las *Investigaciones lógicas*, considerado de un modo aislado. Intentaremos establecer que el significado verdadero del logicismo y de la *Wesensschau* en Husserl no es comprensible más que a partir de las tesis que acabamos de exponer, y que ambos, intuición de esencias y logicismo, no son en su sistema sino consecuencia de las tesis que hemos establecido al comienzo de este libro, tesis que ven en el sentido intrínseco de la vida la fuente de la existencia.

6
LA INTUICIÓN DE ESENCIAS

Las *Investigaciones lógicas*, especialmente su primer volumen, le valieron a Husserl la reputación de logicista y «realista platónico». Dichas *Investigaciones* comienzan con una crítica al psicologismo en lógica. El primer volumen se dirige contra la identificación de las leyes lógicas y las leyes psicológicas[1].

Sin embargo, la psicología que Husserl combate en la lógica es una psicología naturalista, entendida como ciencia de hechos, tal como son concebidas las ciencias de la naturaleza. He aquí cómo él la comprende: «Sea cual sea el modo en que se pretenda definir esta disciplina, hay un acuerdo universal sobre este hecho: que la psicología es una ciencia de hechos y, por ende, una ciencia experimental»[2]. Las leyes a las que una psicología tal aspira, no tienen que ver más que con «regularidades aproximativas de coexistencia y sucesión»[3]. Meros resultados de la inducción, dichas leyes son *a posteriori*, contingentes y simplemente probables.

Este último punto es importante y no siempre ha sido suficientemente subrayado. Cuando aboga por el divorcio entre lógica y psicología, Husserl se refiere sólo a la psicología naturalista. Esta separación, pues, no se impone a toda psicología, sea del tipo que sea[4].

Husserl afirma, pues, la independencia de la lógica con respecto a la psicología naturalista. Muestra, por una parte, que las leyes que regulan las relaciones lógicas son, *por su sentido mismo*, exactas y *a priori*, y por ende, específicamente diferentes de las leyes

---

1. Cf. el artículo de V. Delbos, *Husserl: Sa Critique du psychologisme et sa conception d'une logique pure*: Revue de métaphysique et de morale XIX (1911).
2. *LU* I, § 20-21, p. 60-61 (Hua-XVIII, p. 71, 72, 73).
3. *LU* I, § 21, p. 62 (Hua-XVIII, p. 73).
4. Cf., *infra*, el capítulo 7, donde mostraremos las relaciones entre psicología y fenomenología.

psicológicas, y que, por otra parte, en virtud de su *significación misma*, la lógica no presupone a la psicología y es independiente de ella. «Ninguna ley lógica implica una *cuestión de hecho* (*matter of fact*), ni la existencia de representaciones o juicios, o de algún otro fenómeno del conocimiento. Ninguna ley lógica, conforme a su sentido intrínseco, es tal por su relación con los hechos de la vida psíquica, ni consecuentemente por su relación con las representaciones (esto es, las vivencias de la representación), ni por su relación con los juicios (con las vivencias del juicio), ni, en fin, por su relación con alguna otra vivencia psíquica»[5]. Se sigue de esta afirmación, retomada también en *Ideas*[6], que las leyes lógicas tienen la misma validez sean o no conocidas.

En una segunda etapa de su crítica, Husserl muestra las consecuencias absurdas que se desprenden de la identificación de las leyes lógicas y las leyes psicológicas: la idealidad de la lógica, su existencia ideal, constituye la condición misma de la verdad, ya que reducir las leyes lógicas a generalizaciones extraídas de la experiencia lógica, entendida como una experiencia de la naturaleza, equivale a despojarlas de todo carácter de necesidad y a recaer en el escepticismo absoluto, es decir, en el absurdo (todo escepticismo que se quiera absoluto es contradictorio)[7].

En tercer lugar, Husserl intenta poner al descubierto los errores de principio implícitos en el psicologismo: ignorancia del carácter intencional de la conciencia y desconocimiento de la trascendencia del objeto lógico, objeto ideal en relación con el acto psicológico que lo piensa[8]. Esta crítica de Husserl constituye una nueva manera de afirmar la independencia del objeto lógico con respecto a la conciencia.

El segundo volumen de las *Investigaciones lógicas* retoma estas tesis. La segunda *Investigación* establece el carácter irreductible de la *idea* al *hecho*, al criticar minuciosamente las teorías de los empiristas ingleses, conceptualistas y nominalistas, que intentan tal reducción. Las *Investigaciones* III y IV se ocupan de las leyes ideales, cuyo principio reside en las *esencias*. De estos pasajes se des-

---

5. *LU* I, § 21-22, p. 69 (Hua-XVIII, p. 80).
6. *Ideen*, § 22, p. 42.
7. *LU* I, § 13, p. 32s (Hua-XVIII, p. 45-46); *Ideen*, § 20, p. 37.
8. Cf. *Ideen*, § 23, p. 42-43.

prende la idea de una lógica pura y de una ciencia de esencias puras, ambas completamente alejadas de la psicología naturalista.

El mundo ideal queda así rehabilitado. Las relaciones lógicas poseen una legislación autónoma. Constituyen el mundo de las formas puras, descubiertas sólo a través de la *formalización*[9], y ofrecen su objeto a la «mathesis universalis», de la cual la lógica tradicional y el álgebra no serían sino ramas –tesis todas ellas que nos recuerdan de algún modo el logicismo inglés[10]–. Además del mundo de las formas, existe un mundo de esencias materiales (*sachhaltig*) que aparece en la generalización: esencia del rojo, de lo coloreado, del hombre, de la colectividad, etc. Estas esencias constituyen el fundamento de verdades necesarias, cuya aprehensión se logra a través de una contemplación platónica. Tales son las verdades de la geometría que estudia la esencia del espacio. Verdades del orden de: «Todo color es extenso», «Cada sonido tiene una intensidad», etc. El campo de las verdades necesarias abarca así el universo ilimitado de las esencias, universo cuya extensión la filosofía tradicional no ha llegado a adivinar. Esto supone un cierto modo de comprender la filosofía de Husserl. De acuerdo con esta interpretación, corriente tanto dentro como fuera de Alemania[11], el sentido de la filosofía husserliana consistiría en una vuelta a un empobrecido realismo platónico. Realismo de las ideas, que concuerda perfectamente con el realismo en general, ya que las *Investigaciones lógicas* sostienen tanto la trascendencia de la cosa material con relación a la conciencia como la trascendencia del mundo ideal.

Una lectura superficial del primer volumen de las *Investigaciones lógicas* y la excesiva importancia atribuida a las *Investigaciones* segunda, tercera y cuarta contribuyeron a la creencia generalizada de que la esencia del husserlianismo residía en su logicismo y platonismo. Una cuidadosa lectura de las *Investigaciones* quinta y sexta (aparecidas al mismo tiempo), en las que Husserl se vuelve *hacia la conciencia* para determinar la esencia de la representación, de la verdad, del objeto, de la evidencia, hubiese permitido evitar

9. Cf. *supra*, 104-108 (cap. 5).
10. *LU* I, § 61, cap. 10 (Hua-VIII, p. 228-229). Sobre el parecido entre la lógica pura husserliana y el logicismo inglés y americano, cf. R. Kremer, *Le Néo-realisme américain*, Louvain 1920, 290, 294.
11. Delbos mismo parece aceptarlo.

este malentendido. Sin embargo, poco leídas y mal interpretadas, parecían marcar el regreso de Husserl al psicologismo que tanto había combatido[12]. Esta negligencia explica la sorpresa que debió haber producido el *idealismo trascendental* de *Ideas*.

En oposición a esta concepción, queremos subrayar que aquello que ha sido designado como «realismo platónico de Husserl» –término que Husserl rechaza expresamente[13]– se basa en el idealismo trascendental de *Ideas*, tal como hemos intentado comprenderlo.

De entrada, mostremos que el primer volumen de las *Investigaciones lógicas* no trata de negar toda relación de la lógica a la conciencia, sino de negar un determinado tipo de relación: el que es supuesto por los psicologistas.

En efecto, el auténtico debate, tratado en este volumen, consiste en indagar si el estudio de la conciencia, entendido como psicología, puede constituir la ciencia teórica sobre la cual la lógica podría apoyarse. Por una parte, a partir del estudio de la vida lógica donde reside el ser mismo del fenómeno lógico, Husserl afirma la originalidad de dicho fenómeno y su irreductibilidad en relación al fenómeno psicológico. Dado el problema inicial, se sigue que la lógica no es en modo alguno una ciencia de la subjetividad y no tiene, con respecto a la psicología, la relación que tendría una ciencia normativa con una ciencia teórica. No obstante, si la psicología, o de un modo más general, si la ciencia de la subjetividad no puede servir de fundamento a la lógica, será necesario comprender esta imposibilidad en un sentido muy determinado: la psicología no es una ciencia capaz, en este caso particular, de ofrecer una base para la ciencia normativa que es la lógica, pero esto no excluye la existencia de una relación necesaria entre el objeto de la lógica y la subjetividad. Por el contrario, Husserl está muy lejos de separar la lógica de la subjetividad. «...La verdad no se encuentra ni en los psicologistas ni en sus adversarios, sino en el punto medio»[14]. «La argumentación quiere tan sólo mostrar que la psicología juega un determinado papel en el fundamento de la lógica, un papel solamente, y no en modo alguno un papel preponderante o necesario,

---

12. *LU* III, Prólogo, p. VI (Hua-XIX/2, p. 536).
13. *Ideen*, § 22, p. 40.
14. *LU* I, § 19, p. 58 (Hua-XVIII, p. 69-70).

en el sentido definido por nosotros (§ 16)»[15]. El propio Husserl reconoce, junto con los psicologistas, al menos la existencia de una relación entre las dos ciencias. Tenemos que recordar que la psicología a la que Husserl se enfrentaba, la psicología de la escuela naturalista, concebía la vida consciente bajo la forma de contenidos psíquicos[16]. ¿Cómo entender entonces que el objeto lógico tenga una relación con el sujeto y que, sin embargo, revele una legalidad independiente del mismo? Sólo la idea de la intencionalidad podrá hacer esto inteligible.

En resumen, en lo que se refiere a la psicología psicologista, es bien cierto que su divorcio de la lógica es completo y definitivo. No es la ciencia teórica que serviría de fundamento a la ciencia normativa. Sin embargo, no podemos separar el estudio filosófico de la lógica del estudio de la subjetividad, entendida de otra manera. No podemos decir que, para ofrecer un fundamento filosófico a la lógica, el primer volumen de las *Investigaciones* se dirige contra una mala psicología, y que el segundo busca una psicología buena. Husserl reconoce que psicologizar las esencias no equivale tan sólo a falsear el sentido de las esencias, sino también el de la psicología[17].

Es más, el primer volumen de las *Investigaciones* no sólo no separa la lógica de la vida, sino que la argumentación de todo el libro tiene como base la convicción de que el origen del ser está en la vida, y que el ser se corresponde con el sentido intrínseco de la vida consciente.

En efecto, en todos los pasos de su razonamiento, Husserl apela al sentido íntimo de la conciencia. No parte de una definición de lo lógico y de lo ideal, sino que aborda lo lógico tal como se presenta en la vida que se ocupa de lo lógico. Invoca el sentido propio que tienen las leyes lógicas, tal como las vivimos. Al poner al descubierto los prejuicios del psicologismo, Husserl analiza la significación íntima de la vida lógica, para mostrar que el objeto se da como trascendente al acto que lo piensa y que la evidencia no es un sentimiento, sino una visión directa del objeto. La misma actitud está presente en la afirmación del carácter irreductible de lo gene-

---

15. *LU* I, § 20, p. 59 (Hua-XVIII, p. 70).
16. Cf., *supra*, el capítulo 1.
17. *Ideen*, § 61, p. 116.

ral y lo ideal. Existen objetos ideales, específicos, absolutamente irreductibles a una realidad individual porque hay una conciencia cuyo sentido intrínseco, irreductible, consiste en ofrecerlos como tales[18]. «La generalidad de la significación es algo inherente, de un modo tangible, a cada caso particular en el que comprendemos el nombre general. Un nuevo carácter de intención surge cuando apuntamos no simplemente al objeto que aparece, sino a la cualidad o forma que encuentra un ejemplo en este último, y que es comprendida en tanto que general, en tanto que unidad específica»[19]. Y esta existencia del objeto ideal no significa otra cosa que el hecho de que nuestra vida concreta puede dirigirse a objetos ideales[20]: les damos valor real de objetos; los identificamos y, consecuentemente, podemos compararlos unos con otros; pueden ser sujetos de múltiples predicados, pueden ser recolectados, numerados, etc.[21]. En una palabra, lo general, lo ideal, nos es dado. Las proposiciones y los juicios, tal y como se presentan en nuestra vida, pueden tener sujetos y atributos generales[22]. Así pues, en conformidad con la intención intrínseca de la vida ideativa (eidética), Husserl condena la pretensión del empirismo de reducir lo general a lo individual –sea viable o no dicha tentativa[23]–.

Husserl es perfectamente consciente del alcance de esta argumentación. En la introducción del segundo volumen de las *Investigaciones lógicas*, declara que para remontarnos a las nociones de la lógica hace falta ir más allá de la significación siempre equívoca de las palabras, y aprehender los fenómenos considerados en su fuente misma, en la vida consciente, cuya actividad es actividad teórica. Resulta razonable pensar que esta afirmación no expresa tan sólo una precaución lógica de método, sino que contiene, en germen, un principio profundamente filosófico que verá la luz en *Ideas*, esto es, el principio mismo de la fenomenología. La actitud filosófica, en lógica, consiste en la reflexión sobre la vida ingenua del lógico

---

18. *LU* II, Segunda Inv. § 7, p. 122 (Hua-XIX/1, p. 127); § 25, p. 171-172s (Hua-XIX/1, p. 175); *Ideen*, § 25, p. 45.
19. *LU* II, Segunda Inv., § 33, p. 187 (Hua-XIX/1, p. 191).
20. *Ideen*, § 22, p. 41.
21. *LU* II, Segunda Inv., § 2, p. 111-112 (Hua-XIX/1, p. 115-116).
22. *Ibid*.
23. *LU* II, Segunda Inv., § 19, p. 156. (Hua-XIX/1, p. 161); cf. también *Ideen*, § 19, p. 36.

que sólo se ocupa de su objeto. El § 71 del primer volumen de las *Investigaciones lógicas* nos deja ya entrever esta idea[24].

La teoría del ser en *Ideas* nos brinda la justificación última de este método: si la noción de ser está tan estrechamente relacionada con la noción de lo *vivido*, será legítimo otorgar a los datos de esta reflexión, que no parecen ser sino psicológicos, un valor filosófico que nos permita elaborar juicios sobre el ser. Podremos entonces estar seguros de que en la reflexión no nos enfrentamos con una simple representación del ser (posiblemente inadecuada), sino que nos las habemos con el ser mismo. Sólo de este modo podremos hablar de la *existencia* del objeto ideal, por ejemplo, irreductible a una realidad individual, y no ya de una simple *conciencia* del objeto ideal, irreductible a la *conciencia* de esta realidad individual. Ciertamente, el idealismo trascendental, tal como lo expusimos en el capítulo 2, no es aún consciente de sí mismo en las *Investigaciones lógicas*, e incluso hay varios pasajes que parecen oponerse a nuestra interpretación. No queremos negar que el paso de las *Investigaciones lógicas* a *Ideen* constituye una evolución, el mismo Husserl lo reconoce[25]. Pero esta evolución consistió, para nuestro autor, en tomar conciencia de todas las exigencias de la tesis expuesta en las *Investigaciones lógicas* y en explicitarlas[26]. Ciertas partes de las *Investigaciones*, como señala Husserl, llevan a cabo de algún modo la transición y preparación de *Ideas*[27]. La marcha sucesiva de las investigaciones husserlianas constituye una escalada en la que cada descubrimiento, a medida que uno asciende, es resituado en un conjunto más completo, en un horizonte más amplio. Es más, si hay en las *Investigaciones lógicas* una cierta indecisión entre realismo e idealismo, queda claro que, en la medida en que el aspecto realista prevalece, las *Investigaciones* no superan el punto de vista de una «psicología descriptiva».

En resumen, podemos decir que Husserl sólo logra superar el psicologismo para afirmar la objetividad de la lógica gracias a su reconsideración del sentido intrínseco de la vida; de una vida que se dirige a los fenómenos de lo lógico y de lo ideal. Y sólo la no-

---

24. *LU* II, Tercera Inv., § 11, p. 253-254 (Hua-XIX/1, p. 255-258).
25. Cf. *Ideen*, § 61, p. 117.
26. *Ideen*, Introducción, p. 2.
27. *Ideen*, § 61, p. 117.

ción husserliana de existencia, en su relación con lo vivido, otorga a estos fenómenos el estatuto de ser.

El «logicismo» de Husserl no es, pues, la afirmación de la independencia de lo lógico respecto a lo psicológico, de lo ideal respecto a la subjetividad. El «idealismo platónico» de Husserl, la rehabilitación del mundo de las esencias y de las categorías lógicas, encuentra sus raíces en la teoría de la existencia absoluta de la conciencia, teoría que intentamos explicar en el capítulo 2. Así se manifiesta la unidad de la inspiración fenomenológica: los llamados «realismo platónico» y «logicismo» no son sino consecuencias. Al rebasar la ontología naturalista, que identifica existencia y existencia empírica individualizada en el tiempo[28], la noción husserliana de existencia nos permite decir que las esencias y el mundo ideal en general existen. ¿Qué sentido dar entonces a la existencia de la esencia?

Como ya hemos mostrado, la esencia no existe como existe un objeto individual. No tiene vínculo alguno con el espacio y no se encuentra individualizada en el tiempo, ya que no emerge ni desaparece[29]. En esto consiste precisamente su idealidad. Y esta idealidad de la esencia y de lo general, lejos de ser indeterminada y por ello desdeñable, admite subdivisiones y diferencias descriptivas[30]: la generalidad de forma de «*un A*» es distinta de la de «*todas las A*» o de la de «*A en general*». Reflexionando sobre la vida ideativa, prestando atención a su sentido intrínseco, podemos llegar a tocar, por así decirlo, no sólo la idealidad de la esencia, sino las distintas formas de dicha idealidad.

La idealidad de la esencia y de lo general, bajo todas sus formas –analizadas por Husserl minuciosamente–, no es, desde este punto de vista, un predicado real, una determinación, una propiedad, como la de un objeto de tener, por ejemplo, una extensión. Consiste, ante todo, en un modo distinto de existir. Se revela aquí una nueva dimensión del ser. La idealidad del objeto no quiere decir que primero exista, para luego ser indiferente al espacio-tiempo. Esta indiferencia constituye el modo mismo de existir de lo ideal, su modo de darse a la conciencia, de *constituirse* en ella, como diría Husserl: «No

---

28. *LU* II, Segunda Inv., § 8, p. 125 (Hua-XIX/1, p. 128).
29. *Ibid.*, 124; § 19, p. 155 (Hua-XIX/1, p. 159).
30. *LU* II, Segunda Inv., § 16, p. 147 (Hua-XIX/1, p. 152); § 33, p. 187 (Hua-XIX/1, p. 190), y § 42, p. 223 (Hua-XIX/1, p. 225).

es en tanto que 'general', sino en tanto que idea, que (la idea general) no pertenece a este mundo», señala acertadamente Hering[31].

Se comprende así el principio mismo de la crítica que en la segunda *Investigación* Husserl dirige contra el empirismo inglés, que busca reducir la idealidad de las *esencias* a una propiedad del objeto individual. Cuando Locke intenta explicar lo general a través de individuales indeterminados, se equivoca de entrada –abstracción hecha de la imposibilidad de una reducción tal–, ya que ignora el modo de existencia ideal del objeto general[32]. Cometeríamos el mismo error de principio si identificáramos la esencia con un carácter o momento del objeto individual, extraído gracias a un esfuerzo de atención. El género *rojo* no es el rojo del objeto individual destacado, ya que este sigue siendo algo individual, mientras que el género es ideal[33]. Por esta misma razón, la teoría de las imágenes genéricas debe ser rechazada. La imagen genérica es fluida y cambiante, pero no deja por ello de ser individual. La esencia no es necesariamente imprecisa; puede estar, a su manera, bien determinada. La idealidad no es la indeterminación del objeto; la idealidad caracteriza su modo de existir.

Tal es el derecho a la existencia y el modo específico de existir de lo ideal. Podemos ahora comprender qué significa la intuición de lo ideal, la intuición de las esencias, de las «*Eide*»: la intuición *eidética*, la célebre *Wesensschau* de Husserl.

Lo mismo que el objeto individual, el ser ideal, la esencia, admite la distinción de lo verdadero y lo falso. Las esencias no son ficciones de las que podríamos afirmar cualquier cosa[34]. En geometría, por ejemplo, podemos distinguir un pensamiento geométrico verdadero de uno falso[35], podemos tener conceptos de esencias «puramente significadas» que no existen, como por ejemplo, el concepto de un decaedro regular.

Podemos así distinguir, en el dominio de las esencias, el pensamiento «puramente significativo» y el acto que se dirige directamente a la esencia, y que la posee, por así decirlo, originalmente.

---

31. J. Hering, *Phénoménologie et philosophie religieuse*, Alcan, Paris 1925, 46.
32. *LU* II, Segunda Inv., Introducción, p. 106; § 42, p. 224 (Hua-XIX/1, p. 226).
33. *LU* II, Segunda Inv., Introducción, p. 106-107 (Hua-XIX/1, p. 111-112).
34. *LU* II, Segunda Inv., § 8, p. 124-125 (Hua-XIX/1, p. 129, 130).
35. *Ideen*, § 23, p. 43; *FCCE*, 40-41.

En las *Investigaciones lógicas*, este acto de intuición originaria, tanto para la esfera de las esencias como para la de las formas, es identificado con la percepción en la medida en que pertenece a la esencia de la actividad perceptiva el tener una actividad imaginativa paralela. Husserl amplía así la noción de imaginación y admite una imaginación categorial[36], de la que da varios ejemplos[37].

Sin embargo, en las *Lecciones de fenomenología de la conciencia interna del tiempo* (*Vorlesungen zur Phänomenologie des inneren Zeitbewusstseins*), fechados de 1905 a 1910, Husserl niega que los objetos ideales puedan dividirse en objetos percibidos y objetos imaginados[38]. Este paralelismo entre la percepción y la imaginación se debe al carácter *temporal* de ciertos objetos[39]. La noción de intuición es más general y no supone dicho paralelismo. Lo que vale para la intuición sensible, en tanto que sensible, no vale para la intuición *eidética*. Aquí, como siempre, la intuición es el modo de vida en que el objeto apuntado por ella no sólo es *significado*, sino originariamente dado[40]. Para tener el carácter de intuición, el conocimiento de lo ideal no tiene que ser, como la percepción sensible[41], una operación simple. Basta con el hecho de tener delante de sí su objeto dado[42].

La intuición de lo ideal se nos ha presentado ya bajo la forma de la intuición categorial. Pero las categorías son objetos puramente formales. Es necesario distinguirlos de las esencias materiales (*sachaltige*), que presentan otro tipo de objeto ideal. Tales son las esencias del rojo, del triángulo[43], del hombre o, en el ámbito de la conciencia, las esencias del recuerdo, de la intencionalidad, etc. Hemos mostrado cómo la intuición de las categorías formales se efectúa con la ayuda de la intuición del objeto sensible, y cómo el

---

36. *LU* III, Sexta Inv., § 45, p. 144 (Hua-XIX/2, p. 672-673).
37. *LU* III, Sexta Inv., § 52, p. 163-164 (Hua-XIX/2, p. 691-693).
38. *Lecciones*, Sección tercera, § 45, p. 124-129.
39. La intuición permanece análoga a la percepción, en tanto que presenta la esencia «en persona», en cuanto susceptible de verdad; *Ideen*, § 23, p. 43.
40. *Ideen*, § 3, p. 11; *FCCE*, 43.
41. Cf. *supra*, 110-112 (cap. 5).
42. Sobre la intuición de esencias, cf. *infra* el capítulo 7.
43. El espacio no es algo formal, como la categoría de «objeto en general». Existe una distinción entre la *matemática formal* (*mathesis universalis*) y la matemática material (la geometría).

objeto sensible colabora, en cierto modo, en la constitución del estado de cosas (*Sachverhalt*). Pero el acto de *ideación*, que nos lleva a la intuición de la esencia material, tiene una estructura diferente. Deberé tomar como punto de partida el objeto individual, el rojo de este paño que está frente a mí, por ejemplo. Sin embargo, lo que estoy viendo no es el objeto individual, sino el rojo en general, del que el rojo individual no es más que un ejemplo. Abandono totalmente la intención que se dirige al objeto sensible, para pensar un objeto ideal. Este último pensamiento puede muy bien ser una intuición, ya que el objeto ideal considerado en esta instancia nos puede ser dado «en persona». «No lo pensamos de una manera *puramente significativa*, como comprendemos simplemente los nombres generales, sino que lo aprehendemos, lo *intuimos*. Y ciertamente resulta legítimo hablar aquí de *la intuición de lo general*»[44].

No obstante, esta relación con el objeto individual –aun cuando éste no participe en la constitución del objeto ideal, tal como sucede en el caso de la intuición categorial[45]– no es en modo alguno contingente. El objeto individual, al funcionar como ejemplo, es un término necesario para la intuición eidética. Así como en la intuición estado de cosas (*Sachverhalt*) los objetos sensibles que participan en su constitución son indispensables, en tanto que proporcionan una base a las «síntesis categoriales», el objeto individual es una fase *indispensable* para la percepción de la esencia. De cierta manera, el modo de existencia del objeto ideal nos reenvía al objeto individual e implica un vínculo con este. Pero la existencia del objeto individual no juega el papel de premisa en el conocimiento eidético. Este es independiente de la «efectividad» de los objetos individuales[46].

Existe otro problema directamente relacionado con la cuestión de la existencia ideal y de la intuición de la esencia: el conocimiento *a priori*. En la teoría que hace de la intuición el lugar de la verdad, ¿qué sentido puede tener el concepto mismo de conocimiento *a priori*? ¿No reduce la teoría de la intuición todas las verdades a verdades de hecho si, en esta concepción, la verdad se jus-

---

44. *LU* III, Sexta Inv., § 52, p. 162-163 (Hua-XIX/2, p.690-691).
45. *Ibid.*, 162 (Hua-XIX/2, p. 690).
46. *Ideen*, § 4, p. 13; § 6, p. 16-17; § 34, p. 60; *FCCE*, 40-41.

tifica en la experiencia, aun cuando la comprensión de esta no se restrinja a la mera experiencia sensible?

Digamos de entrada que lo *a priori* tiene un lugar en la intuición de los objetos ideales y en los juicios fundados sobre estos objetos[47]. Precisamente, *la intuición eidética* presenta una dignidad especial. Detengámonos en este punto.

Hemos revelado que la esfera de lo general abarca objetos con distintos tipos de generalidad. Así por ejemplo, una intención de generalidad acompaña a la palabra, aun cuando esta designe un objeto individual. Esta generalidad, bien específica, propia de toda expresión, confiere a la palabra el carácter de *concepto*, y es necesario distinguirla del *objeto general* propiamente dicho[48], como el Blanco, el Hombre en general, etc. Por tanto, una vez expresado, este objeto tiene dos generalidades de carácter diferente: la de la expresión y su generalidad propia. Pero en el interior mismo de la esfera de los objetos generales propiamente dichos, hace falta introducir una distinción más: por un lado, los objetos generales en general, y por otro, las esencias puras.

Husserl no hace esta distinción en las *Investigaciones lógicas*. En *Ideen* no está hecha explícitamente, y sin embargo es capital, ya que desde las *Investigaciones*, Husserl identifica el conocimiento *a priori* con la intuición de las *esencias puras*. Ahora bien, mientras la distinción entre objetos generales y esencias puras no se haya hecho, se le puede objetar a Husserl que la intuición de esencias puras no es más que una hipóstasis de la experiencia empírica, ya que hay objetos generales de origen puramente inductivo[49]. Podríamos formular la objeción de este modo: «Si tienes el concepto de un cisne en general, puedes decir, 'todos los cisnes son blancos', pretendiendo que se trata de una verdad fundada sobre la intuición de la esencia del cisne. Ahora bien, tu concepto de cisne no proviene más que de la inducción, y tu pretendida intuición de la esencia del cisne puede ser falsa. Existen, en efecto, cisnes negros». Por

---

47. Cf., por ejemplo, *FCCE*, 48-49.
48. *Ideen*, § 124, p. 257, 259; § 94, p. 194; *LU* II, Primera Inv., § 32, § 33, p. 102-103 (Hua-XIX/1, p. 107-108). Sobre esta distinción entre el concepto y la esencia, cf. también *Ideen*, § 10, p. 23.
49. Cf. Kyanast, *Das Problem der Phänomenologie*, Breslau 1917, e *Intuitive Erkenntnis*, Breslau 1919.

ende, si no hay diferencia alguna entre «objeto general» y «esencia pura», las verdades que la intuición de esencias nos revela o bien son meras tautologías (en la esencia de cisne blanco existe la blancura), o bien encierran verdades inductivas.

Sin embargo, aceptar la validez de esta objeción equivaldría a imputar a Husserl un absurdo o, en el mejor de los casos, a reprocharle una ingenuidad filosófica que no podría haberle pasado jamás por la cabeza. Ciertamente, hay que reconocer que la distinción no fue hecha explícitamente en las obras publicadas de Husserl, y no contamos, por ende, con las características por las cuales la intuición de esencias puras difiere de la intuición de otros objetos generales[50]. La descripción de la intuición eidética, tal como la resumimos rápidamente, difícilmente va más allá del fenómeno general de la intuición de lo ideal. ¿Cómo lo que aprehende la intuición de lo ideal puede ser, dada la estructura interna de esta intuición, una esencia pura? A partir de los textos con los que contamos no estamos en condiciones de aclarar este problema. Comprendemos, sin embargo, los destacados esfuerzos que en este sentido llevaron a cabo los discípulos de Husserl[51]. El mérito de plantear este problema y de distinguir con ello la esencia empírica de la esencia *a priori*, pertenece de modo muy particular a Hering.

Y sin embargo, Husserl sí hace esta distinción, al menos de modo implícito. En todo caso, lo que entendemos por esencia –fundamento de leyes *a priori*– no es pura y simplemente una idea general. Veamos lo que nos dice en la página 19 de *Ideas*[a], donde trata de caracterizar la esencia: «Un objeto individual no es simple y tajantemente individual, un *Dies da!* (eso que está allí), que tiene lugar una sola vez (*einmaliger*); posee, en tanto que constituido en sí mismo de tal o cual manera, una naturaleza propia, un conjunto de predicados (*Prädikabilien*) que deben convenirle, para que otras

50. Creemos que los texos inéditos tratan de justificar esta distinción.
51. Cf., en particular, J. Hering, *Idee, Wesen, Wesenheit*: Jahrbuch für Philosophie und phänomenologische Forschung IV (1921) 495s, y *Phénoménologie et philosophie religieuse*, 52. Cf. asimismo H. Lipps, *Untersuchungen zur Phänom. der Erkenntnis* I-II, Bonn 1927-1928, y también R. Ingarden, *Essentiale Fragen*: Jahrbuch VI (1923).
a. Esta página se refiere a la traducción de *Ideas* realizada por José Gaos y editada por Fondo de Cultura Económica. Se trata del § 2. En la versión francesa de *LTFI*, Levinas remite a la p. 9 de la primera edición alemana [N. de la T.].

determinaciones secundarias, relativas, puedan serle atribuidas». Para caracterizar la esencia del objeto, Husserl no se limita a hablar de su idealidad. La esencia no se opone únicamente a lo individual, al *Dies da*. No basta con elevar el objeto individual con todas sus determinaciones a la generalidad, al nivel de lo ideal, para hacer de él una esencia[52]. En las determinaciones del objeto existe una jerarquía, y algunas son requeridas para que otras sean posibles. La esencia del objeto es su estructura necesaria: lo que hace que sea lo que es, lo que, antes de cualquier característica empírica, hace que esta sea posible y comprensible; en suma, su principio[53].

Por ejemplo, para que un sonido tenga una intensidad y un timbre determinados, un tono particular, es necesario que posea intensidad, timbre y tono en general –un conjunto de características que se llaman mutua y necesariamente y que constituyen la estructura necesaria del sonido–.

Pero ¿qué sentido tiene este carácter de necesidad, propio de la estructura del objeto? ¿Qué sentido tiene este carácter de necesidad inherente a las leyes que se fundan en esencias? La cuestión tiene que ver directamente con el papel de la intuición. En efecto, dado que el acto de la intuición es siempre un acto de la razón, ¿qué sentido tiene la necesidad propia de las leyes fundadas en esencias? ¿Acaso la pregunta por cómo comprender y explicar la necesidad de estas verdades fundadas sobre las esencias, no nos devuelve al problema irresuelto de la naturaleza de la razón? ¿No nos lleva esta cuestión a buscar la *razón* de esta necesidad misma? ¿No hace falta entender la marcha discursiva, por la que el pensamiento deduciría la necesidad de la esencia, como el acto fundamental de la razón?

Para responder a estas cuestiones, tendremos que remontarnos a la elaboración de la noción de necesidad eidética en la tercera y cuarta *Investigación*. Veremos, por una parte, que esta necesidad de la esencia no debe nada a la deducción, ya que esta última no es sino un caso particular de la necesidad de la esencia, que es el fenómeno primero y el modelo mismo de la necesidad racional. Por otra parte, podemos otorgar una característica positiva a esta necesidad.

---

52. Es necesacio interpretar a la luz de esta noción de esencia los pasajes en los que la esencia parece identificarse con un *Was* idealizado (cf. *Ideen*, § 3, p. 10). Esta idealización debe ser comprendida como un pasaje a la constitución necesaria.
53. *Ideen*, § 2, p. 9.

La tercera *Investigación*, desde su punto de partida, distingue entre *contenidos dependientes* y *contenidos independientes*. Para existir, los *contenidos dependientes* tienen necesidad de otros *contenidos*[54]. Por ejemplo, el color, que no puede ser sino extenso. Una casa o un árbol son, por el contrario, independientes, porque no necesitan para existir ser completados por otros objetos.

¿Qué significa esta dependencia? Destaquemos de entrada que la expresión *contenido dependiente* no significa «contenido que no es representable sin los otros»: la dependencia es un carácter del contenido mismo. El hecho de ser dependiente o no, no es una necesidad subjetiva determinada por la incapacidad para representar las cosas de otro modo, sino una necesidad objetiva e ideal propia de lo que no puede ser de otro modo[55].

Ahora, si esta dependencia es necesariamente inherente a la naturaleza de los objetos considerados, la necesidad –en virtud de la cual el color, por ejemplo, no es concebible sin lo extenso o sin el objeto material coloreado– no es, pues, puramente empírica. No es el resultado de la inducción, como la necesidad de las leyes de la naturaleza[56]. Dicha dependencia tiene su fundamento no en una observación empírica –en ciertos momentos, por ejemplo, un color nos parece extenso–, sino en el género, en la esencia misma del color.

Este carácter de necesidad, propio de la dependencia, no es ni empírico ni lógico. La lógica es una ciencia de la forma del objeto en general[57]. La necesidad de la verdad deducida lógicamente, encuentra su fundamento en las leyes de esta ciencia, pero precisamente por esta razón, no llega a tocar el contenido material de los objetos. Esto es, las leyes de «dependencia» expresan *leyes materiales*. Encontramos aquí una necesidad independiente de toda lógica[58], de toda deducción, que tiene su fundamento en la «particularidad esencial de los contenidos, en su especificidad»[59]. Los géneros y las especies, que pueden servir como dichos fundamentos, constituyen el mundo de las esencias. Al intuirlas, podemos

---

54. *Ideen*, § 14, p. 28-29.
55. *LU* II, Tercera Inv., § 6, p. 238 (Hua-XIX/1, p. 241).
56. *LU* II, Tercera Inv., § 4, p. 234.
57. Cf. *supra*, 29s (cap. 1).
58. *Ideen*, § 16, p. 31.
59. *LU* II, Tercera Inv., § 10, p. 251-252 (Hua-XIX/1, p. 254-255).

conocer por su naturaleza misma las necesidades que imponen, sin vernos obligados a remontarnos a premisas, sin tener que justificarlas con una deducción.

La intuición de las esencias materiales, tales como «casa, árbol, color, sonido, espacio, sensación, sentimiento...»[60], nos permite tener conocimientos necesarios y, al mismo tiempo, materiales. Para Husserl, el fenómeno primero de la intelección es precisamente la visión directa de la estructura necesaria de la esencia[61]. Es más, cuando identificamos de este modo el acto intuitivo con el acto de la razón, cuando afirmamos su indiferencia de cara a la lógica y a la deducción, lejos de minar la posibilidad de conocimientos necesarios, nos hacemos con un medio para extenderlos a una esfera infinita de la materia del conocimiento.

Aún hay más. La necesidad de las leyes mismas de la deducción tiene su fundamento en la intuición de las esencias. La necesidad de la conclusión de un silogismo está fundada en la esencia formal de sus premisas, en la cual es aprehendida con evidencia. Cada eslabón de la deducción es una intuición de esencias, aun cuando en este caso se trate de una intuición de esencias *formales*. El papel de la deducción consiste en conducir una verdad no evidente hacia una intuición que sí lo sea, a través de una serie de elementos que sean a su vez evidentes en sí mismos[62]. La evidencia es el elemento racional del conocimiento, no la deducción. Esta es el acto mediante el cual ciertas verdades son reducidas a la evidencia de los primeros principios. La deducción, así, no es propia de todo conocimiento racional, sino sólo de ciertos ámbitos definidos de objetos. Husserl llama «multiplicidad matemática o definida» al dominio de verdades que se dejan deducir de un número finito de principios. Aquí podemos incluir el objeto de la geometría y el mundo de las formas lógicas, objetos ambos de la *mathesis universalis*[63]. Consecuentemente, queda claro que hacer de la lógica analítica o sintética el modelo de toda inteligibilidad equivale, en última instancia, a concebir la ciencia como calcada sobre el modelo

---

60. *LU* II, Tercera Inv., § 12, p. 256 (Hua-XIX/1, p. 260).
61. «Für die Frage nach ihrem Warum dem 'ich sehe es' keinen Wert beimessen wäre Widersinn», *Ideen*, § 19, p. 36.
62. *Ideen*, § 141, p. 293-295; § 7, p. 17.
63. Para todos estos problemas, cf. *Ideen*, § 7, p. 18, y § 71, p. 132, 139s.

de las matemáticas y a partir de una concepción demasiado estrecha de la razón. Según Hamelin, la razón tiene como función esencial construir lo real según una regla. La actitud de Husserl es diametralmente opuesta a la de este autor. No es una construcción dialéctica la que hace inteligible la ley de las esencias. La inteligibilidad misma de la construcción dialéctica sólo es posible gracias a la inteligibilidad de las relaciones esenciales.

Ahora nos es posible caracterizar positivamente la necesidad de leyes eidéticas y la dignidad especial de lo *a priori*. Los pasajes de la tercera *Investigación*, de los que ya hemos hablado, nos aportan varias aclaraciones sobre este tema.

El «contenido independiente», al que Husserl llama *concreto* en oposición al contenido dependiente, al que llama *abstracto*[64], es neutral en relación a los otros contenidos, y no exige tal o cual complemento determinado para concretarse. Ciertas propiedades de los objetos independientes pueden ser separadas de ellos. Ahora bien, el que un objeto pueda ser separado de sus contenidos concomitantes significa que estos pueden variar de un modo absolutamente libre. Significa que «podemos mantener un contenido como idéntico en la representación, mientras que otros contenidos concomitantes varían sin límites (de un modo contingente, *sin que ninguna ley inherente a la esencia del contenido lo impida*)[65]. Esto es, el contenido permanece intacto a pesar de la destrucción (*Aufhebung*) del conjunto, sea el que sea, de los contenidos asociados a aquel»[66]. Así por ejemplo, en la imaginación podemos variar sin límites la forma de un objeto material. Podemos también imaginarlo en lugares y tiempos diferentes. Nuestra imaginación es, en este caso, absolutamente libre, nada la detiene. El objeto no pierde su concreción, puede existir. Pero si queremos variar el objeto material hasta el punto de privarlo totalmente de forma, su carácter concreto y su posibilidad de existir se pierden. La variación de los contenidos del objeto encuentra su límite en la esencia del objeto independiente. Una variación que rebasase el límite impuesto por la esencias, despojaría al objeto de su carácter concreto, de su inde-

---

64. *Ideen*, §15, p. 29.
65. Las cursivas son mías (N. del A.).
66. *LU* II, Tercera Inv., § 4, p. 235-236 (Hua-XIX/1, p. 237-239).

pendencia, esto es, de su posibilidad de existir. La esencia del objeto, pues, parece traducir las condiciones que deben cumplirse para que la existencia del objeto sea posible. Los predicados del objeto pueden variar, sin que la posibilidad del objeto se vea comprometida. Sin embargo, los predicados *esenciales* no pueden ser sometidos a esta variación. Es más, la variación de los demás predicados es posible sólo gracias a la estabilidad de los predicados esenciales. Toda variación supone la existencia de algo constante que hace posible la variación. De este modo volvemos a la definición que ya habíamos dado de esencia, según la cual la esencia está constituida por un conjunto de predicados que la cosa necesariamente debe poseer para que puedan convenirle también otros predicados. Sin identificar la esencia con la quididad del objeto, esta definición muestra que no se trata de elevar a la generalidad todos los caracteres de un objeto individual. Sólo algunos de ellos desempeñan este papel privilegiado: son la condición misma de posibilidad del objeto.

La dignidad especial de las verdades *eidéticas* se revela aquí. El conocimiento de las esencias no es tan sólo el conocimiento de un mundo ideal, yuxtapuesto al mundo empírico. Las ciencias *eidéticas* desentrañan una nueva dimensión del ser: las condiciones mismas de su existencia, la estructura del objeto, sin la cual ni siquiera podría ser. Se sigue, pues, que el conocimiento de dichas ciencias es *a priori*, ya que se ocupan de aquello que cualquier otro conocimiento presupone. Sin lugar a duda, Husserl llama a estas ciencias «ontologías», porque la necesidad de las leyes de las esencias es la necesidad de las condiciones de la existencia misma del ser. El conocimiento *a priori* no se distingue del *a posteriori* simplemente por el hecho de ser necesario, de ser «apodíctico»[67]. El conocimiento *a priori* supone también una *dignidad ontológica*.

Comprendemos, así, el sentido, el lugar y el papel de las ciencias *a priori* en relación con las ciencias de la naturaleza y con las ciencias fácticas en general. El descubrimiento del *a priori* material no equivale a la reducción de todas las verdades empíricas a verdades *a priori*. Esto se le ha pedido a veces a Kant, quien, al parecer, no pudo resolver el problema de Hume. A pesar de que Kant hace una deducción racional de la causalidad en general, no dedu-

---

67. Husserl introduce este término en *Ideen*, § 137, p. 285.

ce cada caso particular de la causalidad. Ahora bien, la ley natural es el resultado de la intuición de los hechos individuales. Por ello sigue siendo contingente; su necesidad no es más que probable. Esta característica de la ley natural pertenece a su esencia. La contingencia del hecho empírico no está condicionada por nuestra calidad de seres finitos e ignorantes, pertenece a la esencia misma del «hecho»[68]. La ley de la naturaleza resulta esencialmente de la inducción[69]. La filosofía de Husserl se niega a reducir las leyes inducidas a las leyes *a priori*[70]. Remitir el sentido del «hecho» a una ley *a priori* equivaldría a falsearlo. Si la esencia es el principio del objeto, «principio» no significa aquí premisa superior de la que uno podría lógicamente extraer las propiedades contingentes del objeto (¿no es esta la preocupación tanto de Leibniz como de Hamelin?). Principio significa aquí aquello que hace posible la existencia del objeto, estructura sin la cual sería inconcebible.

De este modo, se afirma una diferencia irreductible entre la función propia de lo *a priori* y lo *a posteriori* en las ciencias. Entre la causalidad en general, entendida como la estructura esencial del ser, y las relaciones contingentes de causalidad del ser empírico, tiene que haber un hiato[71]: se encuentran en dos planos diferentes. Husserl critica el naturalismo extremo, practicado por el psicologismo, no sólo porque concibe la conciencia a partir del modelo de la naturaleza, sino porque no reconoce el papel de lo *a priori* en el conocimiento de la naturaleza misma[72].

El cuerpo de las ciencias apriorísticas, sea cual sea la forma bajo la cual se presentan, no es un milagro de necesidad en el seno de un mundo de contingencia universal. La necesidad de las ciencias *a priori* tiene un carácter ontológico. Es inherente al sentido mismo del ser en cuanto ser, y las leyes que llevan la marca de esta necesidad definen el sentido del ser al que se refieren[73]. Una vez que el ser ha sido definido por las ciencias ontológicas, las ciencias fác-

---

68. *Ideen*, § 2, p. 9
69. *LU* I, § 21, p. 61 (Hua-XVIII, p. 72).
70. *LU* I, § 72, p. 255-257 (Hua-XVIII, p. 256-258); *Ideen*, § 6, p. 16; § 58, p. 110.
71. *FCCE*, 44.
72. Cf. *FCCE*, 30-31.
73. *Ideen*, § 16, p. 31.

ticas pueden plantear preguntas razonables sobre el mismo. Sólo entonces es posible experimentar[74]. La inducción por sí misma podría sólo ofrecernos necesidades inductivas, nunca necesidades ontológicas[75]. Para poder plantear problemas inductivos, para saber qué tipo de experiencia es requerida por un dominio dado de objetos, hace falta comenzar por distinguir su sentido ontológico[76]. Según Husserl, lo que permitió el gran progreso de la física moderna fue que Galileo reconoció, en la geometría y la matemática elaboradas por la antigüedad, la ontología de la naturaleza[77]. El gran error de otras ciencias, como la psicología, por ejemplo, consiste o bien en ver en esta ontología de la naturaleza la ontología propia de todas las regiones de lo dado, o bien en rechazar toda ontología. Lo que se impone así, para contribuir al progreso de las ciencias, es establecer las ontologías de todas las regiones de objetos[78].

Así, la independencia absoluta de la filosofía con respecto a las ciencias se hace del todo visible. Será en otra esfera de la experiencia y con otro método donde trabaje la filosofía. Y no solamente el progreso de las ciencias dependerá de ello, sino su racionalidad misma: si las ciencias quieren efectivamente alcanzar una racionalidad absoluta[79], si quieren evitar las crisis, en las que se borra el sentido mismo de lo que estudian[80], será necesario que la ontología explore anticipadamente la estructura íntima y *a priori* de su objeto, que aclara las categorías *esenciales* que lo constituyen. Será necesario también, como lo mostraremos en nuestro último capítulo, dilucidar la *existencia* de los objetos de la ciencia, su modo de presentarse a la conciencia.

En esta cuestión sobre la teoría de las esencias aparece el papel primordial de lo concreto, el cual, como ya hemos señalado, se identifica con aquello que realiza las condiciones de la existencia[81].

74. *FCCE*, 33.
75. *Ideen*, § 79, p. 159; *FCCE*, 30-31.
76. *FCCE*, 29-30.
77. *FCCE*, 30; *Ideen*, § 9, p. 20.
78. *Ideen*, § 9, p. 20.
79. *Ibid.*; *FCCE*, 46s.
80. *FCCE*, 28s.
81. Para este tema, cf. los penetrantes comentarios de A. Gurwitsch, *La Philosophie phénoménologique en Allemagne*: Revue de métaphysique et de morale XXXV (1928).

La delimitación del ser se lleva a cabo con la ayuda del concepto de lo concreto. El mundo ideal de las esencias presenta una jerarquía que va de género a especies[82], y las leyes fundadas en estas esencias regulan el dominio correspondiente al ser temporal que individualiza dichas esencias. Así, la clasificación de las esencias es, al mismo tiempo, la delimitación de las distintas esferas de lo real. Sin embargo, no llegamos a la clasificación del ser con la ayuda de géneros materiales superiores[83], ya que los géneros superiores pueden ser también géneros en los que esté comprendido sólo un elemento abstracto del objeto (elemento dependiente), como el color, por ejemplo[84]. En realidad, los diferentes dominios del ser se determinan a partir de un *individual concreto* como, por ejemplo, «objeto material», «conciencia», «animalidad». El concepto *región* del ser se define por el conjunto de los géneros superiores, en los que las últimas especificaciones se completan y hacen posible una individualidad concreta[85]. Este conjunto de géneros superiores constituye la «esencia regional», como por ejemplo la esencia «naturaleza». Esta se ve constituida con la ayuda de géneros como color, extensión, tiempo, causalidad, materialidad, etc., ligados necesariamente entre ellos[86] por una necesidad que sería propia de la existencia posible de un objeto empírico de la naturaleza. Al lado de esta región se encuentran otras, como animalidad, humanidad, sociedad, etc., a las que corresponden individuaciones concretas.

Husserl llama a los géneros superiores, cuyo conjunto forma la *región*, *categorías materiales*. Todas las leyes *a priori* que, según la terminología kantiana, sean sintéticas *a priori*[87], encuentran su fundamento en dichas categorías materiales, a diferencia de las leyes cuyo principio se encuentra en la forma pura de objeto en general y que valen de modo universal, con independencia de la esencia material de las regiones. Estas son las leyes analíticas[88].

82. *Ideen*, § 3, p. 10; § 14, p. 28.
83. El texto que parece implicar esto en *Ideen*, § 2, p. 9, queda precisado en § 14, p. 30-31.
84. *Ideen*, § 15, p. 30.
85. *Ideen*, § 16, p. 30-31; § 72, p. 133-134.
86. *Ideen*, § 72, p. 134.
87. *Ideen*, § 16, p. 31.
88. *Ideen*, § 10, p. 22.

Sin embargo, aquí el concepto de categoría no está tomado, como en Kant, del juicio: las categorías son las estructuras del ser, no del conocimiento. Para dar con su tabla de categorías, Husserl no apela a la lógica tradicional, ni a la lógica de las ciencias modernas de la naturaleza (como los neo-kantianos), sino a las distintas regiones del ser concreto mismo.

El conjunto de los conocimientos *a priori* que cada región hace posibles, constituye lo que Husserl llama *ontologías regionales*[89]. Estas no son ahora más que *desiderata*[90]. Su realización tentó a los primeros discípulos de Husserl (aquellos que se iniciaron en la época de las *Investigaciones lógicas*). Las investigaciones *a priori*, las ontologías de la sociedad, de la naturaleza, etc., abarcan los primeros volúmenes del *Jahrbuch* de Husserl. Pero, recordémoslo una vez más, estas investigaciones no por ser *a priori* son necesariamente deductivas. Las ciencias eidéticas se basan en la intuición eidética y son descriptivas. Partiendo como ejemplo del mundo concretamente dado, percibido o imaginado[91] llegamos a su esencia y describimos su estructura necesaria.

Esta actitud, que consiste en tomar el mundo de los objetos, obviando la existencia individual, para considerar tan sólo la esencia, es designada por el lenguaje fenomenológico *reducción eidética*[92]. El mundo de la realidad individual, ya sea en la conciencia, ya sea en la naturaleza, debe ser sometido a ella. Se trata del primer paso hacia la actitud fenomenológica.

Pero esta reducción eidética ¿no corre el riesgo desfigurar lo real concreto, como lo señalan las críticas bergsonianas al pensamiento conceptual? La intuición, que consiste en situarnos de modo inmediato en el mundo del ser individual, ¿no perdería contacto con el aspecto concreto de dicho mundo, al convertirse en intuición eidética? ¿Acaso la intuición eidética no fija en una realidad inerte y muerta esta realidad móvil y cambiante, de contornos imprecisos? Hemos mostrado que no existe contradicción alguna entre el intelecto, facultad que aprehende lo ideal y lo abstracto, y la intuición, percepción inmediata de lo concreto. Sin embargo, en la me-

---

89. *Ideen*, § 16, p. 31-32; § 72, p. 134.
90. *Ideen*, § 17, p. 32.
91. *Ideen*, § 4, p. 12.
92. *Ideen*, Introducción, p. 4; cf. también *FCCE*, 44.

dida en que lo ideal permanece siempre inmóvil y definido, y en que la intuición, infinitamente sutil y móvil, intenta amarrarse a la sinuosidad de lo concreto, ¿no aparece esta contradicción de nuevo? En absoluto. Desde las *Investigaciones lógicas*, Husserl distingue la idea, en el sentido kantiano del término, de la idea en el sentido platónico[93], la cual es designada en *Ideas* con el término *Eidos*[94]. Las *Eide* son las esencias de los objetos individuales que nos rodean, consideradas en sus aspectos concretos. No tienen la exactitud ni la perfecta determinación de los conceptos geométricos, una cierta imprecisión les es inherente, imprecisión de la que el científico no es responsable[95]. Esta inexactitud, esta indeterminación, pertenece a la esencia misma de ciertos objetos. «La figura espacial del árbol, tomada exactamente por lo que es en la percepción correspondiente, esto es, como momento del objeto intencional, no es una formación geométrica, no es ideal, ni exacta, en el sentido de la geometría exacta. De igual modo, el color intuido no es un color ideal»[96]. Querer experimentar de una manera exacta datos inexactos de la percepción, equivale a hacerles perder su aspecto concreto y vivo[97]. Nociones como *grande* y *pequeño*, como *redondeado* y *oblicuo*, como *caliente* y *frío*, como *pesado* y *ligero*, en su naturaleza aproximativa y vaga, son justamente lo que caracteriza el mundo concreto de nuestra percepción, y no las nociones geométricas exactas y científicas de *recta* o *círculo*, de *temperatura* o de *gravitación*[98]. Son estos conceptos, ante todo, los que determinan la esencia del mundo. El mundo de los conceptos científicos exactos, como hemos mostrado[99], es un derivado.

La botánica y la zoología son ejemplos de ciencias empíricas que operan con la ayuda de conceptos vagos, inexactos, dada la naturaleza de sus objetos. «La geometría perfecta y su utilización práctica perfecta no son de ayuda alguna al científico dedicado a la ciencia natural descriptiva; no pueden ayudarle a expresar lo que él

---

93. *LU* II, Tercera Inv., § 8, p. 245 (Hua-XIX/1, p. 248).
94. *Ideen*, Introducción, p. 6.
95. *Ideen*, § 73, p. 137.
96. *LU* II, Tercera Inv., § 8, p. 245 (Hua-XIX/1, p. 248).
97. *Ideen*, § 75, p. 139.
98. Nos permitimos reproducir estos ejemplos, tomados de un manuscrito inédito de Husserl (N. del A.).
99. Cf., *supra*, el capítulo 1.

ya expresa de manera simple, comprehensiva y plenamente adecuada con las palabras *dentado, acanalado, lenticular, umbelífero*, etc., conceptos que, por esencia y no por azar, son inexactos y, por ello, no matemáticos»[100].

Además de estos conceptos inexactos, puramente empíricos, podemos hablar de esencias *a priori* inexactas, que expresan la esencia del mundo individual. «Las esencias aprehendidas en los datos intuitivos, por un acto de ideación directa, son esencias inexactas»[101]. Expresan por entero un objeto de la intuición en su aspecto concreto. «Si tratamos de traducir a través de conceptos adecuados los datos intuitivos de las cosas, con sus caracteres intuitivos esenciales, debemos tomarlos tal como se ofrecen. Y no se ofrecen más que como mal definidos (*fliessende*)...»[102].

El mundo de la percepción se convierte entonces en un objeto de la ciencia eidética. El espacio, el tiempo, los colores, los sonidos, pueden ser estudiados en su esencia. Pero esta ciencia descriptiva del espacio no será la geometría que estudia ya un espacio idealizado. El espacio, tal como la vida concreta lo hace aparecer, no es geométrico. Sólo se deja describir con la ayuda de nociones *morfológicas*[103]. No nos detendremos más en este punto, ya que no aparece en las obras de Husserl publicadas hasta el presente.

El pensamiento esencial de Husserl consiste en afirmar el primado de las esencias inexactas, morfológicas, sobre las esencias exactas, matemáticas. Y este primado tiene una sencilla explicación, ya que las esencias exactas no son sino la idealización de las esencias inexactas. Las diferentes gamas del rojo (esencias inexactas que pertenecen a un cierto género) presentan los grados diversos de un rojo ideal, al que se acercan en mayor o menor medida. Este rojo ideal hacia el que tienden no es el género rojo. Con relación a este último, podríamos decir que se trata de un límite ideal. El género rojo permanece asintótico con respecto al rojo ideal. Husserl llama a este tipo de idealidad *Idea, en el sentido kantiano del término*[104].

---

100. *Ideen*, § 74, p. 138.
101. *LU* II, Tercera Inv., § 8, p. 245 (Hua-XIX/1, p. 248).
102. *Ideen*, § 74, p. 138-139.
103. Así llama Husserl a las esencias inexactas.
104. Se trata de una reminiscencia de la determinación de la noción de *Idea* kantiana en la *Crítica de la razón pura*, B. 370 a 375. Cf. también *Ideen*, § 74, p. 138.

Ahora bien, esta *Idea* tiene su origen en la comparación de una serie de *Eide*, de la que se desprende una gradación que tiende hacia un límite ideal al que jamás llega. De ahí el primado del *Eidos* sobre la *Idea*[105].

La distinción de la esencia morfológica, resultado de un acto de *ideación*, en oposición a la esencia exacta, producto de la idealización, nos permite escapar al dilema al cual nos enfrenta Bergson. La intuición puede ser ideativa sin por ello falsear el sentido de lo real concreto, como lo supone Bergson. Aun cuando las esencias inexactas sean, como las esencias matemáticas, fundamento de leyes necesarias, no por ello dejan de traducir todo lo que hay de móvil, de continuo y de vago en lo real. La esencia que Bergson critica es una idea geométrica, resultado no de la *ideación*, que aprehende la esencia de la cosa con toda la vaguedad que le es propia, sino de la idealización, que empuja hasta sus últimos límites ideales los datos concretamente dados de las cosas. Los conceptos geométricos, como el resto de los conceptos científicos, son el resultado de esta idealización de lo concreto, pero no son los únicos conceptos posibles[106], del mismo modo que las ciencias matemáticas, que proceden por deducción a partir de un número finito de axiomas, no son las únicas ciencias eidéticas[107]. De hecho, no tienen otro origen o sentido que el mundo concreto. Para comprender estas esencias idealizadas, no cesamos de traducirlas al lenguaje del mundo concreto[108]. No debemos considerar la descripción del aspecto inexacto del mundo concreto como provisional e insuficiente; al contrario, esta descripción servirá siempre de fundamento al conocimiento científico, en tanto fuente de principios, ciencia filosófica. Para respetar el sentido intrínseco de nuestra vida, es necesario atribuir el primado al ser del mundo de la percepción en toda su inexactitud[109].

Sin embargo, aun aquí podríamos reprochar a Husserl su intelectualismo. Si bien llega a la idea, verdaderamente profunda, de

---

105. *Ideen*, § 72, p. 135; § 74, p. 138 y 139. Cf. las aplicaciones de esta noción de Idea en *Ideen*, § 83, p. 166-167; § 143, p. 297-298.
106. *Ideen*, § 72, p. 133.
107. *Ideen*, § 75, p. 141.
108. Debemos esta idea a una conversación con Husserl, pero nos hacemos íntegramente responsables de ella.
109. *Ideen*, § 52, p. 98.

que en el orden ontológico la ciencia es posterior al mundo concreto y vago de la percepción y depende de él, nuestro autor podría haberse equivocado al ver dicho mundo ante todo como un mundo de objetos percibidos. ¿Es acaso nuestra primera actitud ante lo real, la de una contemplación teórica? ¿No se presenta el mundo, en su ser mismo, como un centro de acción, como un campo de actividad o de *solicitud*, por usar el término de Martin Heidegger?

7
LA INTUICIÓN FILOSÓFICA

La intuición de la que hemos hablado hasta este momento, es un acto que tiene lugar en la actitud que Husserl llama «natural»[1], o de un modo más general, «dogmática»[2]. En la «actitud natural», el hombre se dirige hacia el mundo, al que plantea como existente[3]. En tanto reflexiona sobre sí mismo, o en tanto percibe a los otros, se considera a sí mismo y a los otros como parte del mundo[4]. El mundo, que abarca así a la totalidad del ser, se presenta como un «en sí», y la creencia en su existencia, aun cuando no sea explícita[5] –usualmente no lo es[6]–, es inherente a todo acto que tenga a este mundo por objeto. La existencia del mundo es la «tesis general de la actitud natural»[7].

Esta actitud es, según Husserl, esencialmente ingenua[8]. Decimos «esencialmente ingenua» porque la ingenuidad en cuestión no es el resultado de tal o cual imperfección de la naturaleza empírica del hombre. Es esencialmente inherente a todo pensamiento que se dirija hacia los objetos[9].

Esta ingenuidad consiste en aceptar los objetos como algo existente y dado, sin preguntarse qué sentido tiene esta existencia, este «hecho de ser dado» (*Gegebenheit*). Ciertamente, las «ontologías regionales», de las que hemos hablado en el capítulo anterior, estu-

1. *Ideen*, § 27, p. 48.
2. *Ideen*, § 62, p. 119.
3. *Ideen*, § 1, p. 7; § 27, p. 48; § 30, p. 52-53; § 39, p. 71; § 50, p. 94.
4. *Ideen*, § 27, p. 50; § 29, p. 52; § 33, p. 58.
5. *Ideen*, § 27, p. 49.
6. *Ideen*, § 31, p. 53.
7. *Ideen*, § 30, p. 52; *FCCE*, 18.
8. Para la distinción entre ciencias ingenuas, dogmáticas y filosóficas, cf. *Ideen*, § 26, p. 46-47.
9. *FCCE*, 19-20; *Ideen*, § 62, p. 118; § 79, p. 156-157.

dian la estructura esencial del ser, sus condiciones de posibilidad, pero dejan escapar una de sus dimensiones: «qué significa el hecho de que el objeto exista...» («Was das besage, dass Gegenständlichkeit sei...»)[10]. Dichas ontologías plantean sus objetos, las esencias, como existentes[11]. No dirigen su atención más que a las esencias, ignorando la relación de estos objetos con la conciencia, su lugar y su papel en la vida[12]. A esto se debe el hecho de que, al elaborar las «ontologías», no nos encontremos en la actitud natural en el sentido preciso del término, sino en la *actitud dogmática*, noción más general[13]. Además de la cuestión de la esencia de los objetos, de su posibilidad, la significación de su existencia, del hecho mismo de que son, nos plantea otra cuestión.

Esta ingenuidad depende esencialmente –he aquí su otro aspecto– de la ignorancia en la que nos encontramos, en la actitud natural, con respecto a los mecanismos de la vida, que prestan un sentido al objeto de la actitud natural –ya sea este un objeto de la percepción o de la actividad científica–. Cuando dirigimos nuestra mirada hacia los objetos, no podemos, sin cambiar su dirección, arrojar luz sobre la estructura del conocimiento mismo. No podemos localizar estos objetos en la vida que les «da sentido»[14], con el fin de captar la *intención verdadera de la vida*, en tanto se dirige hacia tal o cual objeto, con el fin de conocer explícitamente «adónde quiere llegar la conciencia»[15] en cada uno de sus actos. Este sentido del objeto, al que la conciencia *aspira*[16] por su significación intrínseca, no puede hacerse visible para la mirada directa sobre las

10. *FCCE*, 22.
11. *Ideen*, § 61, p. 117.
12. *Ideen*, § 94, p. 196, nota; § 134, p. 278; § 147, p. 306; § 150, p. 313.
13. *Ideen*, § 62, p. 119.
14. *LU* II, Introducción, § 1, p. 3 (Hua-XIX/1, p. 7).
15. No hemos podido tener en cuenta la última publicación de Husserl, *Formale und transzendentale Logik - Versuch einer Kritik der Logischen Vernunft*: Jahrbuch X (1929) (versión cast.: *Lógica formal y lógica trascendental*, trad. L. Villoro, UNAM, México 1962), puesto que apareció cuando nuestro trabajo ya estaba terminado. Sin embargo, al leer la Introducción general (1-5) nos pareció percibir que existe un acuerdo entre la manera en que el autor aborda ahí los problemas de la teoría del conocimiento y nuestra propuesta.
16. *Formale und transzendentale Logik* emplea expresiones análogas: «Wissenschaften und Logik... haben einen Zwecksinn auf den da beständig hinausgestrebt, hinausgewollt ist», p. 8 (cf. la Introducción en la versión cast.: *Lógica formal y lógica trascendental*, 5-20).

cosas. *La intención verdadera de la vida permanece oculta.* Por ello, podemos tomar objetos puramente significados (en el sentido en que significación se opone a intuición), cargados de todos los equívocos, de toda oscuridad, por objetos dados de un modo intuitivo[17]. Llegamos así a todas las dificultades y contradicciones ante las que el sentido mismo de lo que conocemos y de lo que hablamos parece desvanecerse. Se trata del origen de las crisis y las paradojas de la ciencia.

Para remediar la ingenuidad de la actitud natural, tal como la hemos descrito, se impone una teoría del conocimiento[18]. En lugar de vivir nuestra vida cognitiva, tal como lo hacemos en la actitud natural, tendremos que dirigir nuestra mirada hacia la vida y hacer de ella nuestro objeto[19], y preguntar por el sentido genuino de la vida vivida de este modo[20]. ¿Qué intenciones entran en juego en tal o cual experiencia? ¿Cuál es su estructura? ¿Cómo se relacionan entre sí? Será necesario tomar conciencia de la intención verdadera de la vida. Estos son los problemas que Husserl plantea en las *Investigaciones lógicas* al proponer una teoría del conocimiento lógico. Husserl nos dice que aspira «a la claridad filosófica en relación con las proposiciones (lógicas); dicho de otro modo, (busca) penetrar en la esencia de los modos de cognición que entran en juego cuando se realizan proposiciones de este género, penetrar en su atribución de sentido[21] y en las validaciones objetivas que constituyen»[22].

De aquí se seguirá no sólo la toma de conciencia de la intención real del pensamiento del lógico, sino una transformación de las nociones lógicas, que consistirá en buscarlas *exclusivamente* en la vida intuitiva de la conciencia, en desembarazarse de aquellas que se han infiltrado gracias a la ingenuidad de la actitud natural[23]. «Definitivamente, no podemos contentarnos con meras palabras, con una comprensión puramente simbólica de las palabras, con signifi-

---

17. *LU* II, Introducción, § 2, p. 9 (Hua-XIX/1, p. 13); *Ideen*, § 26, p. 47.
18. *LU* II, Introducción, § 7, p. 22 (Hua-XIX/1, p. 28).
19. *LU* II, Introducción, § 2, p. 9. (Hua-XIX/1, p. 13).
20. *Ideen*, § 25, p. 45; § 26, p. 47.
21. Se trata de actos que otorgan sentido, de *Sinngebungen*.
22. *LU* II, Introducción, § 1, p. 1-2 (Hua-XIX/1, p. 5-6). Cf. también Introducción, § 1, p. 6 (Hua-XIX/1, p. 10).
23. *LU* II, Introducción, § 2, p. 6 (Hua-XIX/1, p. 10), § 5, p.16-17 (Hua-XIX/1, p. 21-22).

caciones que estén animadas por intuiciones lejanas, mal definidas, inadecuadas o nulas. Queremos ir *a las cosas mismas*»[24].

Sin embargo, hace falta plantear más netamente la cuestión del papel y del lugar de la teoría del conocimiento en la filosofía de Husserl, intentando dar cuenta del carácter específico de su actitud. Veremos tal vez que, bajo la forma de una fenomenología, Husserl persigue esencialmente intereses ontológicos. De cualquier modo, reservaremos para más adelante estas conclusiones: las *Investigaciones lógicas* e *Ideas* presentan expresamente una teoría del conocimiento, y al menos a título de tributo inconsciente al espíritu de la época, Husserl hace de ésta una de sus preocupaciones centrales[25].

Este problema del conocimiento se presenta al comienzo del segundo volumen de las *Investigaciones*[26], pero formulado de tal modo que parece confundirse con la postura tradicional ante dicho problema: «¿Cómo debe entenderse el hecho de que el *en sí* del objeto sea representado y aprehendido en el conocimiento, convirtiéndose por ello y en último término en algo subjetivo?»[27]. De acuerdo con otro pasaje[28], Husserl ve el origen de todas las dificultades de la teoría del conocimiento en la «trascendencia a la cual aspiran los objetos del conocimiento de cara a este último». ¿Debemos entender que se trata del problema que tanto inquietó a Lotze[29] y a Herbart, el problema del valor *objetivo* de las representaciones subjetivas? ¿Se trata acaso de comprender cómo las leyes del pensamiento y el curso real de las cosas manifiestan una correspondencia rigurosa?

Sin embargo, desde el primer volumen de las *Investigaciones*, Husserl habla de este «problema, en apariencia profundo, de la armonía entre el curso subjetivo del pensamiento lógico y el curso real de la realidad exterior»[30]. Esta observación nos parece natural. Pero si la conciencia es esencialmente intencionalidad y «presencia

---

24. *LU* II, Introducción, § 2, p. 6 (Hua-XIX/1, p. 10).
25. *Ibid.*, 8 (Hua-XIX/1, p. 12); *Ideen*, § 26, p. 47; § 62, p. 118.
26. *LU* II, Introducción, § 2, p. 8 (Hua-XIX/1, p. 12).
27. *FCCE*, 42.
28. *Ideen*, § 26, p. 47.
29. Cf. H. Lotze, *Logik. Drei Bücher vom Denken, vom Untersuchen und vom Erkennen*, Leipzig 1874, 536s.
30. *LU* I, § 59, p. 219 (Hua-XVIII, p. 221-222).

ante el ser», y no reflejo del mismo, ¿cómo hablar de correspondencia entre el curso del pensamiento y el curso de las cosas? El problema de Lotze y de Herbart presupone que la subjetividad es un mundo cerrado, limitado a sus propias representaciones, imágenes o símbolos del ser. En estas condiciones, la lógica, que rige el pensamiento, no sería sino una «moral del pensamiento», una legislación del pensamiento, a la cual debemos obedecer para que las representaciones correspondan al ser. Será entonces natural preguntarnos cómo puede este pensamiento, gobernado por sus propias leyes, corresponder a una realidad exterior. Husserl mismo señala el estrecho vínculo que hay entre este falso problema y la concepción de la lógica que hace de ella una mera moral del pensamiento[31]. Por el contrario, según la teoría husserliana de la conciencia, no nos dirigimos hacia la representación, hacia el objeto mental, imagen o símbolo, más o menos fiel del objeto real. Nos encontramos inmediatamente ante el ser[32]. La lógica que regula el pensamiento, no lo hace al modo de una legislación autónoma, sino en tanto forma misma del ser.

La cuestión de «cómo entender el hecho de que el *en sí* del objeto sea representado... convirtiéndose por ello y en último término en algo subjetivo», no debe ser interpretada según nuestros hábitos ordinarios de pensamiento. La idea de un sujeto que debe alcanzar e imitar a su objeto, se muestra desde el principio como un absurdo.

¿Cómo se trasciende a sí mismo el pensamiento? He aquí un seudoproblema. Sin embargo, ¿se sigue de ello que el sentido de esta trascendencia del pensamiento sea perfectamente claro?[33]. La intencionalidad de la conciencia no es una «mirada vacía», una luz transparente dirigida hacia los objetos. La trascendencia del objeto con relación a la conciencia está constituida por un conjunto rico y «multicolor» de «intenciones». De acuerdo con lo que hemos dicho sobre la ingenuidad de la actitud natural, aclarar dicha trascendencia equivale a comprender estas «intenciones» del pensamiento, a dilucidar su manera –específica y original en cada caso– de constituir al objeto trascendente. Comprender la trascendencia es analizar las intenciones de los actos que la constituyen, es ver a

---

31. *Ibid.*
32. *Ideen*, § 43, p. 78-80.
33. *Ideen*, § 27, p. 48; § 87, p. 180; § 96, p. 200; § 102, p. 213.

qué apunta la conciencia al trascenderse. Hay que comprender «el modo de ser del *nóema*, la manera en que debe encontrarse (*wie es liege*) y en que debe ser consciente en lo vivido[34]. Las significaciones intrínsecas de la conciencia deben ser sistemáticamente estudiadas. Y este estudio, el estudio de los *problemas de constitución*, es posible. Y esta posibilidad significa que «...las series regulares de fenómenos[35], que pertenecen necesariamente a la unidad de un objeto que aparece, pueden ser intuitivamente percibidas y teóricamente aprehendidas»[36].

Así pues, los diversos problemas del conocimiento se ven reducidos al problema de cómo constituye la conciencia los objetos. El objetivo es indagar cómo los datos sensibles (*hyléticos*) son animados por las intenciones; cómo estas intenciones se unen para constituir un objeto, uno e idéntico; cómo se caracterizan y se relacionan los actos cuando el objeto constituido por ellos se da como existente, cuando la pretensión de la conciencia de alcanzar su objeto se encuentra justificada[37]. Inversamente, debemos determinar qué actos ofrecen el objeto como una pura apariencia[38]. En el caso de una cosa espacial, por ejemplo, ¿cómo una serie de actos que perciben al objeto como idéntico bajo aspectos siempre nuevos, se confirman sucesivamente acrecentando la fuerza de los motivos de la razón?[39]. Y por otro lado, ¿cómo podrían estos mismos actos contradecirse, transformando lo previamente adquirido en ilusión o alucinación? ¿Qué modificaciones de sentido resultan de las cancelaciones (*Durchstreichungen*) que estas decepciones[40] imprimen en el curso de la experiencia?[41]. La solución de estos problemas también dará sentido a las nociones de «razón», «apariencia», «existencia», así como a otras nociones fundamentales de la teoría del conocimiento. El análisis de la intencionalidad nos descubrirá el sentido intrínseco del conocimiento, en tanto encontramos en él el pensamiento de una existencia, de una apariencia, de una verdad,

---

34. *Ideen*, § 96, p. 200.
35. Se trata de fenómenos internos.
36. *Ideen*, § 150, p. 315; § 135, p. 280; § 142, p. 296.
37. *Ideen*, § 129, p. 268; § 135, p. 281.
38. *Ideen*, § 86, p. 176-177; § 145, p. 301-302.
39. *Ideen*, § 138, p. 288.
40. Cf. *supra*, 103 (cap. 5).
41. *Ideen*, § 138, p. 287; § 151, p. 317-318; *FCCE*, 20-21.

etc.[42]. Las descripciones del acto intuitivo que ofrecimos en el capítulo 5 de este trabajo, precisamente son bosquejos de análisis fenomenológicos de la razón, que intentan determinar la estructura inmanente de la conciencia en esos casos privilegiados en los que la conciencia no solamente apunta a su objeto, sino que lo plantea como existente. El problema de la razón y de la realidad no puede plantearse fenomenológicamente más que vinculándolo a la cuestión siguiente, implicada ya en el planteamiento del problema en el capítulo 5: «¿En qué momento la identidad de X (objeto-polo) apuntada en el nóema se convierte en una 'identidad real' y no en una mera 'identidad pensada', y qué significa el hecho de ser 'únicamente pensado o apuntado'?»[43]. La cuestión debe ser resuelta por una descripción noético-noemática de los modos correspondientes de la conciencia. Hemos tratado esta cuestión de un modo general. Pero el problema de la razón o de la «experiencia probante» debe ser estudiado en todas sus formas, distintas según los objetos. La «experiencia probante» debe ser analizada en todas sus fases, en todas sus estructuras complejas[44].

La *constitución* difiere según las regiones. Hemos mostrado que la intuición de los objetos sensibles es diferente de la intuición categorial y eidética. Pero aun en la esfera de los objetos individuales, la intuición no es uniforme. La *Einfühlung*[45] –acto que revela la vida consciente de los otros, del prójimo– es un tipo de intuición distinto de la percepción sensible, y la experiencia que nos revela la realidad animal difiere de la que nos permite conocer un fenómeno social, por ejemplo. Cada región de objetos tiene una «ontología regional» especial, así como un modo especial de *ser un objeto* de conciencia y de ser constituido[46]. Cada *Idea* regional sir-

---

42. *LU* II, Introducción, § 2-3, p. 8-9 (Hua-XIX/2, p. 12-14), § 5, p. 15-16 (Hua-XIX/1, p. 20-22). Cf. nuestro artículo *Sobre «Ideas» de E. Husserl*: Revue philosophique (marzo-abril 1923) 253-258. [También puede verse en castellano el número de agosto de 2004 de la Revista de filosofía de la UIA, México (N. de la T.)].
43. *Ideen*, § 135, p. 281; cf. también, § 153, p. 321s.
44. *Ideen*, § 138, p. 288; § 152, p. 318-319; § 153, p. 322.
45. *Einfühlung* quiere decir «empatía». Para este importante problema, cf. el libro de la discípula de Husserl, Edith Stein, *Sobre el problema de la empatía*, UIA, México 1995, y el desarrollo que, como introducción a los intrincados caminos de la fenomenología, le dedica Miguel García-Baró en el capítulo II de su libro *Vida y mundo*, Trotta, Madrid 1999.
46. *Ideen*, § 152, p. 318.

ve de «hilo conductor» para el descubrimiento de los modos específicos de constitución en la conciencia[47]. «Un objeto determinado por el género regional tiene, en la medida en que es real, sus modos determinados *a priori* de ser percibido en general, de ser representado, pensado, justificado»[48]. A pesar de estar rigurosamente determinada[49], la constitución es distinta no solamente según las regiones de objetos, sino también según los elementos constitutivos de la región. «La idea de la región determina series de fenómenos enteramente definidos, y estos fenómenos dependen, de modo esencial, de las ideas parciales que conforman la idea regional»[50]. En lo que respecta a la cosa material, por ejemplo, el elemento constitutivo de esta región que es el espacio tiene una manera estrictamente determinada de aparecer. «Se nos muestra que una realidad como la espacial no es percibida más que a través de los fenómenos en los que se da, necesariamente a partir de perspectivas y orientaciones que cambian de maneras diversas pero siempre determinadas. Esto es verdad no sólo para nosotros, hombres, sino para Dios, el símbolo ideal del conocimiento absoluto»[51].

Las ideas de *materialidad* y de *temporalidad* sirven también de hilo conductor para establecer los modos correspondientes de la conciencia[52]. Estos «problemas de constitución» conforman el objetivo de las investigaciones fenomenológicas, que a su vez sirven de preparación para la fenomenología que se ocupa de la conciencia desde el punto de vista de su función constitutiva[53].

De cualquier modo, si los problemas «de constitución» se plantean para cada región de objetos, en la filosofía de Husserl la región de la cosa *material* ocupa un lugar privilegiado. Esta región es el fundamento de todas las demás[54]. En este punto se expresa de nuevo el llamado intelectualismo de Husserl: una actitud primera y fundamental de cara a la realidad marcada por el desinterés, por la pura contemplación, que considera las cosas como «meras cosas».

47. *Ideen*, § 149-150, p. 309-316; § 153, p., 322-323.
48. *Ideen*, § 149, p. 309; cf. § 79, p. 157; § 138, p. 288; § 142, p. 296-297.
49. *Ideen*, § 102, p. 205.
50. *Ideen*, § 150, p. 314-315.
51. *Ibid.*, 315; cf. también, § 41, p. 74-75; § 44, p. 80s; § 47, p. 90.
52. *Ideen*, § 150, p. 316.
53. *Ideen*, § 86, p. 178-179.
54. *Ideen*, § 152, p. 319; cf. también § 119, p. 247.

Los predicados de valor, los caracteres que hacen de una cosa algo útil en tanto útil, son posteriores. El mundo de la teoría es primero. Al reducir de este modo la teoría del conocimiento a los problemas de constitución, se produce una inversión en la manera habitual de plantear la cuestión. El problema ya no consiste en explicar la posibilidad de la relación entre la conciencia y su objeto, sino en *aclarar el sentido de esta relación*. Nociones como «objetividad», «trascendencia», «ser», etc., antes tan sólo presupuestas y nunca aclaradas, se convierten, en la teoría del conocimiento de Husserl, en el objeto principal de la investigación[55].

Esta inversión sólo es posible a partir del descubrimiento de la intencionalidad en tanto esencia de la conciencia y fundamento auténtico del fenómeno de la verdad.

Así pues, la idea de intencionalidad nos permite constituir, con la ayuda de la reflexión, la teoría del conocimiento. Si la reflexión no hallara bajo la noción de conciencia más que elementos puramente interiores, sería incapaz de hacernos comprender la «relación entre la conciencia y su objeto». En una conciencia sin intencionalidad la reflexión no hallaría nada relativo a los objetos, de los que precisamente se aleja en tanto reflexión. Si, por contra, se tiene en cuenta la intencionalidad, esta se ofrece a la reflexión como objeto: los «acontecimientos» de la conciencia sobre los que reflexionamos tienen todos relación con los objetos[56]. Aunque nos alejemos del mundo de los objetos, la intencionalidad los vuelve a descubrir en la conciencia bajo la forma de *nóemas*[57]. La percepción no puede ser considerada sin su correlato, lo «percibido en tanto que percibido»; el deseo no sería nada sin el «objeto deseado», etc. Todo *cogito* debe ser aprehendido en su relación con el *cogitatum*, y no de otra manera[58].

Husserl llama a este estudio de la conciencia en la reflexión *fenomenología*[59], un estudio puramente descriptivo de la conciencia

---

55. *LU* II, Introducción, § 7, p. 21 (Hua-XIX/1, p. 27); *Ideen*, § 86, p. 176; § 135, p. 280s; § 147, p. 306; *FCCE*, 22.
56. *Ideen*, § 36, p. 64.
57. *Ideen*, Introducción, p. 1; § 76, p. 142; § 135, p. 278-279; § 145, p. 302-303; *FCCE*, 22.
58. *Ideen*, § 97, p. 202; § 128, p. 265, y especialmente § 97, p. 204-205.
59. Fenomenología significa ciencia de los fenómenos. Fenómeno no se opone aquí a la cosa en sí, sino que designa todo lo que aparece a la conciencia, todo lo que puede convertirse en objeto de la intuición (*LU* III, p. 235).

que intenta no reducir nada y respetar el sentido interno de la vida y la especificidad de todas sus modificaciones.

Así, la teoría del conocimiento de Husserl se convierte en fenomenología y se presenta bajo la forma de una «toma de conciencia» (*Selbstbesinnung*) de la vida cognitiva misma. «No (hablamos) más que de una plena comprensión, de una toma de conciencia de lo que son el pensamiento y el conocimiento –en sí mismos, en su esencia pura y genérica– de las especies y formas a las cuales están esencialmente ligados; de las estructuras propias de su relación con el objeto; de lo que significan, de cara a estas estructuras, las ideas de valor, de justificación, de evidencia mediata e inmediata y sus ideas contrarias; en fin, de las formas particulares que estas ideas revisten según correspondan a una u otra región de conocimiento posible»[60].

Tales son los diversos problemas a los cuales se aplica la fenomenología que Husserl llama «trascendental», por el sentido específicamente trascendental de su planteamiento[61].

La idea de una constitución diferente, según las regiones de objetos, nos permite extraer una consecuencia sumamente interesante para la metodología de las ciencias. Concebir todas las ciencias a partir del mismo modelo y aplicar el mismo método en todas equivaldría a falsear el sentido de los objetos. Este punto de vista, cuyo acierto ha reconocido la ciencia contemporánea (¿acaso los esfuerzos de Durkheim para dar a la sociología un método y un objeto propios no surgen de este mismo sentimiento?), encuentra aquí su fundamento. El modo mismo en que tal o cual categoría de objetos se presenta a la conciencia determina la diversidad, no sólo de métodos sino de problemas, de las ciencias que se aplican a las distintas «regiones». Si el naturalismo reduce todas las esferas de lo real al modelo de la naturaleza, falseando así su sentido íntimo, es porque ha ignorado esta verdad.

Sin embargo, los problemas de constitución tienen aún otro sentido y su alcance rebasa la teoría del conocimiento como tal. Al menos esa es nuestra opinión. Creemos que Husserl mismo era plenamente consciente de las consecuencias de estos problemas, de las cuales se desprenderá la filosofía poshusserliana de Heidegger[62].

---

60. *LU* II, Introducción, § 6, § 7, p. 19 (Hua-XIX/1, p. 23-24).
61. *Ideen*, § 86, p. 178; § 97, p. 204.
62. Cf., *supra*, nuestra Introducción, p. 23.

La fenomenología de Husserl desborda los objetivos y problemas de una teoría del conocimiento que no busque más que esclarecer los métodos y asegurar la certeza de las ciencias.

En efecto, ¿qué encuentra la reflexión dirigida hacia la vida subjetiva para aprehender en ella la constitución del ser? En la reflexión sobre los actos de la conciencia, los objetos de la actitud natural reaparecen bajo la forma de *nóemas*, de correlatos indispensables de dichos actos. Cuando son considerados por la reflexión, los objetos intencionales se ofrecen justamente como lo que son para los actos que los piensan: el objeto deseado se muestra «en tanto que deseado», el objeto querido «en tanto querido», el objeto imaginado «en tanto imaginado, esto es, cada uno se presenta en su relación con los actos de la vida, del deseo, de la voluntad, de la imaginación, etc.[63]. Estas características del objeto describen su modo de «darse» en la vida, y no se revelan más que en la reflexión sobre esta, presentando una nueva dimensión del objeto que permanece oculta para la actitud natural[64]. Así, esta forma de conocimiento tiene que ver con la objetividad misma del objeto. Más allá del *quid* del objeto, que interesa a la actitud natural, la actitud reflexiva se pregunta por el «cómo», por cómo el objeto se da, por lo que quiere decir ser un objeto[65]. Y ya que el ser se confunde con los distintos objetos de nuestra vida cognitiva, volitiva y afectiva, el estudio de la objetividad del objeto se reduce a esclarecer la existencia misma del ser.

En la conciencia, nos encontramos con el ser mismo, bajo la forma de nóema. Por ello, no debemos hacernos la pregunta que una mera teoría del conocimiento plantearía: ¿por qué medios, a través de qué eventos de la vida cognitiva, alcanzamos el conocimiento del objeto y cómo saber que el objeto conocido es el ser? Nuestro problema es otro y tiene que ver con el significado mismo del ser en cada uno de los casos en cuestión.

63. *Ideen*, § 88, p. 182-183; § 95, p. 198-199.
64. *Ideen*, § 150, p. 313-314; § 145, p. 307. Cuando Husserl insiste (*Ideen*, § 108, p. 220) en el hecho de que los caracteres noemáticos «no están determinados por la reflexión» no entiende sino lo siguiente: que captamos dichos caracteres noemáticos a partir del polo noemático de la intencionalidad, y no atribuyendo al nóema caracteres que la reflexión encuentra en la nóesis.
65. *Ideen*, § 76, p. 142; § 88, p. 183; § 93, p. 193, especialmente, § 97, p. 204-205; *FCCE*, 23.

Hemos hablado ya de los distintos modos de objetividad que tienen los objetos de las diversas regiones. Vemos ahora cómo esta idea gana en profundidad. Los objetos de las distintas regiones tienen un modo específico de *existir*. La existencia no es un término vacío que se aplique indiferentemente a todas las especies del ser y la esencia no es el único principio de discriminación de los objetos: es necesario considerar su modo de existir. Por ello, al comienzo de nuestro trabajo, anticipando estas conclusiones, hemos intentado remontarnos al principio mismo del naturalismo, que se basa en una cierta idea de la existencia.

De este modo, a partir de los problemas de constitución, se plantea el problema del ser. Analizar la constitución de un objeto equivale a seguir las intenciones de la vida que se dirige hacia él y el sentido que dichas intenciones le prestan. La existencia no es sino el modo según el cual la conciencia sale al encuentro del objeto, el papel que este juega en la vida concreta de la conciencia, ya que es en la vida donde se encuentra el origen mismo del ser. Así, los nóemas –lo representado en cuanto representado, lo deseado en cuanto deseado– inseparables[66] de las nóesis de las que extraen su sentido, hacen visible el papel desempeñado por tal o cual categoría de objetos en la vida concreta, de acuerdo con el sentido intrínseco de esta. Las descripciones noético-noemáticas de la constitución de los objetos son la gran tarea de la fenomenología, que lejos de ser una simple teoría del conocimiento, presenta un interés ontológico de primer orden. La teoría y la crítica del conocimiento no son, en el fondo, más que aplicaciones y corolarios de esta ontología fundamental.

Existen además otras vías por las cuales la fenomenología de los problemas de constitución sobrepasa el terreno de la teoría del conocimiento, aun cuando Husserl, al menos según la letra de su filosofía, no haya optado explícitamente por dichos derroteros. Ciertamente, la teoría del conocimiento, comprendida como análisis de la vida cognitiva, no agota el todo de la vida.

Hemos hablado largamente sobre el lugar privilegiado que las *Investigaciones lógicas* atribuyen a la vida teórica. Hemos visto, con relación a este tema, que en la base de los actos de valoración,

---

66. *Ideen*, § 93, p. 193.

de voluntad, etc., bajo todas sus formas, encontramos una representación. Esta preponderancia de la teoría, establecida en las *Investigaciones*, no fue jamás negada por Husserl. Sin embargo, *Ideas* representa un paso adelante con respecto a este punto de vista. En esta obra se afirma que los actos no-teóricos constituyen igualmente objetos con una estructura ontológica nueva e irreductible. Estos actos también, y no sólo el juicio y la representación, son «objetivantes». Para una exposición detallada de este problema, remitimos al lector a nuestro primer capítulo, donde a partir del problema de la intencionalidad, nos ocupamos ya de esta tesis husserliana. Tesis que retomamos ahora para mostrar cómo la fenomenología se ve fecundada por ella y transportada más allá de una teoría del conocimiento.

«Todos los actos en general, aun los afectivos y volitivos, son igualmente objetivantes y constituyen objetos de un modo originario. Todos ellos son la fuente necesaria de las distintas regiones del ser y, por ello, de las ontologías correspondientes. Por ejemplo, el acto de *valoración* constituye un objeto (*Gegenständlichkeit*) *axiológico*, específicamente distinto del mundo de las cosas y perteneciente a una nueva región»[67].

Sin embargo, los nuevos caracteres que estos actos introducen en el ser no son propiedades nuevas, meros predicados que dejen al objeto en el mismo plano de existencia. Pertenecen a una «dimensión de sentido» totalmente distinta[68]. «No constituyen nuevas determinaciones de cosas que son meramente cosas, constituyen valores de cosas: la belleza y la fealdad, la bondad y la maldad, el objeto útil, la obra de arte, la máquina, el libro, la acción (*die Handlung*), la obra (*die Tat*), etc.»[69].

Se sigue entonces que, además de las verdades teóricas, las «verdades axiológicas y prácticas» son posibles[70]. La concepción husserliana de la verdad nos permite comprender fácilmente esto. Ya que la verdad no se encuentra esencialmente en el juicio, sino en la intencionalidad intuitiva, nuestro contacto con el mundo de los valores útiles y prácticos tiene todo el derecho de ser llamado tam-

---

67. *Ideen*, § 117, p. 244.
68. *Ideen*, § 116, p. 239.
69. *Ibid.*, p. 239-240; § 95, p. 198; § 117, p. 241; § 121, p. 250; y especialmente, § 152, p. 319.
70. *Ideen*, § 136, p. 290; § 147, p. 305s.

bién «verdad». Nos encontramos en este caso con una intuición específica que, tal como establecimos en los capítulos 4 y 5 de nuestro trabajo, no es, al parecer, un acto de contemplación teórica: el contacto con el mundo de los valores ciertamente no significa que lo conozcamos teóricamente[71]. La existencia de un valor, su modo de presentarse en la vida, no tiene la estructura ontológica del ser representado teóricamente.

La fenomenología de la conciencia en general, no sólo la que se ocupa del conocimiento, busca esclarecer estos modos de existir, remontándose al origen de los objetos en la vida y siguiendo el estudio de su constitución en la conciencia[72].

Sin embargo, aun cuando la constitución de estos objetos en la vida es heterogénea a la constitución del objeto teórico, esta debe servirle de base[73]. Aquí *Ideas* vuelve a las afirmaciones de las *Investigaciones*. Hemos mencionado ya el papel privilegiado que juega la fenomenología de la cosa material, hecho que expresa, en el fondo, el primado de la teoría.

Ahora bien, este primado de la conciencia teórica en la constitución del ser es, según Husserl, incluso más profundo. Aun cuando el sentido de la existencia (o de la objetividad, para hablar en lenguaje husserliano) sea diferente según las distintas categorías de objetos, aun cuando cada una de ellas se constituya de una manera diferente en la vida, el acto que plantea como existentes estos distintos objetos incluye siempre una posición de orden teórico, a la que Husserl llama *tesis dóxica*. «El *acto de poner* pone (*ein positionaler Akt setzt*), pero sea cual sea la cualidad de esta posición, también es dóxica»[74]. Esta tesis dóxica es el elemento de la intencionalidad, que, según Husserl, piensa el objeto como existente. Gracias a la tesis dóxica, que envuelve a todos los actos de la conciencia, los objetos de esta –valores, objetos estéticos, objetos útiles, etc.– existen. Esta afirmación de Husserl nos muestra que, en su pensamiento, la noción de existencia está aún estrechamente ligada a la noción de la teoría, a la noción del conocimiento, a pesar de todos los elementos que, en su sistema, parecen conducirnos a

---

71. Cf. *Ideen*, § 37, p. 66.
72. *Ideen*, § 108, p. 221.
73. *Ideen*, § 95, p. 197-198; § 102, p. 213s; § 119, p. 247.
74. *Ideen*, § 117, p. 243; cf. también § 134, p. 277s; § 117, p. 241; § 121, p. 251.

una noción de la existencia más rica que la de una mera presencia ante una conciencia que la contempla. Por nuestra parte, hemos tratado de destacar estos elementos, rebasando quizás la letra de la doctrina de Husserl. Sin embargo, para este autor, sólo en la medida en que conocemos *teóricamente* un objeto, tenemos acceso al mismo en tanto existente. El papel de la tesis dóxica, incluida en todas las tesis de la conciencia, nos obliga a decir que, en ciertos aspectos, la fenomenología de Husserl no se ha desprendido de la teoría del conocimiento. A nuestro parecer, esta restricción disminuye el alcance y el interés de la afirmación según la cual todos los actos de la conciencia son «actos objetivantes» y constituyen al ser. Notemos también, aunque sea sólo de paso, el dogmatismo que implica la yuxtaposición, no justificada, de la vida teórica, práctica y afectiva, tomada sin más de la clasificación transmitida por la antropología y la psicología tradicionales. Podemos decir de un modo general que los análisis fenomenológicos concretos que Husserl elaboró pertenecen casi exclusivamente a la fenomenología del conocimiento.

Las consideraciones generales a las que hemos dedicado las páginas precedentes nos han mostrado el considerable interés filosófico que representa, en la actitud husserliana, el estudio de la conciencia y la dignidad ontológica de los problemas que ella misma plantea. De esta manera, hemos podido destacar el papel excepcional que juega la reflexión, cuyo título más alto es el de ser una intuición filosófica.

Será necesario caracterizar ahora de modo directo dicha intuición filosófica, sin hablar aún de la *reducción fenomenológica*, operación que, según Husserl, nos introduce en la fenomenología. Sin duda alguna, la intuición filosófica suele confundirse con la reflexión sobre una conciencia «fenomenológicamente reducida», pero dejaremos este último punto para el cierre del capítulo, a fin de comprender el sentido de esta operación en función de la totalidad del sistema.

«El método fenomenológico se mueve exclusivamente en el ámbito de los actos de reflexión»[75]. Los estados de conciencia (*Erlebnisse*) son vividos, y su existencia consiste precisamente en el hecho de ser conscientes. Sin embargo, la vida no es un objeto para sí mis-

---

75. *Ideen*, § 77, p. 144.

ma por el solo hecho de ser vivida y ser consciente. Vivir y tener la vida por objeto no son lo mismo[76]. No obstante, en virtud de la naturaleza misma de la vida consciente, esta puede ser no solamente vivida sino, mediante una cierta modificación –que la hace pasar de un estado no reflexivo a uno reflexivo–, ser considerada como objeto por la conciencia[77]. Por otro lado, esta transformación no es posible más que a través de una vuelta de la conciencia sobre ella misma. Esta inversión, esta vuelta de la conciencia sobre sí misma legitima, a ojos de Husserl, el empleo del término «reflexión»[78].

Bajo este título, Husserl abarca «todos los modos de aprehensión de las esencias inmanentes, por un lado, y por otro, todos los modos de experiencia inmanente»[79]. Comprende, pues, «los actos en los que la corriente de la vida, con todos sus múltiples eventos (los diversos momentos de las vivencias y las intenciones), se hace aprehensible con toda evidencia y es susceptible de un análisis»[80].

Esta última cita pone primeramente de manifiesto el carácter intuitivo de los actos de la reflexión: su objeto les es dado «en persona», la conciencia aquí se presenta a sí misma «en persona». También nos muestra que los modos de intuición interna envuelven una multiplicidad: la percepción no es el único acto intuitivo reflexivo. De hecho, un acto de reflexión puede ocurrir en la memoria, en la imaginación o en la empatía (*Einfülung*)[81]. La teoría general de la intuición se aplica así a la reflexión. Volvemos a encontrar aquí tanto el paralelismo de la imaginación y del recuerdo, como el lugar excepcional y privilegiado de la percepción. La verdad es la adecuación del pensamiento –intención puramente significativa– y del objeto mismo, dado en una intuición que lo aprehende en toda su realidad concreta, «en persona».

Sin embargo, la intuición inmanente, la reflexión, posee, con respecto a la intuición dirigida hacia el mundo exterior, un carácter privilegiado. Este consiste justamente en su carácter de adecuación, fundado, tal como hemos intentado mostrar, en el modo ab-

---

76. *Ideen*, § 77, p. 145; § 38, p. 67.
77. *Ideen*, § 78, p. 148.
78. *Ideen*, § 150, p. 314.
79. *Ideen*, § 78, p. 148.
80. *Ibid.*, 147.
81. *Ideen*, § 38, p. 68; § 77, p. 145; § 78, p. 148.

soluto de existir de su objeto, la conciencia. Al estudiar la intuición de un modo general en las *Investigaciones lógicas*[82], Husserl distingue en ella grados de extensión, de vivacidad y de contenido real. Es evidente que la percepción exterior, por su propia naturaleza, no puede realizar en el más alto grado estas tres características. Hemos visto que el objeto exterior se da siempre en un conjunto (en un horizonte) de momentos puramente significados. Y si la vivacidad no le está vedada, la totalidad del objeto intencional no puede evidentemente realizarse en la percepción[83]. Sólo la intuición interna puede presentar el ideal de la adecuación. Sólo ella tiene a su objeto ante sí de un solo golpe[84]. Y si bien una cierta inadecuación también le es propia a la percepción inmanente –reserva explicada por el carácter temporal de la conciencia y la constante caída del objeto de la reflexión en el pasado[85]–, esta inadecuación, nos dice Husserl[86], es distinta a la de la percepción trascendente. Como ya señalamos en el capítulo 2^{87}, hay un abismo entre la inadecuación de la percepción interna y la inadecuación de la percepción externa[88].

No obstante, si la reflexión se plantea como el acto por el cual la conciencia toma explícitamente conciencia de sí misma, ¿no debemos preguntarnos qué legitima su pretensión de aprehender la vida consciente tal como es? Todo el valor filosófico de la reflexión consiste en permitirnos aprehender nuestra vida y el mundo en nuestra vida tal como son antes de la reflexión[89]. Consecuentemente, si las vivencias (*Erlebnisse*) no se revelan a la conciencia más que modificadas por la reflexión, sólo los estados de conciencia modificados nos serán accesibles y no la vida en su forma originaria. Será necesario entonces examinar más de cerca el acto de reflexión, para decidir si la fenomenología puede alcanzar y tocar la vida general o sólo la vida refleja[90].

82. *LU* III, Sexta Inv., § 23, p. 83-84 (Hua-XIX/2, p. 613-614); cf. *supra*, p. 98 (cap. 5).
83. Cf. *supra*, 49 (cap. 2).
84. *Ideen*, § 144, p. 298.
85. *Ideen*, § 77, p. 146.
86. *Ideen*, § 44, p. 82s.
87. Cf. *supra*, 58 (cap. 2).
88. *Ideen*, § 49, p. 93.
89. *Ideen*, § 79, p. 153-154.
90. *Ibid.*, p. 154-155.

Estas modificaciones de la vida bajo la acción de la reflexión son reales. De entrada, el hecho mismo de la reflexión otorga a la vida este carácter «reflejo», y podemos preguntarnos «si, a fin de cuentas, los estados de conciencia (*Erlebnisse*) que se someten a ella no se transforman por eso mismo en algo diferente *toto coelo*»[91]. Además, la vida consciente posee una duración y el acto reflexivo aprehende perceptivamente sólo el instante presente, el surgimiento actual de la vida, la *Urimpression*, mientras que los otros momentos se ahogan en el pasado o emergen del porvenir y no son captados más que por un acto de «retención» o de «protención» –reflexiones específicas con las cuales colaboran a la vez tanto la memoria como la percepción[92]–. Ahora bien, al parecer, la certeza del *cogito* de la que hemos hablado en el capítulo 2, fundada en el modo mismo de existencia de la vida, sólo pertenece a la percepción del momento presente, mientras que es perfectamente posible poner en duda los datos de la retención. Finalmente, bajo la acción de la reflexión, el fenómeno sufre una modificación cualitativa: el gozo y la cólera sobre los que reflexionamos son de un orden distinto al del gozo y la cólera simplemente espontáneos[93].

Husserl responde a estas importantes objeciones recurriendo a una cuestión de principio de carácter formal: negar la posibilidad de que la reflexión pueda seguir la vida consciente tal como es, resulta absurdo, ya que equivale a presuponer aquello que negamos, haciéndonos caer en la contradicción que caracteriza a todo escepticismo[94]. En efecto, cualquiera que afirme dudar de la capacidad cognitiva de la reflexión se pronuncia al menos sobre su duda, y esta aserción es a su vez resultado de la reflexión[95]. Por otra parte, cuando hablamos de la modificación que sufre la vida espontánea al convertirse en objeto de la reflexión, presuponemos la posibilidad de conocer la vida antes de la reflexión, si no, ¿de qué otro modo podríamos hablar de «modificación»? El escepticismo niega esta posibilidad[96], pero –y este es el argumento de Husserl– si la

---

91. *Ideen*, § 78, p. 151; cf. también § 78, p. 148; § 98, p. 205; § 77, p. 146-147.
92. *Ideen,* § 77, p. 145-146; § 78, p. 149.
93. *Ideen*, § 70, p. 130; § 75, p. 141.
94. *Ideen*, § 79, p. 155; § 20, p. 37; *LU* I, § 32, p. 110 (Hua-XVIII, p. 118).
95. *Ideen*, § 79, p. 155.
96. *Ibid.*, 155-156.

reflexión carece de todo valor, nada podríamos decir de la reflexión misma[97].

Sin embargo, esta refutación formal del escepticismo no es suficiente y Husserl parece reconocerlo[98]. Se impone entonces una reflexión sobre la reflexión, una suerte de crítica de la fenomenología, crítica de las posibilidades y derechos de la reflexión[99]. Hace falta examinar más de cerca hasta dónde llega la certeza de la reflexión, cómo a través de las modificaciones puede aprehender un estado primitivo. Ahora bien, a pesar de sus modificaciones, podemos reconocer en el objeto de la reflexión el hecho de que ha existido con independencia de la reflexión[100]. Aquello que es aprehendido por la reflexión perceptiva se caracteriza, en principio, como algo que no solamente es y perdura mientras la reflexión se ocupa de él, sino como algo que existía ya con anterioridad[101]. De acuerdo con Husserl, que se contenta en *Ideas* con dar los resultados de sus análisis, el derecho absoluto de la reflexión perceptiva vale tanto para el instante presente como para la esfera de las retenciones y protenciones inmediatas, para aquello que es *todavía* vivido y para aquello que está *a punto de* ser vivido[102]. Nuestra vida no se limita al instante presente, su horizonte abarca el pasado y el porvenir. La crítica de la reflexión debe entonces establecer, además del derecho de la percepción reflexiva, el derecho de la memoria de aprehender el pasado. Este derecho no tiene un total y esencial dominio sobre nuestro pasado: siempre cabe la posibilidad del error. «Es puramene relativo y puede ser sobrepasado sin perder su carácter de derecho»[103]. Sin embargo, en lo que respecta al hecho mismo de la existencia de nuestro pasado, tenemos una total certeza, en virtud de la estructura misma del tiempo. La conciencia, en

---

97. *Ideen*, § 79, p. 156.
98. *LU* II, Introducción, § 3, p. 10 (Hua-XIX/1, p. 14); *Ideen*, § 66, p. 124.
99. *Ideen*, § 77, p. 147. Este estudio de la reflexión a partir de la reflexión no es un círculo vicioso. Es la vuelta sobre sí, propia de todas las ciencias de los principios, como la lógica. Sólo nos encontramos con un círculo vicioso cuando la conclusión está en las premisas. No tenemos esa relación aquí: la reflexión que debe concluir sobre los derechos de la reflexión se verá justificada por sus propios resultados. Cf. *Ideen*, § 65, p. 122; *LU* I, §19, p. 53s (Hua-XVIII, p. 65s).
100. *Ideen*, § 77, p. 145.
101. *Ideen*, § 45, p. 83.
102. *Ideen*, § 78, p. 150-151.
103. *Ibid.*, 151; § 140, p. 293.

la medida en que existe y dura, no puede comenzar ni terminar[104]. Cada instante del tiempo exige un pasado donde desaparecer y un porvenir del cual surgir[105].

Así, al examinar los resultados de la *crítica de la reflexión*, podemos ver que los escrúpulos de unas líneas atrás eran exagerados, aun cuando sea necesario limitar las pretensiones de la reflexión. Ahora bien, esta limitación, según Husserl, encuentra su fundamento en la existencia misma de la conciencia y sería absurdo considerarla una imperfección[106].

Podemos, pues, para estudiar la constitución de los objetos en la vida, utilizar la reflexión intuitiva, que puede ser ejercida en todos los planos de la vida consciente: puede describir la estructura del nóema[107], inseparable de la nóesis, pero puede también detenerse en todas las articulaciones y todos los grados posibles de una estructura noético-noemática más compleja. Tales son, por ejemplo, los nóemas que Husserl llama *reiterados (iteriert)*[108], los cuales se ofrecen a sí mismos como *objeto-núcleo*[109]: puedo recordar un recuerdo de una percepción[110]. La mirada intuitiva puede viajar a través los distintos grados de articulación de un nóema y fijarlos a voluntad –esta es una posibilidad que le es inherente[111]–. Sin embargo, deberá hacerlo de modo que la mirada intuitiva se limite a la complejidad de lo dado, respetando su sentido intrínseco, y sin introducir nada por una vía indirecta –a través del razonamiento, por ejemplo[112]–.

El ámbito de la reflexión no se limita a la nóesis y al nóema: los elementos *hyléticos* participan igualmente en la constitución del objeto, y la reflexión sobre el dato hylético sobre la sensación, por ejemplo, sigue esta constitución en el plano hylético, describe el modo en el que la capa hylética está animada por intenciones (apre-

---

104. *Ideen*, § 81-82, p. 163-165.
105. *Ideen*, § 82, p. 164-165; *FCCE*, 36.
106. *Ideen*, § 79, p. 157.
107. *Ideen*, § 98, p. 206.
108. *Ideen*, § 100, p. 211.
109. Cf. *supra*, 83 (cap. 4).
110. *Ideen*, § 100, p. 210-211.
111. *Ideen*, § 101, p. 212.
112. *Ideen*, § 89, p. 183-184; *LU* II, Introducción, § 3, p. 11 (Hua-XIX/1, p. 15); *Ideen*, § 108, p. 221.

hensiones[113]) y describe la estructura temporal de la conciencia[114]. Brevemente, la reflexión fenomenológica es una mirada intuitiva que se dirige a la vida en toda la plenitud de sus formas concretas, es un intento de comprender la vida y, a partir de ella, el mundo, su objeto intencional.

Sin embargo, si la intuición filosófica no fuera más que una reflexión sobre la vida, la filosofía se vería reducida a una ciencia empírica, preocupada por el estado de hecho de la vida, al margen de toda ley *a priori*. Fuera de la contingencia no encontraríamos más que la simple constatación del *cogito* instantáneo, necesario a pesar de su carácter fáctico. Además, hemos enfatizado el hecho de que las ciencias empíricas son posibles sólo una vez que se ha establecido la ontología correspondiente. Si hablamos de una ciencia de los hechos de la conciencia, ¿dónde está la ciencia *a priori* capaz de servirle de base?[115].

Tanto en la reflexión sobre la conciencia como en la intuición directa del mundo, la *ideación* es posible. «Cada vivencia (*Erlebnis*) de la corriente considerada por el acto reflexivo tiene una esencia propia aprehensible intuitivamente, tiene un contenido que puede ser tomado en sí mismo con su carácter propio»[116]. Las vivencias (*Erlebnisse*) tienen esencias, tienen una estructura necesaria y, en cuanto tales, están regidas por leyes eidéticas. La conciencia es un objeto individual *concreto*[117] y el conjunto de los géneros superiores que lo constituyen forman una *región*. La conciencia es una región, fuente de una ontología. Los problemas de constitución serán resueltos con la ayuda de esta intuición eidética de la conciencia. La estructura de los actos que constituyen cada categoría de objetos es una estructura necesaria y tiene su fundamento en las leyes eidéticas de estos actos. Todas las descripciones de la vida consciente que hemos realizado hasta el momento, las estructuras del tiempo, de la intencionalidad, de la correlación del nóema y la nóesis, de la reflexión y su posibilidad son *a priori* y nos son dadas en la intuición eidética de la reflexión.

113. *Ideen*, § 97, p. 203; § 86, p. 176.
114. *Ideen*, § 81, p. 163.
115. *Ideen*, § 62, p. 119; § 60, p. 113.
116. *Ideen*, § 34, p. 61; *FCCE*, 36.
117. En el sentido indicado antes, cf. *supra*, 143 (cap. 6).

La fenomenología se revela entonces como una ciencia *eidética*, descriptiva, de la conciencia[118]. Ciertamente, podríamos preguntarnos si la vida de la conciencia, en toda la multiplicidad de sus formas cualitativamente distintas, puede ser comprehendida por las esencias. La antinomia bergsoniana entre el intelecto y la vida consciente puede no estar desprovista de toda validez. ¿Cómo podría la duración de la vida consciente, cuya originalidad es defendida por Husserl[119], ser aprehendida por los rígidos esquemas del intelecto? Lo que dijimos unas páginas atrás sobre la posibilidad de esencias inexactas, nos ayuda a comprender cómo puede el intelecto alcanzar y cubrir el ámbito de la vida consciente sin «espacializarla»[120]. Entre el espíritu de la finura, hostil a la geometría, y el espíritu de la geometría, ajeno a la finura, Husserl nos señala un tercer camino.

La reflexión fenomenológica es una reflexión ideativa: usa el estado de conciencia concreto del que se ocupa como un ejemplo para remontarse a su esencia. De hecho, la percepción no es requerida para la ideación. A esta le basta, y es preferible que así sea, tener como «ejemplo» un objeto en la imaginación[121]. «Es inherente a la esencia general de la aprehensión inmediata de las esencias el cumplirse sobre la base de una *simple re-presentación (Vergegenwärtigung)* de singularidades ejemplares»[122]. Esto da al fenomenólogo la libertad necesaria para desprenderse de lo que está realmente dado y recorrer la esfera de las posibilidades. Pasa así al dominio de las esencias que implican, por su sentido mismo, esta infinidad de «ejemplos» posibles[123]. Parece entonces, una vez más, que la verdad eidética es *a priori*, que es una verdad de posibilidades esenciales, a pesar de su modo de darse necesariamente con la ayuda de ejemplos. Esta verdad es totalmente independiente de la «efectividad» de la percepción[124]. «La ficción –nos dice paradójicamente Husserl– es el elemento vital de la fenomenología, así como de toda ciencia eidética»[125].

118. *Ideen*, § 75, p. 139.
119. Sobre la continuidad entre conciencia y duración, cf. *Ideen* § 75, p. 139.
120. Cf., *supra*, el capítulo 6; cf. también *Ideen*, § 75, p. 139.
121. *Ideen*, § 4, p. 12-13; § 70, p. 130.
122. *Ideen*, § 70, p. 129; cf. también § 79, p. 153.
123. *Ideen*, § 70, p. 131.
124. *Ideen*, § 34, p. 60.
125. *Ideen*, § 70, p. 132.

La claridad que manifiesta la intuición de esencias, especialmente cuando no son muy generales[126], depende de la claridad de la intuición del individuo que tiene como base[127]. Esta claridad, que no es necesariamente la de la percepción, pero que puede ser también una claridad de la imaginación, no debe estar ausente jamás. Encontramos aquí una de las más arduas tareas de la fenomenología. No resulta fácil llevar a cabo la intuición de esencias, y Husserl insiste en distintos pasajes sobre esta dificultad[128]. Recomienda a los principiantes un largo trabajo de aprendizaje, y les aconseja ejercitarse en la percepción antes de servirse de la imaginación. El estudio de la vida consciente, tal como se manifiesta en la historia, en las obras de arte y en la poesía, resulta también muy útil.

Sin embargo, el largo esfuerzo que exige la fenomenología para llegar a la intuición no posee el alcance metafísico que Bergson, por ejemplo, le reconoce al esfuerzo de la intuición, cuyas relaciones con la libertad, por decir lo menos, son muy estrechas. Volveremos sobre este punto en la conclusión de nuestro trabajo. Los esfuerzos necesarios para aprender a intuir las esencias, los esfuerzos aún mayores requeridos por la *reducción fenomenológica* (de la que hablaremos más adelante), no son estudiados, al menos en las obras de Husserl publicadas hasta ahora, en su relación con la naturaleza de la conciencia[129]. La intuición filosófica no es, como en el bergsonismo o en las filosofías de la vida, un acto en el que estén comprometidas todas las fuerzas vitales, un acto que juegue un papel importante en el destino de la vida. En Husserl, se trata de una reflexión sobre la vida, considerada en toda su plenitud y riqueza concreta –una vida considerada, pero no vivida ya–. Esta reflexión sobre la vida está demasiado separada de la vida misma, y no vemos sus vínculos con el destino y la esencia metafísica del hombre. Parece que el hombre, cuya actitud natural no es una actitud puramente contemplativa, cuyo mundo no es sólo un objeto de investigaciones científicas, lleva a cabo *violentamente* la reducción fenomenológica, al pasar a la reflexión *sobre* la vida, acto puramente teórico. Encontramos aquí una

---

126. *Ideen*, § 69, p. 129.
127. *Ideen*, § 67, p. 125.
128. *Ideen*, § 71, p. 132; § 61, p. 117; *LU* II, ii (Hua-XIX/1).
129. Sobre los esfuerzos necesarios para entrar en el ámbito de la fenomenología cf. la Introducción de *Ideen*, p. 2-3; § 9, p. 20; § 87, p. 180s.

inversión para la cual Husserl no ofrece explicación alguna. Para él ni siquiera se trata de una cuestión a resolver. Husserl nunca plantea el problema metafísico de la situación del *homo philosophus*.

Ahora bien, la caracterización de la intuición filosófica no estaría completa sin el estudio de la reducción fenomenológica.

¿En qué difiere el estudio de la conciencia, tal como la hemos analizado, del abordaje de la psicología? Esta cuestión surge de modo natural. ¿Acaso entender la fenomenología como fundamento y comienzo de la filosofía no equivale a identificar la filosofía y la psicología?[130]. ¿No estaremos recayendo en el psicologismo que Husserl combatía en las *Investigaciones lógicas*?

Hemos destacado ya en las páginas precedentes que la crítica del psicologismo llevada a cabo en el primer volumen de las *Investigaciones* se dirige tan sólo a una mala psicología (la naturalista), y abre el espacio para una psicología adecuada, la fenomenológica. Pero aun si hablamos de una psicología libre de todo resto psicologista y naturalista, aun si reconocemos, en la intencionalidad, la estructura esencial de la conciencia, no tendremos todavía, según Husserl, una fenomenología en cuanto filosofía, una fenomenología pura[131].

En la actitud psicologista –y esta es su nota definitoria– nos las vemos con una ciencia del mundo. La totalidad de lo real, que llamamos mundo, abarca también al hombre, con su cuerpo y sus estados psicológicos. El hombre es una parte del mundo, así como las montañas y los árboles[132]. Y la psicología, en sus diferentes disciplinas, estudia al hombre sólo en cuanto ente natural, con un cuerpo, dependiente del mundo y de la causalidad del mundo[133]. Ligada también con el mundo, la conciencia participa, en cierto modo, en la existencia del mundo. «Lo absoluto en sí (la conciencia) puede perder su inmanencia y revestir un carácter de trascendencia. Vemos inmediatamente que sólo puede hacer esto gracias a una cierta participación en la trascendencia, en el sentido primero y originario del término, esto es, en la trascendencia de la naturaleza material»[134]. Si el mundo tiene una existencia de la que no podemos

---

130. *Ibid.*, 2.
131. *LU* III, Apéndice, p. 235-236 (Hua-XIX/2, p. 764-765).
132. *Ideen*, Introducción, p. 3-4; § 33, p. 58; § 39, p. 69, 70; *FCCE*, 18-19.
133. *Ideen*, § 53, p. 103; § 76, p. 143.
134. *Ideen*, § 53, p. 103.

estar absolutamente ciertos, una existencia que nos deja entrever, como vimos en el capítulo 2, una posibilidad de no-ser, el hombre y la conciencia, estudiados por la psicología, deben presentar el mismo carácter. «El yo empírico es un *objeto trascendente*[135] del mismo orden que la cosa física»[136].

Sin embargo, la reflexión sobre la conciencia revela con toda evidencia una existencia absoluta en el *cogito*, que debe ser admitida como tal. «Si esta evidencia es real –nos dice Husserl– en tanto que adecuada, lo cual es innegable, ¿cómo no admitir un yo puro?»[137]. Será necesario concluir que la conciencia absoluta del *cogito*, la única de la que nos hemos ocupado hasta el momento, no es idéntica a la conciencia psicológica. Husserl llama a esta conciencia absoluta conciencia pura o trascendental. La fuente verdadera del ser, el campo de su constitución, no se encuentra en la conciencia psicológica[138]. La conciencia empírica, estudiada por el psicólogo, no es en modo alguno nuestra vida captada en su originalidad y primer surgimiento[139]. Esta vida primordial se nos ofrece en la evidencia del *cogito*. Aun cuando hablan de intencionalidad, los psicólogos tratan a la conciencia como algo causalmente vinculado con la naturaleza a través del cuerpo[140]. El «hombre ingenuo» también trata a la conciencia como una cosa más entre las cosas. La conciencia, así, no es aprehendida en su pureza, sino más bien interpretada o, como diría Husserl, «percibida» en su relación con el mundo. «El cumplimiento de esta puesta en contacto de la conciencia (con el mundo), de esta *realización* de la misma, se lleva a cabo según un modo particular de aprehensión o de experiencia, un modo particular de *apercepción*»[141]. La conciencia absoluta, *percibida* como conciencia psicológica, no pierde evidentemente

---

135. «Objeto trascendente» se opone aquí a la noción de «objeto inmanente», que es pura conciencia en el modo específico de su existencia, para la cual los objetos trascendentes son totalmente ajenos.
136. *LU* II, Quinta Inv., § 6, p. 357 (Hua-XIX/1, p. 367); *Ideen*, § 39, p. 70.
137. *LU* II, Quinta Inv., § 6, p. 357 (Hua-XIX/1, p. 367). El «ego puro» se opone aquí al «ego empírico» de la psicología. Cf. *Ideen*, § 54, p. 106.
138. *Ideen*, § 51, p. 95.
139. *Ideen*, § 53, p. 104.
140. *Ibid.*, 103.
141. *Ibid.* «Realización» aquí significa el acto de imponer la estructura ontológica de una *res* (realidad), de una cosa, significa una «reificación».

nada de su naturaleza, su modo de aparecer no cambia, y sin embargo la conciencia no es la misma. «Ella sigue siendo lo que es: ser absoluto. Pero no es aprehendida como tal, es *percibida* como *cosa*, y en esta apercepción específica se constituye una trascendencia *sui generis*»[142]. «Para la conciencia absoluta, así, se constituye una individualidad psicológica en la naturaleza: el hombre o el animal, en tanto unidad fundada en un cuerpo»[143].

En suma, debemos distinguir entre la conciencia psicológica y la conciencia fenomenológica. Sólo la última es verdaderamente primera y concreta. La otra se constituye en aquella como todos los demás objetos trascendentes. Y el modo según el cual la conciencia se constituye en la conciencia pura o trascendental[144] puede convertirse también en objeto de estudio. Desde este punto de vista, podremos esclarecer el sentido de esta *apercepción*, en la cual reside, a nuestro parecer, el problema filosófico de la relación entre alma y cuerpo.

Otra gran diferencia separa la actitud fenomenológica de la actitud psicológica. En esta última, aun cuando nos ocupamos de la vida, nos orientamos hacia el mundo, planteamos su existencia y lo pensamos como englobando esta vida, objeto de nuestro estudio. Ciertamente, en la reflexión psicológica encontramos también la estructura hylético-noético-noemática de la conciencia, pero el mundo de los nóemas no representa, en esta actitud, el mundo real, reencontrado en la fuente de su constitución y en sus modos de constituirse (como sí sucede, por el contrario, en la actitud fenomenológica). Podemos estudiar los nóemas sin abandonar la actitud natural y sin, consecuentemente, esclarecer la existencia del mundo. Esta última no nos obliga a suspender el acto por el cual planteamos el mundo para entender dicho acto. En la actitud psicológica[145], la creencia en la existencia del mundo subsiste y, aun sin ser explícita, es inherente al estudio de la conciencia. En una palabra,

142. *Ideen*, § 53, p. 104.
143. *Ibid.*
144. Husserl llama a esto «conciencia fenomenológica». Cf. *ibid.*, § 33, p. 59.
145. Hablamos en este pasaje de la psicología fenomenológica que se limita al estudio del sentido intrínseco de la inmanencia, pero que admite el paso a la psicofísica y a la psico-fisiología. Se trata de la fenomenología en general en cuanto opuesta a la fenomenología pura. *LU* III, Apéndice, p. 235 (Hua-XIX/2, p. 764); *FCCE*, 38.

al volver sobre la vida y su sentido intrínseco, la psicología no puede reconocer que se encuentra ante la fuente del ser, y cree ocuparse tan sólo de una de sus regiones.

Las distinciones que acabamos de establecer entre la psicología y la fenomenología no equivalen a la condenación de la primera[146]. Sólo describen su alcance y sus límites: la psicología no es la filosofía[147]. El mundo existe para el psicólogo y para cualquier otro científico. La psicología es una ciencia del mundo con derechos propios; derechos que, si bien deben ser delimitados por la fenomenología[148], no dejan de ser tales, lo mismo que los de la física y de la química. Aún hay más: los vínculos entre la fenomenología y la psicología (fenomenológica) son de tal modo estrechos[149] que las proposiciones de la psicología pueden coincidir, palabra por palabra, con los resultados de la fenomenología de la conciencia[150]. Al fin y al cabo, la conciencia estudiada por ambas ciencias es numéricamente la misma[151]. Sólo el sentido de estas dos ciencias difiere: la filosofía estudia la conciencia pura; la psicología, la conciencia *naturalizada*[152].

La psicología no podrá nunca comprender la existencia específica de la conciencia, porque la sitúa en la naturaleza. No podrá entender que ser un «yo» en el mundo no equivale a ser en el mundo del mismo modo que una cosa. El *In-esse* en cada caso tiene un carácter completamente distinto. De ahí que el gran mérito de la teoría de la reducción fenomenológica (método que nos conduce a la conciencia fenomenológica) sea el de haber mostrado –aunque negativamente– que la existencia «conciencia» y su relación con el mundo deben ser concebidas a partir de un modelo totalmente distinto del de la parte y el todo.

El empirismo identifica conciencia trascendental y conciencia psicológica. He ahí su gran error. El origen de éste se encuentra ya en Descartes. En Locke, Berkeley y Hume alcanza un absurdo ma-

---

146. *Ideen*, introducción, p. 2.
147. *FCCE*, 23-24.
148. *Ibid.*, p. 304.
149. *Ibid.*, p. 302; *Ideen*, p. § 30, p. 52; § 53, p. 104s; § 79, p. 158s.
150. *Ideen*, § 76, p. 143-144; § 53, p. 104s; *FCCE*, 47.
151. *Ideen*, § 33, p. 58; § 76, p. 143.
152. *Ibid.*, § 53, p. 104; *FCCE*, 24.

nifiesto: un estudio puramente naturalista de la conciencia conduce a la negación de la realidad y de las categorías de la naturaleza.

No obstante, la distinción entre la conciencia psicológica y la fenomenológica, tal como Husserl la concibe, se dirige también, y no menos violentamente, contra el Fichte que identifica la conciencia trascendental con un *Yo puro*, que trasciende a las conciencias concretas que somos nosotros[153]. La conciencia trascendental no está más lejos de nosotros que la conciencia psicológica. Incluso su proximidad es mayor, ya que se trata de la conciencia verdadera, opuesta a la conciencia «en tanto cosa». La conciencia psicológica misma se constituye en la conciencia trascendental[154].

La reducción fenomenológica es, justamente, el método con la ayuda del cual retornamos al hombre verdaderamente concreto. Gracias a ella descubrimos el campo de la conciencia pura, donde podemos practicar la intuición filosófica[155]. Y las características de la conciencia trascendental nos permiten comprender el sentido de una operación de esta naturaleza.

En lugar de plantear la existencia del mundo, tal como sucede en la actitud natural, suspendemos nuestro juicio, imitando el proceder de Descartes cuando pone en duda toda afirmación. Sin embargo, nuestra duda tiene un sentido distinto: es puramente *eféctica*[156]. Según Husserl, la suspensión del juicio en Descartes tiene el carácter de una duda universal[157], mientras que aquí no planteamos ni la existencia ni la inexistencia del mundo[158]. Dejamos «fuera de acción», ponemos «entre paréntesis» el planteamiento de dicha existencia[159]. No la afirmamos, no la negamos, permanecemos fue-

---

153. Husserl dice: «Andererseits ist die Welt der transzendenten *res* durchaus auf Bewusstsein, und *zwar nicht auf logisch erdarchtes*, sondern actuelles angewiesen», *Ideen*, § 49, p. 92. Gaos traduce así: «Por otra parte, el mundo de las *res* trascendentes está íntegramente referido a la conciencia, y *no a una conciencia lógicamente fingida*, sino a una conciencia actual». (Las cursivas son mías [N. del A.]).
154. *Ideen*, § 54, p. 105; § 76, p. 143.
155. *Ideen*, Introducción, p. 3; § 32, p. 56; § 33, p. 58s; § 50, p. 94s; § 56, p. 108s.
156. Debemos insistir en que la reducción es distinta de la duda cartesiana. Esta última es considerada aquí con el sólo fin de destacar ciertas características de la reducción.
157. *Ideen*, § 31, p. 55.
158. *Ibid.*, 54.
159. *Ibid.*

ra de esta afirmación para poder estudiarla[160]. Husserl nos dice: «(La tesis, el acto de plantear el mundo como existente) sigue estando *ahí*, como aquello que ha sido puesto entre paréntesis»[161]. Sin embargo, aun al suspender de este modo el juicio implícito de la actitud ingenua, nos enfrentamos a la conciencia que emite este juicio y que resiste la *epoché*[162] fenomenológica[163]. No podemos «excluir» o «poner fuera de juego» los juicios que se aplican a la conciencia. La existencia específica y absoluta de la conciencia, sobre la cual hemos discurrido largamente, la pone a salvo de esta exclusión. En virtud de su existencia, el acto que la plantea tiene un carácter de certeza absoluta: la certeza del *cogito*.

Así, la *epoché* fenomenológica nos lleva a considerar la vida consciente. Esta se revela como una intención que se dirige hacia el ser y que afirma la existencia de sus objetos. Estos últimos se encuentran en ella a título de nóemas, inseparables de la conciencia[164]. Se encuentran ahí «entre paréntesis», según la expresión de Husserl, «reducidos» a lo que son para la conciencia, listos para ser estudiados por la fenomenología.

La *epoché* fenomenológica no destruye la verdad propia de la actitud natural, sólo aclara su sentido[165]. «En relación con cada tesis, podemos ejercer esta *epoché* específica: una suspensión del juicio que se corresponde con la inquebrantable e inconmovible evidencia de la verdad»[166].

Pero la conciencia, a la cual nos conduce la *epoché*, es trascendental y no psicológica. Esta última no puede ser planteada como absoluta, ni puede, por ello, detener la reducción, ya que, con la totalidad del mundo, sucumbe a la *epoché*. Nuestra actitud, así, no se confunde con la del psicólogo que reflexiona sobre la conciencia. El psicólogo plantea la existencia del mundo al mismo tiempo que reflexiona sobre el acto de plantear esta existencia. La *epoché* feno-

---

160. *Ideen*, § 90, p. 187.
161. *Ideen*, § 31, p. 54.
162. Este término, que designa la reducción fenomenológica, es introducido en *Ideen*, § 31, p. 56.
163. *Ideen*, § 33, p. 59.
164. *Ibid.*, § 76, p. 142; § 135, p. 278-79; § 145, p. 302, 303s.
165. *Ibid.*, § 90, p. 187.
166. *Ideen*, § 31, p. 55.

menológica no nos permite proceder así. No nos identificamos con la vida en la que se plantea el objeto; en cierto modo, nos desprendemos de nosotros mismos y nos limitamos a reflexionar sobre ella. No damos credibilidad alguna, por así decir, a la tesis considerada[167].

En suma, gracias a la *epoché* alcanzamos finalmente a la conciencia, ya que sólo ella subsiste como sujeto de nuestros juicios una vez que toda proposición sobre el mundo nos está vedada. Y por esta misma razón, constatamos que la conciencia a la que arribamos no es una conciencia psicológica, sino trascendental, que se revela a partir de la reducción fenomenológica.

Al prohibirnos el empleo de toda afirmación que contenga la tesis de la existencia del mundo, nos ponemos a resguardo, como premisa, de todo juicio que lleve la impronta de la actitud natural y, por ende, no presuponemos ciencia alguna[168], ni de la naturaleza, ni del espíritu, ni experimental, ni eidética (ontología regional[169]). No nos presuponemos siquiera a nosotros mismos en tanto «personas» que viven en el mundo, ni a los otros, ni a Dios[170]. La fenomenología queda así libre de toda «presuposición ajena», tal como le corresponde a una ciencia filosófica, a una ciencia de principios[171] que sólo procede por intuición inmediata[172]. Sin embargo, volvemos a encontrarnos en la esfera de la conciencia, bajo la forma de nóemas, con todas las proposiciones de las ciencias, en su modo de constituirse para la conciencia[173]. Y es esto justamente lo que nos interesa. Y las volvemos a encontrar porque reflexionar sobre la conciencia equivale a considerarla en todas sus relaciones con el mundo, con los objetos, con los estados de cosas (*Sachverhalte*). No discutimos el valor y alcance de estos juicios, de estas proposiciones de las ciencias que no sirven de premisas para la investigación fenomenológica[174]. Pero sí nos preguntamos por su modo de constitución, esto es, por lo que significan en la vida. La fenomenología no persi-

167. *Ideen*, § 90, p. 187.
168. *Ideen*, § 32, p. 56-57.
169. *Ideen*, § 58-60, p. 111-115.
170. *Ideen*, § 58, p. 110.
171. *Ideen*, § 56, p. 108; cf. también § 59, p. 113; § 60, p. 115; § 63, p. 121.
172. *Ideen*, § 59, p. 113.
173. *Ideen*., Introducción, p. 1; § 33, p. 57; § 76, p. 142; y especialmente § 97, p. 204; § 135, p. 278-279; § 145, p. 302-303; *FCCE*, 22.
174. *Ideen*, § 33, p. 57.

gue otro objetivo que el de volver a situar el mundo de los objetos –objetos de la percepción, de la ciencia, de la lógica– en el tejido concreto de nuestra vida, y de comprenderlos a partir de esta última[175]. Este es el sentido pleno del análisis noético-noemático.

El cuerpo mismo, cuya relación con la conciencia constituye en psicología el problema de lo psico-físico, no desaparece en la reducción: se ve constituido de entrada por un conjunto de vivencias (*Erlebnisse*), de sensaciones internas, de actos cinestésicos. Nos es dado, pues, como un objeto intencional con una estructura específica que juega un papel privilegiado en la totalidad de la experiencia. Y sólo el análisis fenomenológico de la apercepción psicológica podrá poner de manifiesto el sentido de la relación de la conciencia con el cuerpo entendido como un objeto natural. El problema parece reducirse así a saber qué significa esta relación, esto es, cómo se constituye en la vida trascendental.

¿Es la reducción una actitud provisional, como la duda cartesiana? Creemos haber mostrado, al situar la reducción en el conjunto de los problemas y de los fines de la fenomenología, que no lo es en absoluto. Lejos de ser una actitud provisional, la reducción tiene un valor absoluto para Husserl, que busca remontarse hasta el ser absoluto, hasta la fuente de todo ser, que es la vida[176].

Esta tesis sobre el valor ontológico inherente a la subjetividad y a su sentido intrínseco constituye la verdadera base de todo el pensamiento de Husserl: ser es ser vivido, es tener un sentido en la vida. La reducción fenomenológica tiene el solo propósito de hacernos presente nuestro *yo* verdadero, de hacerlo presente a una visión puramente teórica y contemplativa que reflexiona sobre la vida, pero que no se confunde con ella.

Nuestra exposición ha intentado mostrar que la reducción no efectúa una simple abstracción que le permite imaginar una conciencia sin mundo. Por el contrario, la reducción nos descubre nuestra propia vida en toda su concreción[177], mientras que en la actitud psicológica, el hombre es percibido como una parte de la naturaleza, falseando así el sentido de su existencia.

---

175. *Ideen*, § 135, p. 278; § 147, p. 306.
176. *Ideen*, § 51, p. 95-96.
177. *Ibid.*, 95.

No obstante, si aún creemos percibir en esta operación una especie de abstracción, esto se debe a una cierta fluctuación en el concepto husserliano de la conciencia. Ciertamente, como hemos mostrado, la intencionalidad define la naturaleza misma de la conciencia, pero –conviene recordarlo– le hemos atribuido *necesariamente* una intencionalidad *trascendente*. Los textos de Husserl y el espíritu general de su filosofía nos permiten dar este paso: el mundo parece ser indispensable para la conciencia, que es siempre conciencia *de* algo. La idea de la intencionalidad trascendente es hasta tal punto preponderante que la intencionalidad interna –que constituye los datos hyléticos[178]– es concebida por Husserl, quizás erróneamente, a partir del mismo modelo. Sin embargo, no deja de ser cierto, como varios de sus textos sugieren, que para Husserl no resulta contradictoria la idea de una inmanencia pura y que, consecuentemente, la conciencia podría existir sin mundo. En virtud de esta indecisión, o más bien de esta oscuridad en el vínculo entre la *hylé* y la *nóesis*, la reducción parece ser un retorno a una conciencia sin mundo, en la que este se constituiría a partir de la pura *hylé* –especie de abstracción en la que, aparentemente, se renuevan las tesis sensualistas–.

Hay otra razón por la cual la reducción fenomenológica, tal como la hemos interpretado hasta el momento, parece no revelarnos la vida concreta y los objetos en su significación para la vida concreta. La vida concreta no es la vida solipsista de una conciencia cerrada sobre sí misma. El ser concreto no es lo que existe para una sola conciencia. En la idea misma del ser concreto está contenida la idea de un mundo intersubjetivo. Si nos limitamos a describir la constitución del objeto en una conciencia individual, en un «ego», no llegaremos al objeto tal como se da en la vida concreta. Nos quedaremos con una mera abstracción. La reducción sobre el *ego*, la *reducción egológica* no puede ser más que un primer paso hacia la fenomenología. Hace falta también descubrir a los «otros», al mundo intersubjetivo. Una intuición fenomenológica de la vida de los otros, una reflexión sobre la empatía (*Einfühlung*) nos abre al campo de la intersubjetividad trascendental y completa la obra de la intuición filosófica de la subjetividad. Aquí

---

178. Cf. *supra*, 75 (cap. 3).

los problemas vinculados con la constitución del mundo surgen de nuevo[179].

Las obras de Husserl publicadas hasta el momento tan sólo hacen breves alusiones al problema de la reducción intersubjetiva[180] y no es nuestro propósito reproducirlas aquí. De cualquier modo, creemos firmemente que la reducción intersubjetiva y todos los problemas que plantea han preocupado seriamente a Husserl. Nuestro autor ha emprendido el estudio de la empatía, intuición por la cual accedemos a la intersubjetividad; ha descrito el papel que en ella juegan la percepción de nuestro cuerpo y su analogía con el cuerpo del otro; ha realizado también el análisis de la vida que se manifiesta en otro cuerpo –un tipo de existencia análogo al mío–. En fin, Husserl se ha ocupado de manera importante del carácter mismo de la constitución propia de esta intersubjetividad –realidad consciente sin la cual ningún tipo de existencia sería siquiera pensable[181]–. Y a pesar de la gran influencia que estos trabajos, aún inéditos, han ejercido ya, no estamos autorizados para sacarles partido antes de su publicación.

---

179. *Ideen*, § 135, p. 279; § 151, p. 317.
180. *Ideen*, § 29, p. 51-52; § 45, p. 84; § 48, p. 90; § 49, p. 92; § 66, p. 124-125; *FCCE*, 37.
181. Mencionemos también otros problemas que se plantean en las obras inéditas, problemas que no tienen relación inmediata con aquello que hemos tratado. Problemas como la existencia del hombre como personalidad, la historia, la génesis de la conciencia (*Ideen*, § 76, p. 142); incluso cuestiones como la del destino. Han tomado una gran importancia las investigaciones sobre la constitución del tiempo inmanente y del tiempo cósmico *Ideen* § 81-§ 82, p. 161-165; § 118, p. 245-246; cf. también *Lecciones*.

CONCLUSIÓN

Para concluir, retomemos brevemente las tesis propuestas a lo largo de este estudio. Al intentar comprender la teoría de la intuición a partir de la teoría del ser, mostramos cómo Husserl va más allá de la ontología naturalista, que hipostasía el objeto de la física y concibe la totalidad de lo real según el modelo sólido de la cosa. Hemos llegado así a una concepción del ser estrechamente ligada a la noción de lo «vivido». Lo vivido, la experiencia, se presenta a su vez, por un lado, como ser absoluto que lleva siempre en sí la garantía de su propia existencia, como lugar donde todo ser se constituye y, por otro, como esencialmente intencional.

Se sigue así que la vida consciente no está en presencia de sus propios estados, sino que se enfrenta continuamente al ser trascendente. En estas condiciones, la verdad no reside en la legalidad interna de representaciones subjetivas, sino en la presencia de la vida ante su objeto dado «en persona» (*selbstda*). La intuición es el acto que aspira a ponernos en contacto con el ser y sólo en ella encontramos el *lugar* de la verdad. Caracterizada así la intuición, entendemos fácilmente su extensión a la esfera de las categorías y de las esencias.

Por otro lado, sólo la noción de la existencia absoluta de la conciencia y de su primado con relación a las otras regiones del ser nos permite dar crédito a dicha aspiración de la intuición –acto cuyo sentido intrínseco consiste en presentarnos los objetos «en persona»–. Para ser verdaderos, los datos de la intuición no deben ser comparados con un «ser verdadero» que sería independiente de la conciencia. La nociones mismas de trascendencia y de ser están determinadas por la intuición: lejos de tener que justificarse por su correspondencia con el ser, los datos de la intuición son origen y norma de la existencia. La teoría de la intuición se apoya, en último análisis, sobre la teoría del primado de la conciencia, la cual proclama la determinación de toda existencia por el sentido intrínseco de nuestra vida.

Así, en virtud de este primado del sentido intrínseco de nuestra vida, se abre una nueva dimensión para la investigación acerca del ser. Podemos preguntarnos por el modo específico en que cada categoría de objetos se manifiesta en la vida. ¿Cuál es el sentido intrínseco de la vida en la constitución de diferentes regiones de objetos?

Hemos tratado de mostrar que estas cuestiones no tienen sólo que ver con la estructura de la vida que tiene acceso a estos objetos; no constituyen simplemente una teoría del conocimiento, sino que —en virtud del origen de todo sentido en la vida— apuntan al *significado de la existencia misma del ser*.

La tarea profundamente filosófica de esta investigación está vinculada con la *reflexión* como *intuición filosófica*. Para ser tal, la reflexión debe ejercerse no sobre una conciencia psicológica, perteneciente al mundo de los objetos trascendentes, sino sobre una conciencia pura, soberanamente concreta y primera, puesta al descubierto por la reducción fenomenológica.

Hemos interpretado los problemas de constitución como problemas ontológicos y hemos vislumbrado su tarea esencial: traer a la luz el sentido de la existencia. Esta interpretación, que parece aclarar el papel filosófico por excelencia de la fenomenología de la conciencia, constituye quizá el aspecto de esta teoría en el que hemos sido más explícitos que Husserl mismo. No obstante, él vio claramente este punto. «Was besagt dass Gegenständlichkeit sei» es, según el artículo de *Logos*, el problema esencial planteado por la fenomenología de la conciencia.

Sólo Heidegger se atreve a afrontar deliberadamente esta cuestión calificada de imposible por la filosofía tradicional: un planteamiento que, teniendo por objeto el sentido de la existencia del ser, busca el sentido de la «trascendencia» aristotélica, el sentido mismo de la «sustancialidad de la sustancia». Hemos señalado como una consecuencia fundamental de la filosofía de Husserl la identificación entre la existencia del ser, por un lado, y por otro su encuentro con la vida y el papel que juega en esta, papel que se hace visible en la constitución del objeto. Esta consecuencia no pasa desapercibida para Heidegger y parece ejercer una gran influencia en su pensamiento. En apariencia, en estos dos puntos, aunque de una manera profundamente original, Heidegger sigue transitando por la ruta trazada por su maestro, y por ello creemos que estamos autorizados a buscar inspiración en su obra[a].

Para explicar el hecho de que en una intuición eidética, única que nos revela relaciones necesarias, podamos aprehender todas las sinuosidades de los fenómenos, Husserl elabora la noción de las *esencias inexactas y vagas* que, por la influencia de las ciencias de la naturaleza y del naturalismo, eran consideradas por la teoría del conocimiento como puramente subjetivas y sin valor. La intuición husserliana busca respetar las formas móviles e inexactas de lo real concreto. El intelecto, en cuanto facultad de conocer lo ideal, no es ajeno a la intuición, y esta, en cuanto percepción de aquello que resulta refractario al espíritu de la geometría, no contradice a aquel. El antagonismo bergsoniano entre intelecto e intuición queda superado.

Sin embargo, es otro aspecto de su teoría de la intuición el que revela el carácter profundamente intelectualista de Husserl. La intuición filosófica de Bergson se encuentra estrechamente ligada a la vida concreta del hombre y a su destino. Ahí encuentra su punto culminante, en el acto de la libertad. No encontramos este fundamento metafísico de la intuición en la fenomenología de Husserl: el vínculo entre todas las fuerzas vitales que definen la existencia concreta resulta ajeno a su pensamiento[b]. La filosofía comienza con la reducción. He ahí un acto en el que, ciertamente, aprehendemos la vida en toda su concreción, pero en el que dejamos de vivirla. Detengámonos en este último punto.

Husserl concibe la filosofía como ciencia universalmente válida, al modo de la geometría y de las ciencias de la naturaleza, como

a. Como ya dijimos, en su obra posterior a *La teoría fenomenológica de la intuición* Levinas tomará una distancia crítica de la propuesta heideggeriana, y si en este texto llega a hacer algún reproche a Husserl inspirado por la ontología fundamental de *Ser y tiempo*, en su obra de madurez cuestionará toda una tradición que, en su apuesta por una identidad neutra y totalizadora, elimina violentamente cualquier alteridad, tradición que va desde los pre-socráticos hasta Heidegger. Cf. *Totalidad e infinito*, Sígueme, Salamanca 1999 [N. de la T.].

b. Esta opinión se verá posteriormente modificada por los ulteriores desarrollos de Husserl, en especial los que sobre el problema de la historicidad y su teleología están contenidos en *La crisis de las ciencias europeas y la fenomenología trascendental*, Crítica, Barcelona 1991. Cf. también, sobre el compromiso íntegro del hombre en el quehacer fenomenológico y las relaciones de este método con la libertad y la responsabilidad, el texto de reciente aparición *Renovación del hombre y de la cultura*, Anthropos-UAM, México-Barcelona 2002 [N. de la T.].

ciencia que se desarrolla gracias al esfuerzo de generaciones de científicos, cada una continuando el trabajo de las anteriores[1]. Lo que hay de profundamente intelectualista en esta concepción no reside en el hecho de tomar como modelo la geometría y las ciencias naturales, que en cuanto ciencias de la materia se valen de conceptos exactos. Hemos visto que Husserl no toma de estas ciencias la rigidez de sus conceptos. El modelo geométrico significa —y esto es lo que realmente importa— que la función, el papel de la filosofía misma y el papel de las ciencias en nuestra vida son del mismo género; que la filosofía ocupa el mismo lugar en el destino metafísico del hombre que el ejercicio teórico de la ciencia. En esta concepción, la filosofía parece tan independiente de la situación histórica del hombre como cualquier teoría que considere la realidad *sub specie aeternitatis*.

Expliquemos de forma sucinta lo que entendemos por «situación histórica del hombre». Evidentemente, no hablamos aquí del hecho de que la constitución empírica del hombre no es, en cualquier lugar y en cualquier momento de la historia, la misma; de que el hombre cambia y de que, consecuentemente, la ciencia que vale para una época puede no tener ya sentido para otra. Contra el escepticismo que empuña argumentos de este tipo, extraídos de la comprensión naturalista de la historia, Husserl elabora las tesis fundamentales del primer volumen de las *Investigaciones lógicas* y sobre todo de la segunda parte de *La filosofía como ciencia estricta*. La psicología y la historia naturalistas, ciencias empíricas, no pueden conmover la certeza de la ciencia y su carácter y valor *sub specie aeternitatis* inherentes al sentido intrínseco de la vida científica[2]. Consideramos la situación histórica del hombre en otro sentido. La vida, en la que hay que buscar el origen de lo real —tanto de los objetos de la percepción como de los objetos de las ciencias— revela un carácter histórico, justo en el sentido en el que decimos que «todo hombre tiene una historia». Hablamos de ese fenómeno

---

1. Cf. *La filosofía como ciencia estricta,* Nova, Buenos Aires 1962.
2. Los dos artículos que Schestov consagró en la *Revue philosophique* (RPh) a Husserl (*Memento mori*: RPh CI [1926], y *Qu'est-ce que la vérité?*: RPh CIII [1927]) critican este viso intelectualista. Sin embargo, creemos que Schestov ataca justamente uno de los puntos del intelectualismo husserliano que mejor resisten las críticas: sus argumentos contra el psicologismo naturalista y escéptico. Para nosotros el intelectualismo de Husserl es de un orden totalmente distinto. Desde nuestro punto de vista, el escepticismo mismo no es necesariamente anti-intelectualista.

sui generis en la constitución de la personalidad que hace que el hombre *sea* de un modo específico y original su pasado, lo cual es inconcebible en el caso de una piedra. Esta historicidad no es una propiedad secundaria del hombre, quien de entrada existiría para entonces devenir temporal e histórico: la historicidad y la temporalidad forman la sustancialidad misma de su sustancia.

Esta estructura de la conciencia –que, por ejemplo, ocupa un lugar fundamental en el pensamiento de Heidegger– no ha sido estudiada por nuestro autor, al menos en las obras publicadas hasta el momento. En ellas no encontramos el problema de la relación entre la historicidad de la conciencia y su intencionalidad, su socialidad y su personalidad.

La ausencia de estas cuestiones en las obras de Husserl parece estar determinada por el espíritu general de su pensamiento. La historicidad de la conciencia no aparece como un fenómeno original porque, según Husserl, la actitud suprahistórica de la teoría sostiene toda nuestra vida consciente. En el momento mismo en el que se admite la representación como base de todos los actos de la conciencia, la historicidad de la conciencia queda comprometida y la intuición adquiere un carácter intelectualista.

Por esta misma razón, la reducción fenomenológica no requiere explicación. La reducción es un acto por el cual la filosofía reflexiona sobre sí misma y «neutraliza» en sí, por así decirlo, al hombre que vive en un mundo, al hombre que plantea dicho mundo como existente, al hombre que toma parte en este mundo. La reducción consiste en «verse» a uno mismo viviendo. Sin embargo, en virtud del primado de la teoría, Husserl no plantea la cuestión de saber cómo esta «neutralización» de nuestra vida[3] –acto que, no obstante, pertenece a esta última– encuentra su fundamento *en* la vida misma. ¿Cómo puede el hombre de la actitud ingenua, inmerso en el mundo, el «dogmático de nacimiento»[4], llegar a ser consciente de esta ingenuidad? Cuando Husserl se pregunta si la reducción fenomenológica puede ser efectuada y si su posibilidad no contradice la esencia de la conciencia[5], parece tocar por un mo-

---

3. *Ideen*, § 110, p. 223.
4. *Ideen*, § 61, p. 117.
5. *Ideen*, § 31, p. 53.

mento el problema de la determinación del lugar de la reducción en la vida de la conciencia. A pesar de que resuelve este problema recurriendo a nuestra libertad para neutralizar la «tesis existencial» de la actitud ingenua y empezar a reflexionar sobre la misma, la libertad a la que nos refiere, análoga a la duda, es la libertad de la teoría. Nos vemos impulsados a llevar a cabo la reducción simplemente porque podemos y porque abre un nuevo campo de conocimiento. La libertad y el impulso que nos conducen a la reducción y a la intuición filosófica no presentan, por sí mismos, nada de nuevo con relación a la libertad y a los estímulos de la teoría. Y ya que Husserl otorga la primacía a esta última, se da a sí mismo la libertad de la teoría, así como se da a sí mismo la teoría.

Consecuentemente, a pesar del carácter revolucionario de la reducción fenomenológica, la revolución que lleva a cabo sólo es posible en la medida en que la actitud natural tiene, en la filosofía husserliana, un carácter teórico. El papel histórico de la reducción y el significado de su intervención en un determinado momento de la existencia no constituyen para Husserl problema alguno.

La proposición según la cual hay una representación en la base de todo acto, tiene un impacto en el espíritu general de la filosofía de Husserl y en el carácter intelectualista de la intuición mucho mayor de lo que podíamos haber imaginado.

No obstante, al tiempo que afirmamos el primado de la teoría en la filosofía husserliana, no dejamos de señalar que su tesis esencial consiste en buscar en la vida concreta el lugar del ser. Por eso la vida práctica y la vida estética poseen también un carácter intencional, y los objetos constituidos por ellas pertenecen igualmente a la esfera del ser. Las categorías éticas y estéticas son constitutivas del ser, y sus modos de existir y de encontrarse con la conciencia poseen una estructura específica. Sin duda, dichas categorías están siempre fundadas en una experiencia puramente teórica y la especificidad del ser de estos «objetos de valor» no es completamente *sui generis* mientras subsista en ellos algo de la cosa bruta. Sin embargo, ¿acaso la posibilidad misma de superar esta dificultad o fluctuación en el pensamiento de Husserl no surge de la afirmación del carácter intencional de la vida práctica y axiológica?

ESTUDIO CONCLUSIVO
DE LA INTENCIONALIDAD A LA HERIDA
LA RADICALIZACIÓN DE LA FENOMENOLOGÍA EN LEVINAS

TANIA CHECCHI

Introducción

La exposición que sigue se propone señalar y seguir, hasta donde sea posible, el desarrollo de algunos de los puntos que en *La teoría fenomenológica de la intuición* (*LTFI*), su primera obra publicada, nos dejan ver ya el germen de lo que será la apropiación madura de la fenomenología por parte de Levinas[1]. Si bien esto supondría poner en situación a *LTFI* dentro de la totalidad de la vasta obra levinasiana[2], dado el límite que se impone a un texto que meramente cierra la presentación de una obra tan temprana, hemos optado, para cumplir al menos parcialmente también con ese cometido, por detenernos en tres momentos fundamentales de la misma. Primero esbozaremos algunos de los apuntes que en *LTFI* ya perfilan el novedoso abordaje levinasiano del problema de la sensación y su no-intencionalidad; después desarrollaremos uno de los pasajes más problemáticos de la exposición de Levinas: su crítica, de claros sesgos heideggerianos y difícilmente sostenible, a la primacía de la visión teórica en la fenomenología husserliana; y finalmente roturaremos el camino de lo que quizás es la asunción más radical, por parte de Levinas, de la fenomenología de su primer maestro en Friburgo: la desmundanización de la conciencia.

En un artículo de aquellos mismos años, que lleva por título *Sobre «Ideas» de Edmund Husserl*[3] y que en realidad es una suerte de esqueleto de *La teoría fenomenológica de la intuición*, Levinas deja claro

---

1. Para un contexto más amplio sobre la génesis de esta temprana obra de Levinas, fundamental y fecunda en más de un sentido, cf. *supra* la Presentación.
2. Para un seguimiento más comprensivo de las figuras de Husserl, Heidegger y Merleau-Ponty en el desarrollo de la fenomenología levinasiana, cf. nuestro *Sentido y exterioridad: un itinerario fenomenológico a partir de Emmanuel Levinas*, Col. Sophia 14, Universidad Iberoamericana, México 1997.
3. Cf. *Los imprevistos de la historia*, Sígueme, Salamanca 2005, 39-88.

desde un principio que, siguiendo las decisiones temáticas y metodológicas de Husserl en *Ideas*, dejará fuera de la exposición los problemas del «yo», los «otros», el «tiempo» y «Dios». Del mismo modo procede en *LTFI*. Sin embargo, son justamente esos temas los que definirán su obra posterior, los que casi obsesivamente aparecerán una y otra vez en ella. Sería extraño, por ende, no encontrar en su primera publicación rastros de esas preocupaciones que ya son trabajadas explícitamente en las obras que la siguieron: *De la evasión*, *De la existencia al existente*, *El tiempo y el otro*, entre otras.

La finalidad de este epílogo es justamente llamar la atención sobre las pre-figuraciones que dichos temas encuentran en *LTFI*. El logro de este objetivo pondría de manifiesto no sólo la originalidad de la fenomenología levinasiana, ya en ciernes, sino también el estrecho parentesco que existe entre ambos autores, al ser *LTFI* una exposición de Husserl que, sin abandonar sus propuestas nucleares, avista ya posteriores desarrollos. En esta lectura –que, por supuesto, no es la única–, la filosofía husserliana funcionaría como un suelo nutricio en el que comienzan a dibujarse no sólo preocupaciones eminentemente levinasianas, sino también muchas de las líneas que serán asumidas por otros fenomenólogos franceses, de manera más clara Merleau-Ponty y por Michel Henry. De ahí la importancia, a nuestro juicio, de los temas elegidos.

Una observación más antes de comenzar. Nos hemos abstenido de hacer referencias a la última gran obra de Levinas *De otro modo que ser o más allá de la esencia*[4], porque la ruptura con la ontología a la que aspira dicho texto es tal, que todos los esquemas de la fenomenología levinasiana anterior, en la medida en que podrían guardar aún un cierto sabor ontológico, se ven radicalmente trastrocados. Las indicaciones a las que nos hemos limitado apuntan hacia ese rompimiento y, así lo esperamos, facilitan su comprensión desde la fenomenología. En vistas de este mismo fin, esbozamos también algunas de las críticas que Levinas dirigirá no especialmente a Husserl, pero sí a una tradición –la de la óptica del ser nacida en Grecia, de la que la idea de lo «humano» sería la crisis– que seguiría manifestándose en algunos puntos de su filosofía. Desde *La teoría fenomenológica de la intuición* hacia el camino abierto por la filosofía ya propiamente levinasiana, comencemos pues…

---

4. E. Levinas, *De otro modo que ser o más allá de la esencia*, Sígueme, Salamanca [5]2011.

1. *Los derroteros de la sensación*

Una vez instalados con Husserl en un terreno primordial que ya no admite escisiones forzadas, en un terreno en el que el sujeto y el objeto de la epistemología tradicional se revelan como abstracciones de segundo grado, Levinas nos invita a constatar, desde los primeros capítulos de *LTFI*, que lo que se ofrece a la descripción es una totalidad, una estructura absolutamente original, que localiza –tal como bellamente lo formula nuestro autor– en el corazón mismo de la conciencia el contacto con el mundo: la intencionalidad. Y ya que al hablar en términos de «intenciones» nos situamos en uno de lo núcleos mismos de la vida, cabe destacar el hecho, sumamente significativo, de que Levinas, en el transcurso de toda su exposición y sin caer en excesos vitalistas, echa mano de los términos «conciencia», «vida consciente», «vida de la conciencia» y «vida» sin más, prácticamente como sinónimos, cuando la recepción de la fenomenología husserliana en aquel momento en Francia daba hasta tal punto importancia al supuesto «logicismo» de Husserl, que la conciencia no era pensada en términos vitales. Esta justa elección por parte de Levinas de un vocabulario cercano al campo semántico de la vida da, a nuestro parecer, testimonio de la fidelidad de su exposición de Husserl, siempre atenta al profundo viraje que el pensamiento de este representa con respecto a la filosofía de su tiempo[5]. Como Levinas señalará años más tarde, el uso mismo del término *Erlebnis* delata ya la vitalidad de la hechura del sujeto[6].

Ahora bien, el análisis de la vivencia intencional que Emmanuel Levinas lleva a cabo en *LTFI* siguiendo a Husserl distingue, por un lado, como *nóema* aquello de lo que la conciencia es propiamente conciencia –la referencia intencional–, y por otro, dentro de la *nóesis*, polo subjetivo de la intencionalidad, tanto datos hyléticos carentes de intencionalidad –sensaciones que deben ser animadas por actos varios (*Auffassungen*[7]) para poder intencionar un objeto– como la esencia propiamente intencional, constituida por materia y cualidad del acto.

---

5. Hablaremos más adelante de algunas objeciones que a este modo de comprender la lectura que hace Levinas de Husserl ha interpuesto algún autor.
6. E. Levinas, *La filosofía y el despertar*, en *Entre nosotros*, trad. J. L. Pardo, Pre-textos, Valencia 1993, 108.
7. Aquí *Auffasung* no se refiere a un acto completo, sino al momento del acto que, animando la sensación y junto con ésta y el momento cualitativo (la posición), constituye ya un acto intencional.

Este primer desglose de la estructura de la vivencia se detiene en las diferencias más generales distinguibles dentro de tan sólo uno de los polos intencionales. Una multiplicidad de matices y diferencias se siguen de esta primera y fundamental articulación del acto[8]. Entre ellos, y de fundamental importancia, encontramos el problema de la relación entre los contenidos sensibles y la aprehensión que, al tiempo que los anima, se ve cumplida, «llenada» gracias a ellos[9] –una relación, como diría Merleau-Ponty, de co-pertenencia–. A pesar del escueto tratamiento que recibe en *LTFI* y en sus siguientes textos dedicados a la fenomenología –la gran mayoría de ellos recopilados en *Descubriendo la existencia con Husserl y Heidegger*–, en 1965, en el ensayo *Intentionalité et sensation*[10] (*IS*), Levinas retomará el problema de la sensación y su animación –tema que enhebrará una buena parte de sus reflexiones posteriores– para problematizar el uso que hace Husserl de las nociones de analogía y semejanza en su descripción del otorgamiento de un sentido trascendente a los contenidos hyléticos o sensaciones por parte de un acto intencional. «Analogía» y «semejanza», nos dice Levinas, son nociones cargadas de dificultades, porque inadvertidamente nos llevan a pensar en un plano objetivo ya constituido. Estas nociones delatan la peligrosa herencia realista de las *Investigaciones*, y por ello deberán ser sometidas a una cuidadosa depuración. En esta línea, Levinas discute el igualmente problemático empleo de los términos *Auffassen, Beseelen, Durchgeistigen, Interpretieren* y *Deuten*, usados por Husserl para expresar la relación que hay entre la intención como aprehensión y la sensación. Por la filiación que con la esfera del juicio todas estas expresiones denotan, pa-

---

8. Para ver una de las listas más completas y detalladas de los múltiples caracteres noemáticos que pueden llegar a darse en una captación simple, consultar la obra de M. García-Baró *Vida y mundo*, Trotta, Madrid 1999. Incluimos aquí un muy escueto resumen: Dentro de los caracteres noemáticos esenciales encontramos: a) posicionalidad o neutralidad, b) actualidad o potencialidad, c) presencia originaria y re-presencia, d) caracteres de ser o dóxicos (entre estos últimos puede darse una relación o bien meramente de remisión noemática –la forma en que una modificación remite al carácter primitivo–, o bien de fundamentación). Por otro lado, los caracteres noemáticos fundados, presentes sólo en las síntesis de vivencias intencionales de orden superior, actos lógicos y tomas de actitud, pueden llegar a incluir: a) valores, b) caracteres prácticos, c) caracteres lógicos, d) caracteres expresivos.
9. Sobre la intuición como cumplimiento o plenificación, cf. *LTFI*, capítulo 5.
10. E. Levinas, *Intentionalité et sensation*, en *En decouvrant l'existence avec Husserl et Heidegger* (*EDEHH*), Vrin, Paris 1965, 145-165.

recería que, de nuevo, un plano objetivo, de cuya constitución no se ha dado cuenta, se ha colado subrepticiamente. Por ello a Levinas le parece fundamental, para evitar que la sensación sea pensada como un objeto embrionario a la espera de una síntesis del entendimiento modelante al modo de Kant, llevar a cabo una aclaración que, apuntando ya hacia el ámbito de lo pre-predicativo del que Husserl se ocupará más tarde, justifique la solución que establece que «el juicio es una especie de la intencionalidad, y no la intencionalidad una forma del juicio»[11], solución que resitúa adecuadamente los términos. Reforzando el primer abordaje planteado ya desde *La teoría fenomenológica de la intuición*, en *IS* la intencionalidad aportará también la clave para escapar a la posible identificación sensualista, de la que Husserl pretende desmarcarse a toda costa, entre el sentir y lo sentido. La intención será siempre la distancia, mínima pero insuperable, que hay entre estas dos instancias. Hiato que, además, se desenvuelve inevitablemente como tiempo.

Levinas no se detiene especialmente en el problema de esta animación de lo hylético por parte de la *nóesis* y sus actos, porque sabe bien que el tema de la sensación y su no-intencionalidad, esto es, su no estar referida de entrada a nada en concreto, nada «exterior», necesariamente nos lleva más allá de la corriente ya constituida de la conciencia, más allá de la epidermis de la que se ocupa su descripción, hacia el problema de la conciencia interna del tiempo y sus síntesis pasivas, esto es, hacia un nivel de constitución tan profundo –«por debajo del umbral fenoménico de la atención»[12]– que ya no es posible buscar una constitución ulterior. Apuntes muy someros sobre las lecciones husserlianas[13] dedicadas al tema, que Levinas distribuye por todo su texto, nos dejan ver la complejidad e importancia de este problema, que nos lleva a la pregunta por la continuidad entre la constitución inmanente, con la intencionalidad que le es propia y la intencionalidad trascendente; pregunta que el mismo Husserl decide dejar a un lado en *Ideas*[14].

En relación a este problema de la sensación y de su carencia de intencionalidad, Levinas se pregunta en el capítulo 3 lo siguiente: si la

11. *EDEHH*, 151.
12. Cf. la Introducción de A. Serrano de Haro a la obra de E. Husserl, *Lecciones de fenomenología de la conciencia interna del tiempo*, Trotta, Madrid 2002, 13.
13. E. Husserl, *Lecciones de fenomenología de la conciencia interna del tiempo*.
14. Cf. el final del capítulo 3 de *LTFI*, 79-80; también *Intentionalité et sensation*, en *EDEHH*, 145-164, y los apéndices de M. García-Baró en *Vida y mundo*.

capa hylética carece de intencionalidad y debe ser «animada» para recibir un sentido que le permita intencionar algo fuera de ella, ¿no volvemos a la conciencia sustancia tan combatida por Husserl? Y responde, recurriendo al *Zeitbewusstsein* (*Lecciones*), que los datos hyléticos están ya constituidos por una intencionalidad más profunda (la del tiempo), y sólo en la corriente ya constituida la *Empfindung* aparece como algo material. La sensación, así, sería correlato de un *acto de sensación*, un acto más profundo, y este sería el elemento primero y último de la conciencia, que ya no puede ser objeto de algo más. Esta idea de «acto de sensación», que no encontraríamos en Husserl, resulta sumamente problemático, ya que en este profundísimo nivel de constitución estamos obligados a hablar en términos de «síntesis pasivas». Sin embargo, al parecer, lo material de la hyle no recibe ninguna «explicación» genética, ni siquiera en el texto fundamental de *Experiencia y juicio*[15]. A pesar de esta formulación poco ortodoxa, la pregunta de Levinas sigue en pie. Si hay entonces una constitución inmanente, una intencionalidad interna que crea su propia existencia, la intencionalidad que se dirige a un objeto trascendente ¿sería una nueva intencionalidad, sumada a la interior? Levinas no responde realmente. Nos remite, casi de forma premonitoria, dada la importancia que tendrá este tema en su filosofía posterior, al § 49 de *Ideas*. Según el joven Levinas de *LTFI*, este parágrafo no suscitaría tantas reservas si se entendiera que ahí Husserl no dice que el flujo de la conciencia podría estar desprovisto de toda intencionalidad trascendente, sino que bien podría no constituir este ser al que llamamos mundo, que tiene una estructura determinada. La destrucción del mundo, pues, dejaría tras de sí la significación, que aún tiene un sentido trascendente, de «mundo destruido». Sin embargo, el énfasis que hace el resto de *LTFI* en la intencionalidad como esencia de la conciencia deja sin explicar la relación entre esa intencionalidad inmanente, la cual sólo es mencionada de paso, y la intencionalidad del terreno propiamente noético. Hacia el final

---

15. Si bien lo material de la hyle no recibe ninguna explicación genética, de la génesis de los campos hyléticos o de sensación como tales, y más aún de la fusión de varios de ellos o de todos ellos sí da cuenta Husserl: un campo hylético se constituye por asociación (forma de la síntesis pasiva) basada en contrastes-similitudes de los trozos hyléticos (éstos ya sí, sin génesis de su materia). Este señalamiento nos lo hizo amable y lúcidamente M. García-Baró, sin cuyo apoyo y paciencia el presente trabajo no hubiera sido posible. Sobre este complejo tema, cf. M. García-Baró, *Vida y mundo*, Apéndice 1, 259-277, e Id., «De la sensibilidad», en *La verdad y el tiempo*, Sígueme, Salamanca 1993, cap. 8, 127-141.

del texto Levinas, retomando sólo parcialmente este problema, señala que la intencionalidad trascendente –modelo en Husserl de toda trascendencia– es hasta tal punto preeminente que es tomada por Husserl como modelo para pensar la intencionalidad que constituye los datos hyléticos, lo cual no nos impide llegar a concebir una inmanencia que pueda prescindir del mundo. Esto que aquí le parece problemático, dado el lugar destacado que ocupa la intencionalidad trascendente, será desarrollado en su obra posterior a partir del problema de la sensación, la pasividad y la posibilidad de ambas –en tanto umbrales de una alteridad que se resiste a la tematización– de no desembocar en la constitución de una determinada objetividad[16]. Volveremos sobre esto al final de nuestra exposición.

A pesar de estos intentos de respuesta, Levinas no se sentirá del todo content con las alternativas de desarrollo que sobre este tema llega a esbozar en sus primeros textos. A su modo de ver, la intencionalidad permanece demasiado ligada a la noción de identidad. Si bien *IS* recurre a la noción de *Empfindnis* que Husserl elabora en *Ideas* II –noción que, al implicar la kinestesia del cuerpo en la constitución del objeto, nos obliga a pensar en una intencionalidad encarnada[17] que ya no es la prístina autoconciencia del ego que vuelve serenamente sobre sí– el problema de la sensación sigue haciendo ruido, sigue pidiendo que su no-referencialidad sea leída con toda consecuencia, dadas las implicaciones negativas que Levinas detectará en la intencionalidad. Tomando en cuenta el repliegue hacia la profundidad de la constitución del tiempo que todo abordaje de la sensación pide, la reflexión de Levinas en esa dirección tendrá graves consecuencias. Una identidad que, para ser tal, acaba por sincronizar todo decurso temporal, será por ello puesta en tela de juicio[18].

16. Sobre esto, cf. E. Levinas, *Totalidad e infinito*, Sígueme, Salamanca ⁵1999, 161-170, 201.
17. En *De l'existance à l'existant*, Vrin, Paris 1993, 118, Levinas nos dice: «La localización de la conciencia no es algo subjetivo, es la subjetivación misma del sujeto» (versión cast.: *De la existencia al existente*, trad. P. Peñalver, Arena Libros, Madrid 2000, 95).
18. Para Levinas, el tiempo es pura diacronía. En tanto esta siempre dice relación con el infinito inasible, cualquier intento de recuperación de un pasado que apunta hacia lo inmemorial o bien fracasa, o bien –y he aquí un grave peligro– falsea su condición misma. La sincronía que caracteriza la versión tradicional de la re-presentación hace de todo tiempo o un mero presente ya ido o un presente por llegar. Esta concepción sólo considera el tiempo desde un punto de vista formal. Cercana a Rosenzweig y a su «desformalización del tiempo» (pasado como *crea-*

Aun concediendo el viraje de toda intencionalidad trascendente en memoria (dado su necesario recurso a la retención) –interpretación que libra a la intencionalidad de la tiranía de una presencia hecha de pura actualidad[19]– Levinas sigue temiendo un problema: el poder de la intencionalidad sobre el pasado ¿no denota una cierta tendencia a la reducción, a una sincronización que falsea un pasado que se resiste a ser meramente formal? La obra posterior de Levinas emprenderá el desarrollo de esta problemática, que será llevada hasta una seria impugnación de la primacía de la intencionalidad; problematización que nuestro autor empieza a desarrollar, aunque no explícitamente, desde *De la existencia al existente*: lo que aparece al interior de lo que él llama en esa obra el «circuito de lo económico», puro ver del existente por su propia e intransitiva existencia sin posibilidad de una temporalidad real, es lo que después Levinas entenderá como el horizonte de la intencionalidad –maravilloso y vasto en el conocimiento y el goce, pero cerrado sobre sí–. El límite de esta intencionalidad incapaz de recibir «lo otro», «al otro», aunque Levinas no lo diga aún en esa también temprana pero fundamental obra, será justamente la frontera del instante, de la cerrazón del sujeto que, aun habiéndose sustraído a la existencia anónima del *il y a*[20], no puede desde sí salir hacia el autén-

ción, presente como *revelación* y futuro como *salvación*), la postura de Levinas nos lleva a una óptica sobre el tiempo en el que incluso un pasado que nunca ha sido mío (el de mi prójimo) y que, por ende, no es una re-presentación (no podría nunca serlo auténticamente) me compete y me interpela, posee un contenido propio y original (cf. E. Levinas, *Entre deux mondes*, en *Difficile liberté*, Albin Michel, Paris 1995). De ahí sus interesantes análisis sobre la *Ur-impression* husserliana, que siempre supone un exceso con respecto, primero, a las posibilidades de la retención y la protención, y segundo, con respecto a los alcances explícitos del recuerdo y la expectativa.

19. Cf. E. Levinas, *La ruine de la répresentation*, en *EDEHH*, 125-137.

20. Una negación que se quisiese absoluta –nos pide Levinas imaginarlo– devolviendo por ende todo objeto y persona a la nada, no daría como resultado sino la densidad del vacío a la que nos devuelve el insomnio. Antes que una cierta oscuridad como contenido de dicha operación de la conciencia, lo que tenemos es la presencia del *hay* sin sustantivo. Pura acción sin que existente alguno la empuñe. «Eso vela…», el espacio nocturno del insomnio se tiende como un campo de fuerzas en el que todo objeto no sólo se arranca al conjunto del mundo, sino que se disuelve, se pierde. El *il y a*, el *hay* es ese existir sin salidas, sin sosiego; existir inmediato y sin discurso del que el sujeto participa sin solución de continuidad, antes de ser sujeto, «antes» –anterioridad ontológica, que no cronológica– de asumir sobre sí la existencia como tarea. «La negación no acaba en el ser en cuanto estructura y organización de los objetos; eso que se afirma y se impone en la situación extrema que hemos imaginado –y a lo que nos aproximamos en la noche y en lo

tico tiempo, un tiempo abierto al porvenir en el que el pasado «llama», «interpela» al yo sin ser recuperable[21].

Aunque estas interrogantes no son planteadas desde *LTFI*, nos inclinamos por pensar que sí serán suscitadas por una lectura de Husserl en la que continúa vigente una buena parte de la comprensión de este autor que Levinas desarrolla en su primera obra. Los tempranos planteamientos que siguen a *LTFI* y que reconocen la centralidad del problema de la sensación, anticipan un abordaje del mismo que le servirá a un Levinas en marcha hacia su propia filosofía de vehículo para tratar las instancias de sentido –vulnerabilidad, otredad, diacronía– que, desde su punto de vista, no se dejan disolver en la relación intencional[22].

Así pues, en la intencionalidad Levinas efectivamente reconoce el fin de la conciencia como sustancia, pero en la sensación que se sustrae a esa referencialidad de toda intención, nuestro autor encuentra un índice aún más radical que no debe quedar desatendido –de ahí la importancia de los contenidos sensibles de cara a una vida que seguiría siendo tal aun en el caso extremo planteado en ese famoso § 49 de *Ideas* I–.

Algo análogo, pero de signo contrario, sucede en el caso de la significación[23] y la tensión en el interior de la problemática que le es propia en su relación con el nivel hylético: se da en la significación, por un lado, un desfase con respecto a lo que puede llegar a cumplir-

---

trágico– es el ser en cuanto campo impersonal, un campo sin propietario y sin dueño, donde la negación y la aniquilación y la nada son acontecimientos, como la afirmación, la creación y la subsistencia, pero acontecimientos impersonales... el ser no tiene puertas de salida», E. Levinas, *De l'existence à l'existant*, Vrin, Paris 1993, 86. El insomnio, la fatiga y la pereza serían experiencias privilegiadas que nos muestran esta articulación interior al instante, a la constitución del sujeto que, cada vez, tiene que vérselas consigo mismo en esta asunción de la existencia arrancada al *hay* impersonal. Levinas llamará «hipóstasis» a este intervalo, a esta ruptura del ser anónimo, por la cual el acto expresado por un verbo se convierte en un ser designado por un sustantivo, en adelante, sujeto.

21. Cf. nuestro *El instante y el otro: el umbral del tiempo en el pensamiento de Emmanuel Levinas*: Revista de filosofía 107 (Universidad Iberoamericana, México mayo-agosto 2003).

22. Apunta así Levinas a una dirección cercana a la fenomenología de Michel Henry. De este autor, cf. *L'essence de la manifestation*, PUF, Paris 2003 (nueva edición), obra sobre la cual Levinas dictará dos cursos en la Sorbona (cf. F. Poiré, *Emmanuel Levinas*, Babel, Paris 1996, 164).

23. Cf. el comienzo del capítulo 5 de *LTFI*, 93s, donde Levinas caracteriza, contrastándolas, intuición y significación.

se en un dato[24], y por otro lado, una suerte de teleología a la que está obligada al tenerlo como meta –la significación se cumple, diría Husserl, en la intuición que nos ofrecería el objeto en «carne y hueso»–. El reconocimiento y la elaboración de esta tensión, por supuesto, en *Totalidad e infinito*, pero también en su libro de 1972 *El humanismo del otro hombre*, lleva a Levinas a proponer una reflexión sobre la imposibilidad de reconducir sin más el lenguaje de la metáfora, como proliferación de sentido, al mero dato; reflexión que nos permite vislumbrar una tercera vía con respecto a los dos frentes que un Levinas ya maduro combate en aquel momento: por una parte, una metafísica de la pura presencia y, por otra, una posmodernidad corrosiva en donde el desplazamiento desemboca en el sin-sentido: «…la metáfora –la vuelta a la ausencia– puede ser considerada como una excelencia que proviene de un orden muy diferente al de la receptividad pura. La ausencia hacia la cual conduce la metáfora no sería otro dato, sino todavía futuro o ya pasado…»[25]. Futuro y pasado, tendríamos que puntualizar, ya desformalizados, índices de una alteridad que llama e inquieta.

De este modo, significación y ausencia –una ausencia que va más allá de lo implícito en todo horizonte y que nos remite a una diacronía irrecuperable– estarán íntimamente ligados en una propuesta que, como la del Levinas maduro, se deja conducir por un deseo que sólo es auténticamente tal por ser deseo de «lo invisible»[26]: «Ahora bien, es preciso distinguir entre, por un lado, el puro fracaso del no-dar con nada de la mención intencional (*visée*), que todavía incumbiría a la finalidad, a la célebre teleología de la 'conciencia trascendental' abocada a un término, y por otro, la 'deportación' o trascendencia más allá de todo fin y de toda finalidad: pensamiento de lo absoluto sin que dicho absoluto sea alcanzado como un fin, lo que significaría aún la finalidad y la finitud»[27].

---

24. Una significación articulada ya en el juicio no se corresponde completamente con lo ofrecido por una percepción sensible; hay elementos categoriales que no son accesibles a la sensibilidad, que no pueden ser ofrecidos como datos en ese sentido. Cf. Bernet y otros, *An introduction to husserlian phenomenology*, Northwestern University Press, Evanston ILL 1993, cap. 6, § 2.

25. E. Levinas, *El humanismo del otro hombre*, trad. D. Guillot, Siglo XXI, México 1993, 21.

26. Id., *Totalidad e infinito*, 58.

27. Id., *De Dios que viene a la idea*, trad. G. González-Arnáiz - J. M. Ayuso, Caparrós, Madrid 1995, 16.

2. La disputa sobre la visión teórica

Hacia la mitad de su exposición de *La teoría fenomenológica de la intuición*, Levinas se propone llevarnos al terreno de las intenciones, de los actos de la nóesis que, en su variedad y complicación, nos ofrecen los múltiples objetos cuyo modo propio de existir es irreductible. El análisis descriptivo de las vivencias y sus modalidades resulta de vital importancia porque sienta las bases para la explicitación del lugar preeminente de la intuición como cumplimiento último de la aspiración cognoscitiva. Sin embargo, antes de emprender esta tarea, Levinas se detiene, quizás no lo suficiente, en un problema cuya centralidad guía silenciosamente toda su exposición. Si bien nuestro autor, en varios pasajes de su texto, lleva a cabo una lúcida apología de la propuesta husserliana frente a los inmerecidos calificativos de «logicista» y «platónico ingenuo» que le atribuyen sus primeros críticos, y defiende en todo momento a su maestro de Friburgo frente a las objeciones que desde el frente bergsoniano podrían surgir, en las observaciones inmediatamente anteriores a su abordaje pleno de la intuición, Levinas explicita un recelo que no deja de acompañarle durante buena parte de su texto. Así, en el capítulo dedicado a la «conciencia teórica», trata lo que, a su modo de ver, podría ser un sesgo intelectualista que anida en el núcleo mismo de la fenomenología husserliana.

Para ello, analizará el modo en que ésta conserva, no sin grandes cambios, la idea de Brentano de que «toda vivencia intencional o es una representación, o tiene representaciones por base»[28]. Así, un complicado y demasiado escueto análisis de las consecuencias de esta tesis seguirá a la aclaración, sumamente pertinente, de que entre dichos resultados no está en modo alguno la negación de la intencionalidad propia de los actos afectivos y volitivos. Estos, insiste Husserl, no vendrían simplemente a unirse de un modo extrínseco a una representación[29]. La referencia intencional, la dirección que apunta hacia un objeto determinado y que revela en él una riqueza inédita le es íntimamente inherente al sentimiento, que, como intención, cumple una relación con el mundo cuya especificidad es irreductible: la intencionalidad afectiva es capaz de poner de manifiesto relieves y armazones

---

28. *Investigaciones lógicas* (*IL*), Quinta Inv., § 23, trad. M. García Morente-J. Gaos, Alianza, Madrid 1999, 532.
29. Levinas nos remite a *Investigaciones lógicas*, § 15, e *Ideas*, § 117.

del mundo ante los cuales una mirada simplemente teórica mostraría una auténtica cortedad de miras.

Esta reivindicación de las posibilidades de penetración del sentimiento en la verdad del mundo –logro irrecusable de Husserl– abrirá para Levinas un campo especialmente fecundo, cuya exploración emprenderá desde sus primeras obras[30]. «El movimiento trascendental que Husserl descubre en la intencionalidad –movimiento disimulado por la visión ingenua del objeto– cumple relaciones metafísicas, ontológicamente irreductibles, originales y últimas»[31]. Presenciamos, así, en estos breves apuntes de *La teoría fenomenológica de la intuición* el inicio de un camino en el que nuestro autor nos llevará desde los análisis de vivencias que, como el insomnio, la pereza o la fatiga, nos permiten entrever complicadas articulaciones ontológicas previas incluso la mundanidad, hasta el desmontaje último de todo horizonte proyectivo que la emoción, que el traumatismo de la presencia del otro lleva a cabo inexorablemente, esto no sin antes pasar por una sugerente fenomenología de la caricia, en la que encontramos algunos de los más hermosos pasajes de la filosofía contemporánea[32].

El joven Levinas encontrará en la prolongación y radicalización de esta idea husserliana de la intencionalidad afectiva uno de los más im-

---

30. Cf. E. Levinas, *Friburgo, Husserl y la fenomenología*: Revista de filosofía 107 (2003) 11.

31. «... le mouvement trascendental que Husserl découvre dans lintentionalité, dissimulé par la visión naïve de l'objet, accomplit des relations métaphysiques, ontologiquement irréductibles, originelles ou ultimes», *Intentionalité et metaphysique*, en *EDEHH*, 138. Husserl utiliza el término «trascendental» en un sentido muy cercano al kantiano, pero que Husserl rastrea hasta Descartes y su apuesta radical: aquello que tiene que ver con la dilucidación de las condiciones de posibilidad, de la fuente de todo lo real, indagación en la que se juega la historicidad unitaria de la modernidad filosófica y su tarea más propia: «Yo mismo empleo la palabra *trascendental* en un *sentido máximamente amplio* para designar el motivo originario... que a través de *Descartes* da sentido a todas las filosofías modernas y que en todas ellas quiere, por así decirlo, llegar a sí mismo y configurarse como tarea auténtica y pura, consumándose a la vez sistemáticamente. Se trata del motivo del preguntar en retorno por la fuente última de todas las configuraciones científicas que tienen validez para él, ocurren teleológicamente, se conservan como adquisiciones y pasan a estar libremente disponibles... Esta fuente lleva como título *yo mismo* con toda mi vida cognitiva efectiva y posible y, en fin, con mi vida concreta en general», E. Husserl, *La crisis de las ciencias europeas y la fenomenología trascendental*, § 26, Crítica, Barcelona 1990, 102-103. Para este complicado tema, cf. la clarísima exposición de M. Dufrenne, *La notion d'a priori*, Épiméthée, PUF, Paris 1959.

32. Cf. E. Levinas, *De la evasión*, trad. I. Herrera, Arena Libros, Madrid 1999; Id., *De la existencia al existente*; Id., *El tiempo y el otro*, trad. J. L. Pardo, Paidós,

portantes aportes de Heidegger a la fenomenología en general: una ontología que avista una comprensión proyectiva que en sus tonalidades emotivas se adelanta a toda visión teórica del mundo, lanzándose a recoger en la facticidad el sentido del ser. Sin embargo, este primer entusiasmo, que sale a flote en unos cuantos pasajes de *La teoría fenomenológica de la intuición* –de ahí su prematura crítica a Husserl– se irá apagando conforme Levinas lea en la obra de Heidegger un giro, a su parecer excesivo, que convierte a la angustia en la emoción ejemplar de la cual proceden todas las demás posibilidades afectivas de la existencia, a la finitud en la clave de la comprensión del tiempo y al útil en el entramado fundamental del mundo. Levinas asumirá, desde sus primeras obras posteriores a *LTFI*, esta reivindicación husserliana de la especificidad de las distintas intenciones de la conciencia para llevarla, a contracorriente de la ontología heideggeriana, hasta la idea de la vida y su transitividad, ámbito en el que «las cosas son más que lo estrictamente necesario», y donde «el hecho desnudo de la vida no está jamás desnudo»[33]. Levinas, siguiendo un derrotero emprendido desde su obra escrita en cautiverio, *De la existencia al existente*, acabará por decirnos en *Totalidad e infinito* lo siguiente respecto de la rica envoltura de la vida[34]: «La vida no es una voluntad desnuda de ser, *Sorge* ontológica de esta vida. La relación de la vida con las condiciones mismas de su vida llega a ser alimento y contenido de esta vida. La vida es *amor a la vida*, relación con contenidos que no son mi ser y, sin embargo, son más queridos que mi ser: pensar, comer, dormir, leer, trabajar, calentarse al sol...»[35].

La intencionalidad, así, nos ofrece un mundo poblado por objetos estéticos, axiológicos, prácticos, útiles, y –añadiría Levinas– poblado también por alimentos y motivos de gozo; un mundo, en fin, cuya articulación rebasa con mucho el ámbito de la naturaleza tal como es pensada por las ciencias positivas o por sus epígonos contemporáneos, estructuralistas y neo-cientificistas. Tal es la importancia de este descubrimiento de Husserl, que varias décadas después de la publicación

---

Madrid 1993. La fenomenología del eros, anunciada ya en esta última obra, será llevada a cabo en *Totalidad e infinito*, 262-282. Para un apunte muy temprano, cf. nuestra versión de E. Levinas, *Friburgo, Husserl y la fenomenología*: Revista de filosofía 107 (mayo-agosto 2003).

33. E. Levinas, *Totalidad e Infinito*, 130-131.
34. Cf. E. Levinas, *De l'existence à l'existant*, 64-69; Id., *El tiempo y el otro*, 102-103.
35. E. Levinas, *Totalidad e infinito*, 130-131.

de *LTFI* Levinas retomará esta línea crítica de la especificidad intencional de lo afectivo para polemizar contra las pretendidas denuncias de la ideología llevadas a cabo por un estructuralismo cuya asepsia se convierte en una nueva alienación. Contra una óptica que hace de todo objeto cultural un resultado de procesos impersonales predeterminados, Levinas vuelve a la originariedad puesta al descubierto por la fenomenología: «La formalización matemática practicada por el estructuralismo constituye el objetivismo del nuevo método consecuente hasta el extremo. En la nueva ciencia del hombre, el valor jamás va a servir como principio de inteligibilidad. Precisamente en el valor se habría refugiado la gran Mentira: la pulsión o el instinto; fenómeno mecánico objetivamente desvelable en el hombre, da lugar, por su espontaneidad, a la ilusión del sujeto y, por su término, a la apariencia de un fin; el fin se hace pasar por valor y la pulsión, engalanada de razón práctica, se guía por el valor promovido al rango de principio universal. ¡Todo un drama por reducir! Habrá que recordar a Espinosa, el gran demoledor de las ideologías, aunque desconociera su nombre: no es el valor el que suscita deseos, es lo deseable lo que tiene valor»[36]. ¡Intuición espinosiana cuyo origen en la vida pondrá al descubierto la fenomenología!

No obstante estos prometedores derroteros ofrecidos al análisis de la intencionalidad afectiva vislumbrados desde *LTFI*, Levinas no renuncia en esta obra a poner al descubierto la veta intelectualista que cree encontrar en Husserl. Así que, puestas a salvo la irreductibilidad intencional del sentimiento y la unidad de la compleja estructura de toda referencia intencional, incluso de la involucrada en una toma de actitud[37], Levinas nos muestra cómo esta última, al mostrarse en la propuesta de Brentano como un factor no-independiente, frente a la concreción de la «mera representación», cede todas sus prerrogativas ante este último modo de la vivencia. Y esto se mantiene así aun en la versión que Husserl suscribe como suya de la representación fundan-

---

36. Id., *De Dios que viene a la idea*, 28.
37. «...hay siempre un representar entretejido con uno o varios actos más (o mejor, caracteres de acto) tan íntima y peculiarmente, que por este medio el objeto representado se ofrece a la vez como juzgado, deseado, esperado, etc. Esta multiplicidad de la referencia intencional no se verifica, pues, en un complejo de actos simultáneos o sucesivos, en que el objeto estaría presente intencionalmente de nuevo con cada acto, o sea, varias veces, sino en un acto rigurosamente unitario, en el cual un objeto único aparece una sola vez, pero siento en esta su única presentación, meta de una intención compleja», *IL*, § 23, p. 532.

te, a pesar de todos los cambios que la crítica a Brentano introduce: La idea de una representación tomada meramente como materia, común a todo acto –único modo en que podríamos admitir la interpretación de Brentano–, es sustituida por un concepto de representación del que el juicio, la percepción y la «pura representación» de su maestro, son especies. Husserl llega a esta alternativa porque, siguiendo la caracterización de la representación como un acto cuya esencia intencional –designada como una cualidad indiscernible de la materia– sería efectivamente simple –caracterización a la que nos obligaría el seguir a Brentano– nos lleva a un problema, entre otros, de diferenciación específica (*IL*, § 24), que hace inevitable volver a distinguir entre cualidad y materia para llegar a la concreción máxima de la referencia. Levinas, que no toma esta última línea de razonamiento en cuenta (ni siquiera la menciona), señala que esta opción de Husserl abandona un modelo que, como el del primer concepto de representación –más cercano a Brentano–, no da preeminencia a ningún tipo de vivencia al situar al modo teórico, que seguiría necesitando una representación-materia en la base, en el mismo plano que el resto. Sin embargo, no nos dice nuestro autor cómo podríamos conservar, frente a la esbozada finalmente por Husserl, una interpretación tal.

Levinas nos ofrece, pues, un recorrido, en extremo esquemático, por las dos principales nociones de representación discutidas en las *Investigaciones*, ambas problemáticas, aunque por distintas razones[38]. En la primera, rechazada por Husserl, tendríamos una representación-materia y no un acto completo, materia que sería la misma para todo acto, incluso el teórico (lo cual pondría en tela de juicio su preeminencia). En la segunda noción de representación, sí tendríamos en la base un acto completo, cuya materia puede transformarse nominalmente, sin afectar la cualidad, por lo general «ponente», del acto. Ahora, si sólo la materia del acto objetivante hace aparecer al objeto sin más, y el modelo de dicho acto está tomado a su vez del campo de la aserción –lo cual le permite fundar, en las transformaciones de la articulación de su materia, actos más complejos, como los volitivos–, tendríamos que reconocer en la propuesta de Husserl que en el marco realista de las *Investigaciones lógicas* no se reconoce papel alguno en la constitución del objeto a los actos suprapuestos; un sesgo intelectualista que, según el Levinas de *LTFI*, ni siquiera las ampliaciones y correcciones de *Ideas*

---

38. Cf. *LTFI*, cap. 4.

logran desterrar. «Consecuentemente, el mundo existente que se nos revela posee el modo de existencia del objeto que se ofrece a la mirada teórica. *El mundo real es el mundo del conocimiento*»[39].

Esta objeción, que –insistimos– bajo la influencia de Heidegger Levinas presenta en *La teoría fenomenológica de la intuición*, se ve atemperada por el hecho de que, incluso en sus conclusiones sobre este problema, Levinas reconoce que, en *Ideas*, la ampliación del marco de la descripción nos lleva a buscar el sentido del ser en una vida cuya concreción e inagotables posibilidades da lugar a distintos modos de existencia, no sólo los del objeto teórico[40]. Y cuando al final de *LTFI* vuelve a surgir esta cuestión, él mismo responde: «*Ideas* representa un paso adelante con respecto a este punto de vista. En esta obra se afirma que los actos no-teóricos constituyen igualmente objetos con una estructura ontológica nueva e irreductible»[41].

Por estas significativas vetas de reconocimiento que aparecen en *LTFI* y, por supuesto, por la apropiación de la propuesta husserliana que lleva a cabo Levinas en su obra posterior, estamos en total desacuerdo con las lecturas que ven al joven Levinas como un intérprete que, entendiendo reductivamente la obra de Husserl, encontraría en Heidegger la auténtica culminación del camino iniciado por aquel[42]. Esta crítica supone que la asunción levinasiana de la fenomenología, desde sus primeros contactos con la misma, se ve arrastrada por el imán de la cuestión del ser; razón por la cual Levinas extraería consecuencias ontológicas ahí donde lo único que se está planteando es una

39. *LTFI*, 90.
40. Cf. *LTFI*, 73, donde nos dice Levinas: «El acto del amor tiene un sentido, pero esto no quiere decir que involucre una representación del objeto amado y un sentimiento puramente subjetivo, desprovisto de sentido, que acompañaría dicha representación. Lo propio del objeto amado consiste precisamente en darse en una intención de amor, intención irreductible a la representación puramente teórica». Cf. también el final del capítulo 4. Esta novedad es la que permitirá más tarde a Husserl abundar en la variedad proliferativa de la existencia, para llevarla hasta el horizonte inagotable del mundo de la vida, ámbito previo a cualquier tematización exhaustiva. Cf. E. Husserl, *La crisis de las ciencias europeas y la filosofía trascendental*.
41. *LTFI*, 165.
42. Cf. especialmente el artículo de J.-F. Lavigne, *Levinas avant Levinas*, en *Positivité et trascendence*, PUF, Paris 2000, 49-73. Este ensayo sólo toma en cuenta algunos pasajes de *LTFI*, cita *L'œvre de Edmund Husserl* omitiendo fragmentos de los mismos párrafos que trae a colación que apuntan en un sentido distinto del de su interpretación, y sólo toma dos frases fuera de contexto de entrevistas de Levinas no especialmente centradas en el tema para apoyar una tesis que ningún lector atento de este autor aceptaría.

gnoseología de corte trascendental. Creemos que lo desarrollado por Levinas en los tres primeros capítulos de *LTFI* justifican la afirmación de que la fenomenología constituye una revolución en el seno de las teorías clásicas de la existencia –teorías ontológicas supuestas y nunca aclaradas por las epistemologías tradicionales–. Creemos también que, por nuestra parte, hemos ofrecido algunos ejemplos de cómo el acento de Levinas en su explicitación de esta línea de fuerza de la fenomenología husserliana, recae no en la idea de ser, sino en la de vida[43]: «Esta tesis sobre el valor ontológico inherente a la subjetividad y a su sentido intrínseco constituye la verdadera base de todo el pensamiento de Husserl: ser es ser vivido, es tener un sentido en la vida»[44]. De ahí su inicial preocupación por la preeminencia de lo teórico, problema que surge ante la irreductibilidad de la vida y al que Levinas encuentra salidas en el mismo Husserl ya desde *LTFI*. En una conversación sostenida con Philippe Nemo en 1981, en la que este sugiere que la filosofía de Levinas tendría poco que tomar de la propuesta husserliana, Levinas responde lo siguiente: «Olvida usted la importancia que tiene en Husserl la intencionalidad axiológica de la que acabo de hablar; el carácter de valor no se adhiere a unos seres como consecuencia de la modificación de un saber, sino que proviene de una actitud específica de la conciencia, de una intencionalidad no teorética, irreductible de entrada al conocimiento. Se encierra ahí una posibilidad husserliana que puede ser desarrollada más allá de lo que el mismo Husserl ha dicho sobre el problema ético y sobre la relación con el otro, que en él sigue siendo representativa... La relación con el otro puede ser investigada como intencionalidad irreductible, incluso si se debe terminar por ver en ello la ruptura de la intencionalidad»[45].

No debemos perder de vista que el temprano recelo que aparece en esta obra se irá disolviendo conforme el conocimiento de Levinas de la obra husserliana se profundiza y deja de ceder ante el entusiasmo que despierta en él el pensamiento de Heidegger. Encontramos rastros de esto –algunos de ellos un tanto velados– en prácticamente todos los textos posteriores a *LTFI*. Este distanciamiento de Heidegger, aunque

---

43. En el texto, la palabra «vida» aparece 228 veces, mientras que las menciones al problema de la ontología tal como es concebido por Heidegger –la cuestión del ser en cuanto ser o del ser del ente– apenas llegan a un par. Cuando la expresión «el ser» aparece en el texto, siempre va acompañada de su referencia a la vida.
44. *LTFI*, 183.
45. E. Levinas, *Ética e infinito*, trad. J. M. Ayuso, Visor, Madrid 1991, 33.

ya anunciado en *De la evasión* y *De la existencia al existente* –Levinas quiere abandonar el clima de la filosofía heideggeriana[46]– se dejará sentir especialmente a partir de las conferencias de 1946 sobre *El tiempo y el otro*, textos sumamente emotivos en los que intenta mostrar, entre otras cosas, cómo la cuestión de la muerte no puede ser reconducida al entramado de la «posibilidad» tal como la concibe Heidegger y cómo el problema de la temporalidad no está atado al de la finitud como horizonte último. De camino hacia su abierta polémica con una filosofía que hace del «ser» y del «mundo» referencias irrebasables de sentido, en el año 1951, en el breve ensayo *¿Es fundamental la ontología?*[47], Levinas cuestiona explícita y radicalmente la preeminencia de la ontología contemporánea frente a las apremiantes de una ética que, antes que prescripción, es eclosión del sentido en el reconocimiento incondicional del otro. Todo esto sin intentar volver, por supuesto, a una filosofía que se querría «pre-heideggeriana»[48].

Y con respecto a los elementos de respuesta que en relación al problema de lo teórico Levinas encontrará en el propio Husserl, ya antes, en *Descubriendo la existencia con Husserl y Heidegger*, en el ensayo de 1940 dedicado particularmente a la obra de éste, señala que, en la fenomenología husserliana, la prioridad la tiene no el objeto, sino la noción más amplia y rica de «sentido», siendo aquel no más que un momento necesario de este[49]. Es más, la asunción de este gran aporte de la fenomenología husserliana permitirá a Levinas, en su obra posterior, llegar incluso a desmontar la noción de objeto, valiéndose de las herramientas con las que lo provee su primer maestro de Friburgo. En ese mismo texto nos dice: «Es Husserl quien ha introducido en la

---

46. Id., *De l'existence à l'existant*, 19.
47. Texto publicado por vez primera en la *Revue de métaphysique et de morale* 1 (enero-marzo 1951). En francés aparece en *Entre nous, essais sur le pensar-á-l'autre*, Grasset, Paris 1991; en español está recogido en *Entre nosotros*.
48. E. Levinas, *De l'existence à l'existant*, 19 (versión cast.: *De la existencia al existente*, 18). En la entrevista ya citada de F. Poiré, Levinas nos dice al respecto de Heidegger, y sin olvidar lo irrebasable de Husserl: «Pienso, a pesar de todas estas reservas, que un hombre que, en el siglo XX, emprenda la tarea de filosofar no puede no haber atravesado la filosofía de Heidegger, incluso para salir de ella. Ese pensamiento es un gran acontecimiento de nuestro siglo. Filosofar sin haber conocido a Heidegger comportaría una parte de 'ingenuidad' en el sentido husserliano del término...» (*Emmanuel Levinas*, 40). «Ingenuidad» en este contexto comprende al menos dos elementos: una falta de espíritu autocrítico, por una parte, y por otra, un negligente olvido de un pensamiento por el que, dado su alcance, es necesario transitar, aun para abandonarlo ya con pleno conocimiento de causa.
49. E. Levinas, *L'œvre de Edmund Husserl*, en *EDEHH*, 22-23.

filosofía esta idea de que el pensamiento puede tener un sentido, que puede ver o apuntar algo, aunque se trate de algo absolutamente indeterminado, una cuasi-ausencia de objeto»[50]. Y con esto anticipa ya, entre otras, la idea, que desarrollará en *Totalidad e infinito*, de una sensación que, extraña a la objetivación –por su carácter no intencional– se concreta en un «gozo 'anterior' a la cristalización de la conciencia en yo y no-yo, en sujeto y objeto»[51]: un contacto global que desdibuja las posibilidades constituyentes de la conciencia, una vuelta a la vida como fruición perenne –idea que libera a la sensibilidad del papel de conocimiento teórico inferior–. Pero, más allá del gozo –anterior al útil heideggeriano–, en tanto quicio de su abordaje de la temporalidad, la sensación no-intencional husserliana y su *Ur-impression* le valdrán a Levinas la posibilidad de reconocer, en el centro neurálgico mismo de la génesis del tiempo, un índice de alteridad y, por ende, de trascendencia, de salida del ser –lo cual impone a la versión ex-tática que Heidegger ofrece del tiempo no pocos desmentidos[52]–. Finalmente, en un texto inédito publicado en la segunda edición de *EDEHH*[53], retomando el hilo de la sensación que no desemboca en un objeto, Levinas equiparará la inmediatez de lo sensible con el acontecimiento mismo de la proximidad: inmediatez táctil que evita la conversión de esta última –la proximidad por excelencia que es la del prójimo– en saber, en visión, en objetivación.

En suma, si bien Husserl y Heidegger se anudan en su primera recepción de la fenomenología –sólo hasta cierto punto y nunca sin solución de continuidad–, en la obra de Emmanuel Levinas quien aportará los auténticos cauces de respuesta para sus preocupaciones de índole fenomenológica –centrales siempre– es Husserl. Tanto sus grandes logros, como las sugerentes indicaciones que no llega a desarrollar, se anudan en el centro mismo de la propuesta levinasiana: «Con la fenomenología husserliana, por primera vez lo subjetivo –trascendental y extramunda-

---

50. *Ibid.*, 24: «C'est Husserl qui a introduit dans la philosophie cette idée que la pensée peut avoir un sens, viser quelque chose même lorsque ce quelque chose est absolument indéterminé, une quasi-absence d'objet». Levinas nos remite para este tema a *IL* II, p. 396, de la segunda edición en alemán.
51. E. Levinas, *Totalidad e infinito*, 201-202; cf. también 154-156.
52. Cf. nuestro artículo *El instante y el otro: el preámbulo del tiempo en el pensamiento de Emmanuel Levinas*: Revista de filosofía 107 (mayo-agosto 2003), y el final del cap. I, «Del mundo», de nuestro libro *Sentido y exterioridad: un itinerario fenomenológico a partir de Emmanuel Levinas*, Col. Sophia 14, UIA, México 1997.
53. E. Levinas, *Langage et proximité*, en *EDEHH*, 218-236.

no– se muestra pasividad irreductible en la noción de síntesis pasiva. Lo impresional y lo sensible… se colocan en el corazón de lo absoluto»[54].

En la desmundanización[55] de la conciencia, en la sensación no intencional, en la síntesis pasiva del tiempo –todos temas husserlianos– nuestro autor descubre las piedras de toque para su filosofía más madura, en la que criticará duramente a Heidegger. Atestiguamos, pues, desde este temprano contacto con Husserl, y a pesar de sus recelos iniciales, la gestación de una deuda que Levinas considerará impagable. Por ello, y esto lo afirmamos con toda convicción, en el curso de su exposición de *La teoría fenomenológica de la intuición*, Levinas nos va señalando, aunque muy sutilmente, hacia dónde una lectura de Husserl como la suya –cuya alarma ante cualquier mención de lo teórico responde a una fuerte influencia heideggeriana– puede y debe ser trascendida.

No obstante, en *La teoría fenomenológica de la intuición* Levinas se siente obligado a señalar una insoslayable tensión dentro de la obra husserliana conocida hasta el momento: la preeminencia del modo teórico –si no como modo de vivencia explícitamente favorecido, al menos sí como hilo conductor de sus primeras reflexiones– enfrenta a Husserl con el problema de una reconciliación entre las distintas modalidades de existencia que inevitablemente tendrá un mismo objeto[56].

Dificultad que en su elaboración de los límites que la presencia del otro impone a la intencionalidad, Levinas abordará una y otra vez en el curso de su trayectoria fenomenológica, razón por la cual nos hemos detenido especialmente en este tramo de su exposición.

54. Id., *El humanismo del otro hombre*, 10.
55. Por «desmundanización» entendemos aquí una óptica que, por un lado, pone fuera de juego la tesis sobre la existencia del mundo que acompaña a toda percepción (que no se piensa a sí misma desde el horizonte del mundo), y que, por otra, concibe a éste como «rendimiento intencional» de su propia actividad constituyente. Esto no supone idealismo alguno, sólo implica que el acento de la reflexión cae en la vida antes que un «mundo» que la englobaría y a partir del cual la explicaríamos causalmente. Fenomenólogos como Levinas y Henry prolongan esta línea original y radical de la propuesta husserliana.
56. En su ensayo *L'œvre de Edmond Husserl*, en *EDEHH*, 23, nos dice lo siguiente: «La posición de un valor, la afirmación de algo querido, recela en *Ideas*, una tesis dóxica, la posición del objeto, polo de la síntesis de identificación. Ofrecen también la posibilidad de aparecer a su vez como nociones teóricas. Lo deseado aparece como un objeto que posee el atributo del deseo, un objeto deseable. Ciertamente estos atributos pertenecen propiamente al objeto, no se deben a la reflexión sobre las reacciones del sujeto, sino que se conforman al sentido interno del deseo, la voluntad, etc. Pero lo deseable y lo querido son, para Husserl, susceptibles de teoría y contemplación».

3. Reducción, apertura y despertar

Durante todo su recorrido en *LTFI*, Levinas echa mano de un recurso que, lejos de ser una precaución provisional, está en el corazón mismo de la fenomenología husserliana. En ello insistirá Levinas: sólo desde la *epoché*[57] y su radicalidad puede Husserl ir más allá de la propuesta de Descartes, sólo desde ahí es posible trascender la mera epistemología y dar el salto desde el realismo de las *Investigaciones* hacia el campo trascendental de su filosofía posterior; sólo a la reducción le es accesible el tejido real de la intencionalidad, auténtica apertura hacia el ser. Sin embargo, la *epoché* que subtiende todo el texto de *LTFI* aparece de modo explícito sólo hacia la recta final del mismo, y bajo un doble aspecto: por un lado, coronando esta «toma de conciencia de la vida cognitiva misma»[58] que es la fenomenología enhebrada por la teoría de la intuición, por otro, llevándonos hasta el umbral de un nuevo y central conjunto de problemas.

«Las intenciones dormidas se despiertan a la vida reabriendo horizontes desaparecidos y siempre nuevos, descomponiendo el tema en su identidad de resultado, despertando la subjetividad de la identidad en la que reposa su experiencia»[59]. Levinas habla aquí de los problemas de constitución, los cuales, más allá de la aclaración de los caminos que la indagación sobre distintas regiones del ser debe seguir, buscan aprehender en la vida de la conciencia, en su despliegue y en sus modulaciones concretas, el surgimiento mismo del ser. Un ser que no puede, por supuesto, ser reducido al que emerge de la vida exclusivamente teórica. De ahí la ampliación de la noción de verdad que, más allá de la esfera del conocimiento científico-teórico, puede ya abrazar el ámbito del valor y de la praxis. «Ciertamente, la teoría del

---

57. Levinas no establece en *LTFI* ninguna distinción entre «reducción fenomenológica» y «reducción trascendental». Al parecer, entre 1906 y 1916, Husserl tampoco lo hace (cf. J. Kockelman, *Edmund Husserl's phenomenology*, Purdue University, Indiana 1994). Sin embargo, el uso levinasiano del término «reducción» nos lleva hasta la esfera de la conciencia trascendental, aunque no abunden las descripciones de la misma y únicamente se señalen algunas de las consecuencias de esta óptica. En cualquier caso, como acertadamente señala Kockelman, para Husserl, la calificación de «trascendental» no puede justificarse echando mano de textos históricos. Se trata de un motivo que anima toda la filosofía moderna y opera de modo radical y culminante en su propia filosofía fenomenológica (*ibid.*, 204).
58. *LTFI*, 162.
59. E. Levinas, *Entre nosotros*, 107.

conocimiento, comprendida como análisis de la vida cognitiva, no agota el todo de la vida»[60].

El argumento que ofrece Levinas para impedir que la descripción que parte de la reflexión sobre la vida de la conciencia[61] sea identificada con una disciplina empírica más que se ocuparía meramente de los estados de hecho de la conciencia –de su sola facticidad–, se adelanta también a las objeciones de corte bergsoniano que podrían surgir en este punto: la ideación y, con ella, la flexibilidad morfológica del *a priori*, puestas al descubierto por la reducción eidética[62], también se dan en el ámbito de lo que compete a la reflexión, que ahora se las tiene que ver con *concreta* fluyentes[63]. Guiada por este tipo de ideación, la reflexión puede «alcanzar y cubrir el ámbito de la vida consciente sin 'espacializarla'. Entre el espíritu de la finura, hostil a la geometría, y el espíritu de la geometría, ajeno a la finura, Husserl nos señala un tercer camino»[64].

Pero no es sólo por su carácter de ciencia eidética *a priori* por lo que la consideración fenomenológica de la conciencia escapa a la actitud natural. Sólo la reducción lleva a cabo la suspensión de la tesis que hace de la existencia sin más del mundo el único marco de referencia posible. El camino recorrido en *La teoría fenomenológica de la intuición* tiene en su centro una vuelta de la conciencia sobre sí misma que muestra su absoluta necesidad –su existencia privilegiada y *sui generis*– y que nos sitúa en un terreno donde el mundo sólo se revela a título de rendimiento intencional. Tal es la *epoché*. Su trascendentalidad

---

60. *LTFI*, 164; cf. también 174: «La ficción –nos dice paradójicamente Husserl– es el elemento vital de la fenomenología, así como de toda ciencia eidética». Cf. también *Ideas*, § 70. En *LTFI*, 175, Levinas nos dice en este respecto: «No resulta fácil llevar a cabo la intuición de esencias, y Husserl insiste en distintos pasajes sobre esta dificultad. Recomienda a los principiantes un largo trabajo de aprendizaje, y les aconseja ejercitarse en la percepción antes de servirse de la imaginación. El estudio de la vida consciente, tal como se manifiesta en la historia, en las obras de arte y en la poesía, resulta también muy útil». Cf. también *Ideas*, § 87.

61. La descripción nos muestra cómo la intuición se hace aquí también extensiva a la reflexión, la cual no sólo nos da acceso a la vida de la conciencia «en persona», sino que goza –de ahí su preeminencia– del cumplimiento del ideal de adecuación al que tiende toda evidencia buscada –ideal vedado a la intuición perceptiva trascendente. Adecuación que nos permite presenciar la vida de la conciencia en su originariedad aun a través de sus modificaciones, la más importante de las cuales es la que impone el decurso temporal de la conciencia.

62. Cf. en *LTFI*, el capítulo 6 sobre la «Intuición de esencias»; cf. E. Levinas, *Friburgo, Husserl y la fenomenología*: Revista de filosofía 107 (2003) 11.

63. Cf. *Ideas*, § 75, p. 167, en la versión de J. Gaos.

64. *LTFI*, 174. Levinas nos remite a *Ideas*, § 75.

lleva a cabo, como dirá Levinas en un texto muy posterior a *LTFI*, ni más ni menos que el desencantamiento del mundo que nos libra de todos los presupuestos ligados a la afirmación acrítica de su existencia[65]. Lejos de ser ya el horizonte de todo lo pensable, el mundo en la reducción entrega un sentido que necesariamente nos trae de vuelta a la conciencia y a su poder constituyente.

Pero a pesar de su reconocimiento del papel fundamental e indispensable de la reducción –vía regia de acceso a la fuente misma del ser–, Levinas no llega a ocultar un cierto malestar: al no abordar el problema de la historicidad y de la existencia encarnada, no al menos en *IL* y en *Ideas* I, Husserl deja sin explicar el lugar de la reducción en la vida cuyo discurrir natural llega a suspender. Una vida sometida a la reducción es aclarada, comprendida en su concreción, pero ¿es aún vivida? ¿No nos deja la ausencia de una explicación vital de la reducción la impresión de que se trata de una violencia teórica ejercida, sin mayores miramientos, sobre la vida? Contrastándolo con Bergson –al que no permite tocar con sus críticas dirigidas contra los frutos del intelecto la propuesta husserliana–, Levinas lamenta que en Husserl la intuición no sea, como en aquel, «un acto en el que estén comprometidas todas las fuerzas vitales, un acto que juegue un papel importante en el destino de la vida»[66]. Ahora, si bien Levinas se siente muy atraído por la propuesta de Bergson, en la que la intuición supone una suerte de coincidencia con el «todo» de lo real (la duración), cuya capacidad de penetración nos da a conocer auténticas diferencias cualitativas –las únicas reales– ahí donde el intelecto reconoce sólo diferencias de grado, el alcance de la intuición de Bergson, su «más allá del giro de la experiencia»[67] que nos sitúa en un ámbito de «razones suficientes» y recompone un monismo originario, está ya muy alejado de lo que Levinas busca en la intuición husserliana, que se amarra a la experiencia y reconoce, como surgiendo de ella, distintos modos de ser y de existir. Mientras Bergson parte en busca de un camino que, cercano a la mística, encuentra en el lenguaje un obstáculo que, a lo más, podrá metaforizar lo que descubre la intuición, Husserl va hasta las estructuras mismas del lenguaje para poner al descubierto sus relaciones con el ámbito de lo *a priori* y de lo ideal, haciéndonos testigos –siempre de

---

65. E. Levinas, *Totalidad e infinito*, 116.
66. *LTFI*, 175.
67. Para una visión panorámica y clara de la difícil obra de Henri Bergson, cf. G. Deleuze, *El bergsonismo*, Cátedra, Madrid 1996.

la mano del lenguaje– del surgimiento mismo del objeto. Sin embargo, Levinas no llega a ser explícito en este punto. No encontramos en todo el texto de *LTFI*, a pesar de las referencias constantes a Bergson, una sola definición de la intuición según este autor. Sólo hacia el final señala Levinas este contraste referido a las consecuencias existenciales de un método filosófico y otro[68].

El reproche final de Levinas responde quizá a una cierta ceguera con respecto a este último punto. Según él, la filosofía en Husserl comparte el mismo lugar que el resto de las disciplinas teóricas de cara al destino metafísico del hombre, de ahí lo inexplicable de este movimiento que suspende nuestros lazos cotidianos con el mundo y que nos advierte contra nuestros hábitos más acendrados –aun cuando sea para aclararlos y restituir finalmente su sentido. Este recelo resulta especialmente llamativo si tenemos en cuenta que una de las líneas de fuerza de la exposición de *LTFI* consiste justamente en destacar la dignidad de la fenomenología frente a cualquier otro tipo de ciencia. Sin embargo, la preocupación de Levinas tiene que ver con los desarrollos que sobre el papel de la responsabilidad personal en la tarea fenomenológica necesariamente se imponen; desarrollos que, en la obra de Husserl publicada hasta aquel momento, Levinas no encuentra o no cree encontrar. En un Husserl demasiado preocupado por la integridad de la ciencia como fundamental patrimonio de la razón, Levinas no alcanza a ver al Husserl para quien las más profundas necesidades teóricas están vinculadas con la libertad y la responsabilidad. Sin embargo, aquellos «nexos y correspondencias teleológicas» de los que ya hablaba Husserl al final de sus lecciones sobre *La idea de la fenomenología*, nexos de cuya articulación depende la constitución de todo ob-

---

68. Sin embargo, aun a pesar de las insoslayables diferencias, podemos reconocer algunos puntos de contacto. La intuición como método riguroso evita, en el caso de Bergson, que la duración sea tomada por una simple experiencia psicológica, simplificación que la fenomenología husserliana busca, aunque por otro camino, evitar a toda costa. Ambos métodos reconocen también como tarea fundamental, de camino a un conocimiento fidedigno, la denuncia y disolución de problemas falsos o mal planteados, surgidos de inadecuadas lecturas de lo real. La intuición, tanto en uno como en otro caso, goza de una absoluta preeminencia frente a las posibilidades sólo formales de la deducción y de la versión cuantitativa de lo real ofrecida por la ciencia, lo cual constituye una inversión radical de los papeles atribuidos tradicionalmente a uno y otro modo de proceder. Finalmente, tanto Husserl como Bergson apuestan por un pensamiento que, atendiendo a las sinuosidades de la vida en sus más concretas y móviles manifestaciones, busque una vital unidad entre quehacer filosófico y ciencia.

jeto, desembocan necesariamente en la reducción como única operación capaz de ir hasta las más profundas raíces vitales del conocimiento. El imperativo husserliano de beber en las fuentes de lo originario, imperativo que como tal supone siempre la libertad, no se queda en la fundamentación de las ciencias como si sólo se tratara de apuntalarlas para asegurar su marcha. Este proyecto de saber radical es para Husserl la otra cara de una libertad y una responsabilidad que, atendiendo a la teleología de la razón, necesariamente incidirán en la vida: «La vida personal verdaderamente humana se despliega a través de diversos grados de toma de conciencia y de responsabilidad personal, desde los actos de forma reflexiva, pero todavía dispersos, ocasionales, hasta el grado de toma de conciencia y de responsabilidad universal: en este nivel la conciencia aprehende la *idea de autonomía*, la idea de una decisión voluntaria: la decisión de imponer al conjunto de su vida personal la unidad sintética de una vida colocada bajo la regla de la responsabilidad universal de sí mismo. La decisión correlativa es formarse como yo verdadero, libre, autónomo... realizar el esfuerzo de un ser fiel a sí mismo...»[69]. La fenomenología husserliana se plantea así como una conversión que alcanza el todo de la vida[70] –compromiso que el reconocimiento husserliano de la posibilidad de verdades axiológicas y prácticas ya nos dejaba entrever– aunque las obras de Husserl que Levinas toma en cuenta en *LTFI* no se pronuncien explícitamente sobre esto.

Insistimos, los recelos de Levinas frente a la obra de Husserl responden al escrúpulo que en nuestro autor hace surgir toda filosofía que apueste incondicionalmente por una razón autosuficiente que extraiga de sí todo sentido posible. Los límites de la fenomenología husserliana son, para un Levinas más maduro, los límites de la tradición occidental en la que se inscribe. Aun así, se encuentran elementos en Husserl que aportan posibles salidas. Y Levinas ha sabido, con toda lucidez, reconocerlos tanto en *LTFI* como en el curso de su obra posterior. Hemos señalado ya unos cuantos de ellos. Sin embargo, un problema general persiste y el cierre de *LTFI* ya anticipa una de sus formulaciones más claras, la de *El tiempo y el otro*: «Al englobar el todo en su universalidad, la razón se encuentra ella misma en soledad. El

---

69. E. Husserl, *Invitación a la fenomenología*, Paidós, Barcelona 1992.
70. Para una indicación sobre los textos husserlianos dedicados a tan importante tema, cf. la Introducción de G. Hoyos a la obra de Husserl, *Renovación del hombre y de la cultura*, Anthropos-UAM, México-Madrid 2002, libro que recoge los artículos que Husserl escribió para la revista japonesa Kaizo entre 1922 y 1924.

solipsismo no es una aberración ni un sofisma: es la estructura misma de la razón. Y no a causa del carácter subjetivo de las sensaciones que combina, sino en razón de la universalidad del conocimiento»[71].

El «yo verdadero, libre y autónomo», que ha puesto a salvo la posibilidad de un conocimiento universal y válido, está, sin embargo, radicalmente solo: toda diferencia o trascendencia es reconducida a su poder constituyente e identificador: la autorreferencialidad de la conciencia parece consolidarse como su estructura más íntima. *Gnôthi sautón*: nada que no sea lo propio ha de ser tomado por real. Las síntesis pasivas no están aún en el primer plano de la discusión cuando Levinas comienza a elaborar esta crítica. Y la reducción intersubjetiva, de cuya realización Levinas tiene ya algunas noticias cuando escribe *LTFI* y de cuyos méritos es consciente, no lo dejará satisfecho cuando, con ocasión de su traducción de la quinta *Meditación cartesiana*, la conozca más a fondo. La analogía y la semejanza, herramientas de la reducción intersubjetiva, no estarán a la altura de lo que pretende ser pensado en ese enclave de la filosofía husserliana. Si bien la reducción, la revolución permanente que la anima, nos ha permitido remontarnos «desde el mundo hasta la vida traicionada por el saber que… se absorbe en el objeto»[72], reabriendo todos los horizontes vitales que la tematización acalla, hay un aspecto de la misma que no ha sido pensado en toda su radicalidad: «Sucede… que hay en Husserl, más allá de la crítica del saber en cuanto saber, una crítica de la civilización de la ciencia propiamente dicha. La inteligibilidad del saber está alienada en su propia identidad. La necesidad de una reducción testimonia… ese aburguesamiento (del saber) que forcejea con la inquietud de su trascendencia, una cierta autocomplacencia…»[73]. Esclerosis del saber contra la que lucha, desde su surgimiento, la fenomenología, como si la actitud natural implicara también una cierta ideología, una usurpación.

«¿Cómo puede un pensamiento ir más allá del mundo, el cual es precisamente la forma en que se ensambla el ser que el pensamiento piensa –cualquiera que sea la heterogeneidad de sus elementos y la variedad de sus modos de ser–?»[74]. La reducción logra sustraerse del mundo, nos dice Levinas, porque permite «la aparición de un sentido

---

71. E. Levinas, *El tiempo y el otro*, 105.
72. Id., *La filosofía y el despertar*, en *Entre nosotros*, 106.
73. *Ibid.*, 111.
74. E. Levinas, *De Dios que viene a la idea*, 204.

a pesar de lo inacabado del saber»[75]. Incluso la «ruina del mundo» conserva ese sentido, si seguimos a Husserl en su § 49 de *Ideas*. ¿Quiere esto decir que la conciencia significa por sí misma? Hemos intentado mostrar cómo para Levinas su sentido no se despliega tan sólo como saber. La sensibilidad según Levinas, ya lo hemos señalado, se ve absuelta de su ineluctable desembocar en un objeto, se concreta como gozo y completa el círculo de una inmanencia que ya no es sólo saber. Nuestro autor insiste: la vitalidad de la vida no puede reducirse a la deslumbrante adecuación de la conciencia. La intencionalidad, desplegada de las múltiples maneras que le son posibles a la vida, nos ha mostrado ya su carácter prolífico. El campo nutricio de lo pre-reflexivo no es equivalente a una mera pre-objetivación de camino al saber explícito; la sensibilidad se ha visto absuelta de su instrumentalización.

Y si tras la reducción el mundo reaparece –aunque a título de nóema– mostrándose como el escenario de la libertad de la nóesis para llevar a cabo la completa desmundanización de la conciencia, su no estar referida a ese ensamblaje del ser pensado que es el mundo no bastará si se toma en cuenta lo que hasta ahora se ha dicho de la pureza y autorreferencialidad del yo puro, residuo de la reducción. Según Levinas –y esto lo elaborará en varios textos de madurez–, incluso desde el nivel de la *hyle* no-intencional, que en la síntesis pasiva del tiempo cumple la reunión de la presencia del yo a sí[76] –esa «trascendencia en la inmanencia» por la que se define el *yo* en *Ideas*–, se nos muestra una diferencia, un desfase, en la intimidad más profunda del yo: la *Urimpression*, punto fontanal al cual se amarra toda retención, toda protención, tiene un carácter explosivo y sorprendente que resiste a cualquier intento explícito de recuperación o expectativa, y que no encuentra su origen en una conciencia explícitamente sintetizante. Pura afección, pasividad irredenta, la *Urimpression* hace que la conciencia de sí esté atravesada por una ruptura de la que no puede dar cuenta: «Trascendente en la inmanencia, el corazón vela sin confundirse con aquello que le solicita»[77]. Y esta solicitud que inaugura la vigilia del yo, no es la del mundo como nóema, ya sea en sus estratos más cotidianos o inmediatos, ya sea en la idea límite que quizá subyace a toda noción posible de

---

75. Id., *Entre nosotros*, 107.
76. «La conciencia del tiempo es el lugar originario de constitución de la unidad de identidad en general», E. Husserl, *Experiencia y juicio*, § 16, citado por E. Levinas en *De otro modo que ser o más allá de la esencia*, Sígueme, Salamanca 1987, 84.
77. E. Levinas, *De otro modo que ser o más allá de la esencia*, 109.

mundo —un mundo absolutamente determinable[78]—, es la de una unicidad que jamás podrá ser pensada como nóema sin violencia. La vocación del otro es el despertar[79] de la conciencia.

Si la reducción sólo revela su verdadero sentido, según nuestro autor, en la reducción intersubjetiva, esta no consiste tan sólo en la salvaguarda de un saber cuya universalidad se revela como el coincidir de una subjetividad colectiva. Esta no es «simplemente la aplicación de la categoría de la multiplicidad en el dominio del espíritu»[80]. La reducción intersubjetiva debe encontrar en el tejido de lo humano la trama de toda inteligibilidad. Lo humano no es un momento más en la comprensión del ser, es su crisis misma. La desmundanización de la conciencia equivale, en Levinas, al despojamiento del yo, a la puesta en cuestión de su intencionalidad y del poder que este término delata ya en la instauración de un horizonte como campo de lo posible, de la libertad irrestricta del yo. La razón constituyente puede darse un mundo, pero no un auténtico interlocutor. Este, resistente a toda constitución, a todo intento de comprenderlo a partir de un horizonte que no sea el del contexto (textura táctil) que él mismo instaura —significación que se desliga del mundo— es el arranque mismo del tiempo, traumatismo anterior a toda toma de conciencia o decisión libre, apertura: «…la apertura puede tener un tercer sentido. No es ya la esencia del ser que se abre para mostrarse, ni la conciencia que se abre a la presencia de la esencia abierta y confiada a ella. La apertura es lo descarnado de la piel expuesta a la herida y al ultraje. La apertura es la vulnerabilidad de una piel… más allá de todo lo que puede mostrarse, más allá de todo lo que de la esencia del ser puede exponerse a la comprensión y a la celebración»[81]. Herida que impide que el sujeto se cie-

---

78. M. García-Baró, *El concepto de mundo*, en *Vida y mundo*, § 19, 106-114.
79. La unicidad del «yo» para Levinas descansa en última instancia en el llamado del otro, en la obligación que su mortalidad me impone. Una conciencia no «fisurada» por la irrupción del otro permanece en el tiempo que Levinas denomina «económico»: la cerrazón de un instante ceñido por la solicitud de sí y la soledad de la existencia material, circuito dentro del cual únicamente cabe un mero «después» formal e idéntico y no un verdadero futuro. La conciencia «despierta» se abre para relacionarse con el infinito (ese invisible que porta el rostro del otro), como tiempo, como eticidad. No estar despierto, en este sentido, equivale a no reconocer los propios límites, a permitir que la conciencia crezca como una vegetación salvaje que lo va invadiendo todo. Cf. *L'ethique et l'esprit*, en *Difficile liberté*, 15-25.
80. E. Levinas, *De l'existence à l'existant*, 163.
81. Id., *El humanismo del otro hombre*, 122. Aquí la «herida» no supone en modo alguno una privación o carencia. La herida primera es el trauma de la irrupción

rre en su hipóstasis, que se rinda en lo irreparable del estado de cosas que da la espalda al tiempo y a su esperanza: lo inédito.

Un mundo de fenómenos, insiste Levinas, es un mundo donde ya ha resonado la voz del otro[82]. Y la reducción, llevada hasta sus últimas consecuencias, como despertar, nos muestra justamente esto, la prioridad del Otro, prójimo, proximidad pura, que me convierte en pasión y abandono y que es capaz de hacerme vivir un sentido que no desemboca en el mundo, mundo que muy bien puede llegar a perder toda inteligibilidad, toda capacidad de ser reconducido a un orden, a una unidad. Para un Levinas octogenario, no es otro el sentido ominoso del § 49 de *Ideas*[83], que no podía prever que esos posibles «conflictos irreductibles en sí», que harían que el referente de la experiencia, el entramado del mundo, se disipase en meros simulacros, anunciaban las atrocidades de un siglo cuyo sino, comenzado ya el siguiente, no hace más que perpetuarse.

El «modo» del pensamiento, su más alta aspiración, que es la paz como reconocimiento del otro –y no como pacto de servidumbre del que se obstina en perseverar en su ser[84]–, este pensamiento que se intenta como apertura a una trascendencia que no se trueca en saber –que siempre es más de lo que podemos pensar–, la filosofía de Levinas encuentra así su primer impulso en la radical apuesta de Husserl, su maestro, con y en quien siempre comienza[85]: un pensamiento que se ensaya como caricia, como puro desasimiento... «Esta búsqueda de la caricia constituye su esencia, debido a que la caricia no sabe lo que

---

del otro cuya interpelación me convierte en un «yo». Para Levinas la relación con el otro, lejos de ser una complementación (recordemos el mito relatado por Aristófanes en el *Banquete*), es siempre un exceso; un exceso que, paradójicamente, alimenta el deseo, lo urge en lugar de colmarlo.

82. De otro modo, el hechizo del mundo, la desconfianza de las apariencias a partir de la cual el *cogito* sólo profundiza la duda, no desaparecería. El *cogito*, por fin críticamente separado y habiendo roto con toda idea de participación que le sostenga en el ser, no podría poner fin al silencio y al equívoco de lo que aparece. La refutación de tal escepticismo sólo puede extraer su fuerza de la palabra como primer gesto hacia un otro que cuenta antes como interlocutor que como ser conocido, que como depositario de un discurso ya hecho. «El Yo en la negatividad que se manifiesta por la duda, rompe la participación, pero no encuentra en el *cogito* solitario un alto. No soy yo, es el otro quien puede decir sí. De él viene la afirmación. Él está en el comienzo de la experiencia», E. Levinas, *Totalidad e infinito*, 116.

83. E. Levinas, *Simulacres*, en *Positivité et trascendence*, 40-42.

84. *Ibid.*, 42.

85. E. Levinas, *Trascendance et intelligibilité*, 39: «...oui, je commence comme toujours presque avec Husserl ou dans Husserl...».

busca. Este 'no saber', este desorden fundamental, le es esencial. Es como un juego con algo que se escapa, un juego absolutamente sin plan ni proyecto, no con aquello que puede convertirse en nuestro o convertirse en nosotros mismos, sino con algo diferente, siempre otro, siempre inaccesible, siempre por venir...»[86].

---

86. Id., *El tiempo y el otro*, 133.